유아교사를 위한

논리·창의 교육

박찬옥 지성애 조형숙 서동미 곽현주 엄은나 한진원 김현주 김민정 홍찬의 공저

정 민 사

머 리 말

생각과 생각이, 마음과 마음이 통한다면 얼마나 좋을까요?

내 생각은 그렇지 않은데 내 말을 들은 상대방이 다르게 이해할 때 우리는 당혹감을 느낍니다. 특히 유치원과 같은 학교 현장에서 교사와 유아 간에, 교사와 교사 간에, 교사와 부모 간에 의사소통이 어려울 때 유아들을 위한 교육이 잘못된 방향으로 나갈 수 있음을 경험하곤 합니다.

소통의 문제, 그것은 무엇보다도 소통하고자 하는 당사자들 간에 논리가 정연할 때 해결이 가능할 것입니다. 논리적으로 대화가 이루어지고 의견이 교류될 때 관련 지식과 사고가 명료해지고 확장되며, 나아가 새로운 아이디어가 창출될 수 있습니다.

논리적이고 창의적인 능력은 우리의 삶을 보다 풍부하게 해 주고 성공감을 갖게 해 준다는 점에서 학교 교육의 중요한 지표가 됩니다.

교육과학기술부는 2009학번부터 대학의 교원양성교육과정에 논리, 논술교육을 필수과목으로 지정하였으며, 이와 같은 맥락에서 2009년 12월에 우리나라 유치원부터 초 · 중등교육 및 대학교육에 이르기까지 창의 · 인성교육을 교육지표로 함을 제시하였습니다.

「유아교사를 위한 논리와 창의성 교육」은 이러한 배경 하에 저술되었습니다. 본 책은 대학의 교원양성과정에서 논리적이고 창의적인 능력을 형성하는 데 필요한 이론과 실제를 충분히 익힐 수 있도록 전체 내용을 Ⅲ부

PREFACE

PREFACE

로 나누어 구성하였습니다. Ⅰ부는 유아교사 스스로 논리와 창의성의 이해를 명료히 할 수 있도록, 논리적 사고와 창의적 사고의 개념 및 구성요소, 그리고 이를 바탕으로 한 논리와 창의성 교육의 방향을 개괄하였습니다. Ⅱ부는 유아교육 현장에서 논리와 창의에 기초한 수업활동을 계획하고 수행할 수 있도록 실제 예시를 풍부하게 담았습니다. 예를 들어, 논리·창의에 기초한 이야기 나누기 수업의 실제, 토론 수업의 실제, 동화·동시 수업의 실제, 수학활동의 실제, 음악 수업의 실제, 미술 수업의 실제 등입니다. Ⅲ부는 유아 행동을 관찰하여 평가하고, 부모와 교육 정보를 공유하는 등의 유아교육 실무상의 일들이 보다 효율적이고 체계적으로 이루어질 수 있도록 다양한 문서 작성의 실제 예시를 제공하였습니다. 예를 들어, 학부모 대상 문서 작성 및 면담기록, 교육과정 운영 및 행정 관련 글쓰기 등을 담았습니다.

본 책이 유아교육을 전공하는 학생뿐만 아니라, 유아교육기관의 교사 및 유아교육 관련 분야의 모든 사람들에게 유익한 교재가 되길 바랍니다. 본 책이 나오기까지 기다려 주고 도와주신 정민사 여러분들께 깊은 감사를 드립니다.

2010년 8월
흑석동에서 저자 일동

차 례

CONTENTS

I 논리와 창의성의 이해

CONTENTS

Ⅱ 논리와 창의성 발달을 위한 수업의 실제

CONTENTS

III 논리와 창의성에 기초한 문서 작성 및 면담

I

논리와 창의성의 이해

1. 논리적 사고
2. 창의적 사고
3. 논리와 창의성 교육

I 논리와 창의성의 이해

인간은 사고하는 존재이다. 여기에서 '사고'란 목적이 있는 정신 활동으로, 문제를 제기하거나 해결하고, 결정을 내리며, 사물을 이해하는 정신적 과정이라고 볼 수 있다. 사고하는 힘은 우리가 살아가는 동안 당면하게 되는 많은 문제들을 해결하게 하고, 각각의 의미를 추구하도록 함으로써 발전된 삶을 영위케 하는 위대한 힘이다.

사고의 종류는 크게 논리적 사고와 창의적 사고로 구분되는데, 효율적인 사고를 위해서는 이 두 가지가 모두 필요하다.

논리적 사고는 당면한 문제를 검토하고 평가하며 적절성의 여부를 판단하는 역할을 한다. 논리적인 사람은 느낌보다는 증거를 토대로 결론을 내리며, 해결책의 실행 가능성을 재차 점검한다. 또 불완전하거나 난해한 부분이 있는가를 확인하여 실질적이고 합리적인 해결책을 만들어 내는 특징이 있다.

창의적 사고는 문제나 이슈에 관한 다양한 생각과 이를 처리하는 여러 가지 해결책들을 산출하는 역할을 한다. 따라서 창의적인 사람은 결정을 내기리 전에 문제를 여러 각도에서 검토해 보고 다양한 접근법을 고려하며, 판단을 하기 전에 가능한 한 많은 해결책을 생각해 내려 애쓴다. 또한 모험적이고 엉뚱한 발상을 꺼리지 않으며 자신의 상상력을 최대한 동원하고 독창성을 추구한다.

그런데 논리적 사고와 창의적 사고는 따로 분리되어 작용하는 것이 아니라, 서로 긴밀하게 영향을 주고받으며 사고 과정에 참여한다. 그러므로 사고능력을 기르기 위해서는 논리적으로 사고하는 힘과 창의적으로 사고하는 힘을 길러야 할 뿐만 아니라, 이 둘을 자유자재로 오고갈 수 있어야 한다.

영유아기의 논리적 사고와 창의적 사고 발달은 평생에 걸쳐 많은 영향을 미치기 때문에 더욱 중요하다. 특히 3~6세는 사고와 언어를 관장하는 전두엽이 집중적으로 발달하는 시기로, 다양한 사물이나 상황에 대해서 보고, 느끼고, 생각하는 경험을 통해 논리적 사고와 창의적 사고가 발달될 수 있다.

Ⅰ부에서는 논리적 사고와 창의적 사고의 의미와 특성 및 둘 간의 관계를 알아보고자 한다. 또 영유아교육기관에서의 논리와 창의성 교육의 중요성을 생각해 보고, 영유아와 영유아 교사의 논리와 창의성을 향상시킬 수 있는 방법에 대해 살펴보고자 한다.

1. 논리적 사고

간단한 정보에서 전문적인 지식에 이르기까지 원하는 정보를 쉽게 얻을 수 있는 정보화 사회에 진입하면서 '많이 아는 것' 보다는, 알고 있는 것을 활용해 주어진 문제 상황을 해결할 수 있는 '효율적이고 합리적인 사고' 가 요구된다. 수많은 정보 중에서 필요한 것을 선별하는 능력, 문제의 원인과 해결책을 다각적으로 모색하기 위해 정보를 활용하는 능력이 필요한 것이다. 이러한 능력이 바로 논리적 사고(logical thinking)능력이다.

논리적 사고는 우리의 삶에서 중요한 부분을 차지한다. 또 매순간 당면하는 크고 작은 문제 앞에서 '어떻게 해결할 것인가' 에 대한 합리적인 판단을 도와준다. 뿐만 아니라 자신의 판단을 다른 사람에게 설득력 있게 주장할 수 있는 능력을 배양하기도 한다.

집 안에서 TV만 보더라도 수많은 지식과 정보를 습득할 수 있을 만큼 다양하고 복잡해진 현대사회에서 무비판적인 지식의 양적인 축적만으로는 이 시대에 적응해 가는 것이 어렵다. 새롭게 생산되는 수많은 지식과 정보 중에 나에게 필요한 것, 바람직한 것을 비판적으로 선별하여 받아들일 줄 알고, 나의 지식으로 재창조해 갈 수 있는 능력을 갖추는 것이 필수 요건이 되었다.

이와 같은 사회적 분위기를 반영하듯 최근 대입 제도 개선안이 발표된 이후, 중 · 고등학생은 물론 초등학생까지 논리논술 붐이 일고 있다. 당장 입시가 코앞에 놓인 수험생들은 말할 것도 없고, 중학생, 초등학생들도 논술에 좋다는 그림책을 끼고 살 정도이다. 물론 초 · 중 · 고등학교 급별로 논리논술을 접근하는 방식이 다르기는 하지만, 어린 시절부터 꾸준히 논리적 사고가 몸에 배어 있어야 좋다는 생각들이 일반적으로 받아들여지고 있다. 이에 따라 2007년 개정 유치원 교육과정에서도 논리적 · 합리적으로 문제를 해결하는 능력과 태도를 기를 것을 강조하고 있다(교육과학기술부, 2007).

그러나 우리는 '논리'라는 단어를 떠올리면 대부분 '매사에 이치를 따지며 대충 넘어가는 일이 없는 깐깐한 누군가'를 떠올리거나, '어후~ 머리 아파!', '논리? 그게 뭔데? 나랑 무슨 상관이람', '논리는 간단하고 쉬운 것은 복잡하게 설명하고, 복잡하고 어려운 것은 너무 간단하게 설명하여 뭐가 뭔지 알 수 없게 만드는 것'이라는 식의 다소 부정적인 반응을 보인다. 특히, 우리나라 사람들은 논리가 부족하다는 말을 많이 듣는데, 그 주된 이유는 논리라는 것을 어렵다고 여겨 어린 시절부터 합리적 사고방식에 의한 교육을 충분히 받지 못했기 때문일 수 있다(정경임, 1993).

그러나 우리가 간단하고 쉽다고 생각하는 것은 오랜 역사의 과정 속에서, 그리고 우리들이 성장하는 과정 속에서 익숙해졌기 때문이고, 복잡하고 어려운 것은 아직 미숙하여 익숙하지 못한 때문일 수 있다. 논리적 사고는 지식이라기보다는 힘 또는 활동, 기술의 성격이 짙어서 누구나 연습하던 키울 수 있는 능력(최훈,

2008)이고, 우리 생활의 기본을 이루고 있는 것이다.

본 장에서는 논리적 사고란 무엇이며, 논리적 사고는 어떻게 구성되어 있는지를 알아보기로 하겠다. 또 영유아기에 논리적 사고가 어떤 의미를 갖는지 살펴보고, 영유아의 논리적 사고 발달을 위한 영유아 교사의 역할에 대해 생각해 보기로 한다.

1) 논리적 사고의 개념

인간은 이성과 감성으로 이루어진 존재다. 감성이란, 외부의 물리적인 자극에 의한 감각, 지각으로부터 인간의 내부에서 일어나는 쾌적함, 기쁨, 불쾌감, 불편함 등의 복합적인 감정을 의미한다. 감성은 인간이 이성적 사고를 하는 데 있어서 감각적 · 감정적 소재를 마련해 주는 기능을 해서 인간 생활의 기본적 영역을 열어 주는 역할을 한다. 반면 이성이란, 일반적으로 인간을 동물과 구별시키는 인간 특유의 뛰어난 능력으로 간주되어 왔다. 인간을 무생물, 식물, 특히 다른 동물들과 구분되게 하는 것은, 다른 존재들이 가지지 못한 이성이라는 기능을 가지고 있다는 점이다.

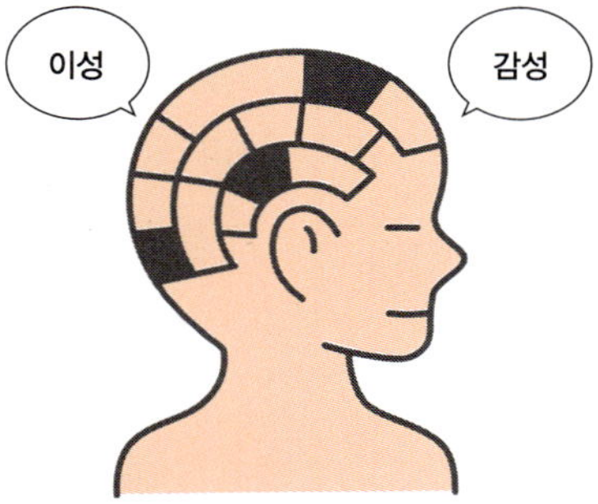

그림 Ⅰ-1 인간의 기본적 인성

인간이 '이성적 존재' 라는 것은 인간이 '문제를 합리적으로 처리할 수 있는 존재' 라는 뜻이다. 문제를 합리적으로 처리하기 위해서는 문제 해결에 관계된 일련의 생각, 말, 행위 등이 합리적이어야 한다.

그러나 인간이 이성이라는 기능을 가지고 있다고 해서 인간이 하는 일 모두가 합리적이라든지 합리적이어야 한다고 생각하는 것은 잘못이다. 인간이 살아가는 데에는 합리성만이 아니라, 힘이나 감정에 따라 처리해야 할 일이 얼마든지 있다. 바쁜 출퇴근 시간 만원 지하철을 타야 할 경우, 이성적으로 "저도 타야 하니 조금만 비켜 주세요."라고 정중하게 이야기하고 기다리는 것보다 우선 밀고 지하철 안으로 들어가는 것이 필요하며, 사랑하는 사람과의 포옹에서도 "제가 한 번 안아 봐도 되겠습니까?"라고 묻기보다는 감정에 따라 하는 것이 더 필요할 때가 있다. 이성적 존재도 얼마든지 비합리적일 수 있고, 또 그래야 인간적일 수 있다는 것이다.

그러나 또한 반드시 합리적으로 처리해야 할 일들도 존재한다. 이치를 따져서 최선의 선택을 할 필요가 있는 일들이 있는데, 이러한 일들은 합리적인 규칙에 따라 이루어져야만 한다. 합리적으로 해결해야 할 일을 힘이나 감정으로 해결하려는 것은 인간성을 비하하는 결과를 초래한다. 문제 해결의 방식이 합리적일 때에만, 이성적 존재로서의 대접을 받을 수 있다. 합리성의 원칙에 호소하는 방법에서 핵심적인 것은 논리다. 왜냐하면 합리적 행위란 어떤 신념의 체계와 지향적 태도로부터 논리적으로 도출되는 행위이기 때문이다.

이성과 감성의 조화가 인성의 바람직한 모습이듯이, 논리와 비논리는 인간이 이 세상을 살아가는 데 반드시 필요한 것이다. 이성적 적응을 위해서 논리가 필요하고 감성적 초월을 위해서 비논리가 필요하다. 감각은 어떤 대상을 접촉하면서 얻는 것이지만, 논리는 그것을 의식함으로써 깨닫는 것이다. 다른 사람의 감정에 대해서 정확히 알 수는 없지만 겉모습을 보고 어느 정도 미루어 짐작할 수는 있다. 논리는 바로 이런 것들을 삶의 지혜로 아는 것이라고 할 수 있다. 의식을 지닌 인간, 합리적으로 사고하는 인간, 진리 추구에 헌신하는 인간이 이성적인 인간의 속성이다. 논리적 사고는 이러한 지적 인간으로 성장하는 데에 바탕이 되는 정신 능력으로 논리적 사고를 통해 사고하는 존재, 문제를 발견하고 해결하는 존재로서 성장해 나갈 수 있다.

'논리(logic)'라는 단어는 'word, thought, idea, argument, account, reason, or principle'의 뜻을 가진 고대 그리스어 'λόγος(logos)'에서 유래했다. 사전적 정의는 '말이나 글에서 사고나 추리 따위를 이치에 맞게 이끌어 가는 과정이나 원리', '사물 속에 있는 이치, 또는 사물끼리의 법칙적인 연관'인데, 논리에 대한 학자들의 개념 정의는 표 Ⅰ-1 과 같이 다양하다.

표 Ⅰ-1 학자들에 따른 논리의 정의

학자	논리의 정의
Wright(1984) 소홍렬(2000)	이유 혹은 근거가 분명하고 비약이 없으며, 사건(event)들 간의 관계를 타당성(validity)에 준거를 두고 검토하는 것
Fisher(1987) 방명숙 외(1995)	어떤 주장, 신념, 정보의 출처에 대한 정확성, 타당성, 가치를 판단하기 위해 정밀하고 객관적이고 지속적으로 분석하는 것
한국교육과정평가원 (2002)	어떤 견해를 받아들일지 또는 어떤 행위를 할지 결정하기 위해서 주어진 언어적 · 비언어적 자료의 논리적 구조와 의미에 대한 파악을 토대로 개념, 증거, 준거, 방법, 맥락 등을 고려하여 최선의 판단을 내리는 것

이를 종합하여 정리하면, 논리적 사고가 충족되기 위해서는 **주장**과 **근거** 사이의 유기적인 관계를 통한 **합리적인 판단**이 핵심이라고 할 수 있다. 어떠한 견해를 펼치려면 주장과 그 주장을 뒷받침하는 근거(이유)가 일치하고 있는가를 살펴야 하고, 그것으로부터 도출되는 결론이 일관성을 가지고 있느냐를 판단해야 한다. 즉 논리적 사고란 **'사고의 전개 과정에서 작용하는 전후 주장과 근거 사이에 관계가 올바로 되어 있는가'**를 성찰하는 것이다.

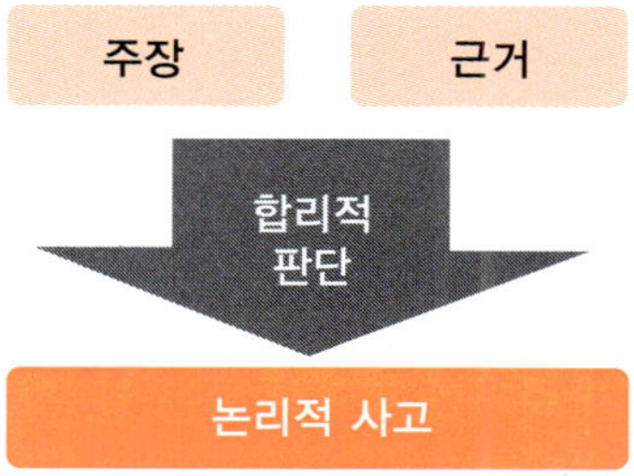

그림 Ⅰ-2 논리적 사고의 의미

논리적 사고는 이성을 가지고 행동하는 인간이라면 누구나 기본적으로 수행하고 있으며 생활 속에 밀접하게 작용하고 있다. 예를 들어, 달무리가 지면 다음날 비가 올 것이라고 예상하는 것은 경험적 근거를 통해 합리적으로 판단한 결과이다. 서울시 정책에 대하여 상반된 주장을 가진 서울 시장 후보들의 토론을 지켜본 유권자들이 투표를 하는 것도 논리적 사고 과정의 예이다.

그림 Ⅰ-3 논리적 사고를 하는 인간

이렇듯 논리적 사고는 건전한 판단을 가능하게 하며 우리 생활을 향상시킬 수 있는 힘을 기르는 과정이라고 할 수 있다.

2) 논리적 사고의 구성

논리적으로 사고하는 것이 자연스럽고도 어려운 일로 인식되는 이유는 그 안에 다음과 같은 여러 사고 기능들이 포함되어야 하기 때문이다. 즉, 주장하고자 하는 의미를 명확히 하는 일, 평가 준거를 명확히 하는 일, 정보원의 신뢰성을 평가하는 일, 사실 · 의견과 판단을 구분하는 일, 가정을 확인하고 평가하는 일, 적절한 정보와 부적절한 정보를 구분하는 일, 증거의 신뢰성 · 정합성 · 충분성을 평가하는 일, 다양한 관점에서 따져 보는 일, 상치 사항을 인식하는 일, 함의 및 결말을 탐색하는 일 등이다. 주강식(1995)은 이같은 사고 기능들을 토대로 논리적 사고의 요소를 표 I-2와 같이 제시한 바 있다.

표 I-2 논리적 사고의 요소

요소	내용
초점에 맞추는 능력	문제 파악 및 문제 해결 전략의 탐색 / 목표의 설정
정보의 수집 · 조직 능력	필요한 정보 수집 및 조직
분류 · 분석 능력	순서화하기, 분류하기, 비교하기, 대조하기, 정의하기, 오류 확인, 속성과 구성요소 확인, 관계 양상 및 구조 파악, 요점과 요지 및 의도 파악
추론적 사고와 논증 능력	유추적 사고, 역유추 사고, 귀납적 논리 전개, 연역적 논리 전개, 문제 해결 및 결론 도출
비판적 사고 능력	진위 판단, 가치 판단의 준거 설정과 그 적용

이 같은 논리적 사고의 기능과 요소들을 크게 묶어 범주화한다면 논리적 사고는 **논리적 사고 능력**과 **논리적 성향**으로 구성되었다고 볼 수 있다(그림 I-4).

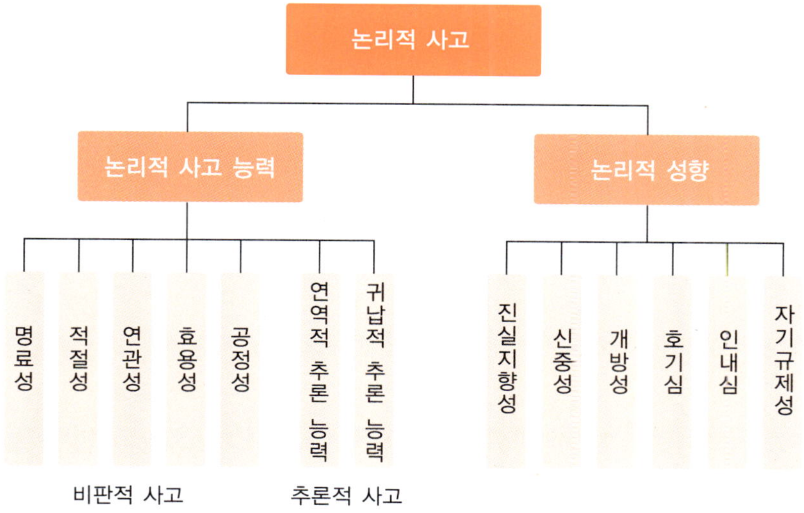

그림 I-4 논리적 사고의 구성

(1) 논리적 사고 능력

논리적 사고 능력은 크게 비판적 사고와 추론적 사고로 이루어져 있다. **비판적 사고**는 주어진 자료에 제시된 주장들이 어떤 이유 때문에 정당화되는지를 판단할 뿐만 아니라, 그 판단이 적용되는 사고의 모든 과정에서 증거를 제대로 사용하였는지, 개념을 올바르게 사용하였는지, 방법을 제대로 적용하였는지, 여러 가지 관련 준거를 제대로 적용하였는지, 맥락을 잘 고려하였는지 등의 측면을 고려하여 판단하는 것이다. **추론적 사고**는 어떤 전제로부터 결론을 이끌어 내는 추론의 과정을 모순 없이 법칙에 맞게 이끌어 내는 지적 능력을 말한다.

비판적 사고는 명료성, 적절성, 연관성, 효용성, 공정성의 요소로, 추론적 사고는 연역적 추론 능력, 귀납적 추론 능력의 요소로 나누어 살펴볼 수 있다.

표 I-3 논리적 사고 능력의 개념

구분		개념	예
비판적 사고	명료성	사고하려는 주제와 진술의 내용이 무엇인지 분명히 자각하는 능력 감정, 기분, 심상, 소원을 나타내는 표현적(expressive) 언어와 옳고 그름과 관계된 인지적(cognitive) 언어를 분별하고 명료하게 사용할 수 있어야 함	'실수로 친구의 인형 옷을 찢었을 때, 사실대로 잘못을 털어 놓을 것인가, 숨길 것인가'에 대해 토론하는 상황에서… "나는 잘못을 숨기는 것은 조금 나쁜 것 같아." → '조금 ~한 것 같다'라는 표현은 명료한 표현이 될 수 없다.
	적절성	적절한 근거를 갖추고 주장에 대한 올바른 평가를 내릴 수 있는 능력 증거의 사용에 있어서 관련성, 신뢰성, 충분성, 반증 가능성을 검토하여 증거를 제시해야 함	"친구에게 솔직히 말하지 않으면, 친구가 더 화를 낼 수 있어. 그냥 그럴 것 같아." → '그냥 그럴 것 같아.'라는 말은 주장에 대한 근거가 될 수 없다.
	연관성	낱낱의 관념들을 서로 맞물리면서 조화를 이루게 하고 연결하는 능력 적절한 논증을 찾아 의미를 이해하고 구조와 기본 원리를 파악하는 것이 중요함	"나는 예전에 동생한테 껌을 주기 싫었는데, 그냥 동생이니까 다 준 적이 있어. 그래서 마음이 너무 속상했어." → 진행되고 있는 주제와 연관성이 없는 경험을 이야기하고 있다.
	효용성	정보나 견해가 현실적인 기준에 비추어 보았을 때 얼마나 유용한가를 평가하는 능력	"친구 몰래, 집에 가져가 엄마한테 인형 옷을 꿰매 달라고 하면 돼." → 현실적으로 유용하지 않은 방법을 말하고 있다.
	공정성	내용의 일반화가 가능한가를 판단하는 능력 어떤 사고나 표현이 다른 사람이 수용할 수 있는 내용인가를 판단할 수 있어야 함	"인형 옷을 찢었다고 친구한테 말하면 친구가 화를 낼 테니까, 말하지 말고, 그 대신 친구한테 예쁜 인형도 사주고 목걸이도 사주면서 잘해주면 돼." → 사실을 숨기려는 생각은 공정하지 못하기 때문에 모든 사람이 수용할 수 없다.

구분		개념	예
추론적 사고	연역적 추론 능력	널리 알려진 일반적인 사실이나 원리로부터 그 안에 소속되는 특수한 사실을 밝혀내는 능력 삼단논법이 대표적임	'우리 반 친구들은 모두 바느질을 못한다.', 'OO는 우리 반 친구이다.', 그러므로 'OO는 바느질을 못한다.' →'우리 반 친구들은 모두 바느질을 못한다.'라는 일반적인 사실로부터 특수한 사실을 밝혀내고 있다.
	귀납적 추론 능력	관찰과 실험에서 얻은 특수한 사실로부터 보편적 진리를 추론해 낼 수 있는 능력	'부모님께 거짓말을 했다가 들통이 난 적이 있다.', '내 친구도 선생님께 거짓말을 했다가 들켰다.', '내 동생도 나한테 거짓말을 했다가 혼이 났다.' 따라서 '대부분의 거짓말은 사실대로 밝혀지고 만다.' →거짓말에 대한 여러 사람의 경험에서 보편적 진리를 추론해 내고 있다.

추론적 사고를 비판적 사고의 하위 개념으로 보는 경우도 있으나, 연역적 추론은 전제들 속에 암묵적으로 들어가 있는 내용을 결론에서 명시적으로 밝혀 준다는 점에서, 또 귀납적 추론은 전제들 속에 포함되어 있지 않은 새로운 지식을 결론으로 확보하여 지식을 확장시켜 준다는 점에서 강조될 수 있다.

(2) 논리적 성향

논리적 사고 능력 못지않게 중요한 것이 정의적 특성인 논리적 성향이다. 정보화 시대를 살아가는 현대인들은 감각적인 멀티미디어에 길들여져 느낌으로 정보를 수용하는 반면, 어떠한 주장에 대하여 깊이 따지고 생각하고자 하는 경향성이 낮다고 할 수 있다. 이는 생각할 수 있는 능력이 없는 것이 아니라, 생각하고자 하는 마음이 점점 없어지고 있다고 해석될 수도 있다. 논리적 사고 능력이 있어도 논리적 성향에 문제가 있어서 그 능력을 제대로 발달시키거나 활용하지 못하게 되는 경우도 발생할 수 있기에 논리적 성향은 논리적 사고의 중요한 하위 범주라고 볼 수 있다.

논리적 성향은 표 Ⅰ-4와 같이 진실지향성, 신중성, 개방성, 호기심, 인내심, 자기규제성의 여섯 가지 요소로 나누어 살펴볼 수 있다.

표 Ⅰ-4 논리적 성향의 개념

구분	개념	세부 특성
진실 지향성	발견한 내용이 자신의 이익이나 선입견에 반하더라도 사고를 정직하고 객관적으로 수행하는 성향	• 정직하게 생각해 보았을 때 변경하는 것이 옳다고 생각될 경우 기꺼이 자기의 견해를 제고하고 수정하려는 의향 • 논쟁에서 이기려고 하기보다는 진실을 추구 • 오랜 신념을 버리는 두려움을 기꺼이 극복하고자 함
신중성	성급하게 판단하거나 결정하지 않고, 판단에 앞서 신중하게 생각하는 성향	• 잘 알고자 함 • 판단을 내리는 데 있어서 신중하고 사려 깊음
개방성	자기 자신이 편견을 가지고 있을 가능성을 민감하게 고려하면서 다양한 견해에 대해 알고자 하는 성향	• 다른 사람의 의견을 이해함 • 타인의 비판에 대한 열린 마음 • 소수의 의견 고려 • 대다수의 문제의 정답이 하나가 아닐 가능성을 인정
호기심	다양한 문제에 대해 관심과 호기심을 가지는 성향	• 넓은 범위의 이슈들에 관해 끊임없이 호기심을 가짐 • 다양한 문제에 대한 관심
인내심	끝까지 포기하지 않고 생각하는 성향	• 문제가 해결될 때까지 생각함 • 적절한 정보를 찾을 때까지 부지런히 노력함
자기 규제성	쟁점의 핵심에서 벗어나지 않기 위해 자기 자신의 사고 과정을 점검하고 관리하는 성향	• 다양한 관점을 고려했는지 점검 • 당면한 관심의 대상에 주의를 집중할 것을 고려 • 타인에 대한 영향까지 고려

3) 영유아와 논리적 사고

피아제(Piaget)는 영유아기를 **논리적 사고 발달에 중요한 시기**로 보았는데, 많은 학자들도 이에 동의한다. 영유아는 동화와 조절을 하는 과정에서 낡은 생각을 바꾸고 좀 더 논리적으로 생각할 수 있게 된다. 그러므로 영유아가 자발적으로 활동(self-activity)하는 가운데 얻어지는 정신적인 움직임이 행동으로 나타나게 되는 것이 논리적 사고의 발달이라고 볼 수 있다(Bruner, 1964).

피아제에 의하면 감각운동기 단계의 영아는 주로 반사적 행동과 신체적 운동을 통해 인지구조를 발달시킨다. 또 전조작기 유아는 정신적 표상이 가능하기 때문에 목적에 따른 행동을 하게 되는데 이때 논리적 사고와 관계있는 개념들이 발달하게 된다. 피아제가 말하는 감각운동기, 전조작기 영유아의 논리적 사고발달 단계를 더 구체적으로 살펴보면 표 I-5 와 같다.

표 I-5 영유아의 논리적 사고 발달

단계		논리적 사고 발달
감각운동기	생후 1개월	감각운동 도식에 의한 반사적 행동만 한다.
	1~4개월	물체가 보일 때만 그 존재를 인식하며 공간이나 시간도 자신의 신체와 활동을 중심으로 인식한다.
	4~8개월	사물의 항존성을 인식하지만, 가까이 있는 사물과 방금 전에 일어난 사건에만 국한된다. 현상의 원인에 관해서는 신비적이고 마술적인 개념을 가지고 있다.
	8~12개월	사물을 자신의 의지대로 조작할 수 있게 되며 단순한 행동의 순서와 결과를 인식한다.
	12개월~18개월	목적이 있는 행동을 보이며, 사물의 보존을 이해하여 장소를 옮기는 물체도 쫓을 수도 있다. 행동의 원인과 결과를 구분할 수 있게 된다.
	18~24개월	사물의 객관적 존재를 인식하고 표상할 수 있을 뿐만 아니라, 추론을 통해서 숨겨진 사물을 찾아낼 수도 있다. 또한 원인을 관찰하고 결과를 이해할 수 있으며 그 원인을 추론할 수 있을 만큼 인과관계에 대한 개념을 가지게 된다.

단계		논리적 사고 발달
전조작기	전개념적 단계 (2~4세)	자신의 의사를 언어적으로 표현하기 시작하면서 논리적 사고가 더욱 발달된다. 지금 눈앞에 없는 것도 다룰 수 있게 되며 표상에 의미를 붙일 수 있게 된다.
	직관적 단계 (4~7세)	보다 복잡한 사고나 표상 작용이 가능해 진다. 일종의 추리에 의한 사고를 할 수 있지만, 귀납적 추론이나 연역적 추론과 같은 완전한 논리적 추리를 할 수 없기 때문에 직관적으로 문제를 해결하는 경우가 일반적이다. 또 두 현상이 시간적 간격을 두고 일어나면 두 현상 사이의 인과관계를 인식하지 못하고, 반드시 두 현상이 거의 동시에 일어나야만 그 인과관계를 이해할 수 있다. 언어 발달이 급속도로 증가하여 자기 생각을 표현하며 남에게 언어로 전달하는 능력도 생긴다.

피아제의 연구에서 나타난 **전조작기** 유아의 논리적 사고 발달의 특징은 다음과 같이 요약될 수 있다(이은상, 1993).

첫째, 상징의 발달이다. 단어나 문장과 같은 추상적인 형태의 상징보다는 사물 자체에 대한 상징이나 행위에 대한 상징이 발달한다.

둘째, 추리의 발달이다. 두 가지 일에 대한 추상적인 생각이 일어나며 서로 인과관계(casuality)를 가진다는 것을 알게 된다.

셋째, 분류행동의 발달이다. 이 시기의 분류활동은 시각적 수준에 의해 분류하려는 경향이 두드러진다.

넷째, 의사소통의 발달이다. 다른 사람의 언어나 다른 전달매체를 통해서 학습할 수 있게 되며 또 다른 사람에게 정보를 전달할 수 있게 된다. 의사소통을 통하여 다른 사람의 행동을 통제하여 자신이 원하는 행동을 하기도 한다.

다섯째, 보존 개념의 발달이다. 어떤 물체의 모양이나 크기가 변한다고 하여도 그 물체의 속성은 변하지 않음을 알 수 있다. 즉 물체의 외적인 모습은 변화해도 그 물체가 본질적으로 동일한 물체로 남아 있음을 이해한다.

여섯째, 사회적 인지의 발달이다. 자신과 타인, 그리고 사회적 관계에 대한 지각을 포함하는 인식이 발달된다.

논리 이야기 블록놀이에서 나타나는 유아의 논리적 사고 능력

영희 : 철수야, 나도 블록 좀 줄래?
철수 : 싫어. 이거 다 필요해.
영희 : 너 혼자서만 블록을 사용하니까, 내가 가지고 놀 게 없잖아. 나도 몇 개만 줘.
동명 : 영희 말이 맞아. 그리고 혼자서 놀이하는 것보다 같이 놀면 더 재미있을 수도 있어.
철수 : 블록으로 우주선 만들 건데, 몇 개가 필요한지 아직 모른단 말이야. 그래서 내가 우선 다 가지고 있어야 돼.
영희 : 그러면 우리 우주선을 함께 만들자.
철수 : 알았어. 그러면 이쪽으로 와.

이상에서 알아본 논리적 사고 발달 단계는 개별 영유아의 사고 발달 수준에 따라, 또 주어진 문제나 상황에 따라 차이가 있을 수 있다. 그러나 영유아의 일반적인 논리적 사고 발달 단계를 알 수 있는 지침이기에 각각의 단계를 잘 살펴 논리적 사고를 경험할 수 있는 기회를 제공해야 한다.

4) 영유아 교사와 논리적 사고

영유아의 논리적 사고를 증진하기 위해서는 영유아 교사의 논리적 사고도 중요하다. 논리적인 교사는 감정을 통제할 수 있으며, 자신과 다른 생각을 가진 학생의 의견을 수용하되 이치를 따지는 노력을 게을리 하지 않는다. 반면 비논리적인 교사는 감정에 따라 충동적으로 행동하거나 자신의 생각에 의문을 품지 않고, 학생이 기존에 가지고 있던 생각을 바꾸려는 의지가 강하다.

다음의 예를 보며, 논리적 교사와 비논리적 교사를 비교해 보자.

〈A교사〉
동료 교사 : 선생님! 문 앞에 모빌이 참 예뻐요. 그런데 왜 문 앞에 달았어요?
A교사 : 그냥요….

〈B교사〉
동료 교사 : 선생님! 문 앞에 모빌이 너무 예뻐요. 그런데 왜 문 앞에 달았어요?
B교사 : 그 모빌은 아이들이 만든 작품인데 문 앞에 걸어두면 내일 아이들이 와서 가장 먼저 볼 수 있잖아요. 자기가 만든 모빌이 걸려 있는 것을 보면 놀라고 좋아할 것 같아요.

똑같은 상황과 질문에서 A교사는 자신의 행동에 대한 이유를 '그냥'이라는 말로 대신한다. 반면 B교사는 뚜렷한 목적과 이유를 가지고 모빌을 게시했음을 이야기하고 있다. 간단한 상황이지만 A교사의 반응에서는 더 이상 확장될 무엇인가가 없다. 반면 B교사의 경우 자신의 행동에 대한 근거를 가지고 있기에, 이를 바탕으로 유아들과 더 다양한 대화가 오고갈 수 있을 것이다.

〈A교사〉
유 아 : 선생님! 문에 이거 뭐예요?
A교사 : 너희들이 만든 모빌이잖아.
유 아 : 왜 붙였어요?
A교사 : 너희들이 만든 거니까!

〈B교사〉
유 아 : 선생님! 문에 이거 뭐예요?
B교사 : 어제 너희들이 만든 모빌.
유 아 : 왜 붙였어요?
B교사 : 어제 우리가 함께 만든 모빌을 보니까, 네모난 문과 잘 어울리는 모양인 것 같아서. 문에 걸린 모빌을 보니까 어떠니?
유 아 : 예뻐요. 제가 만든 것은 이 부분이에요. 네모난 문에 잘 어울리는 또 다른 모빌이 생각났어요. 오늘 조형 영역에서 더 만들어도 되죠?
B교사 : 그렇게 하렴. 네 덕분에 또 새로운 모빌이 문에 달리겠구나.

그런데 영유아 교사의 논리적 사고는 영유아를 가르칠 때에만 필요로 하는 것이 아니다. 일일교육계획안, 가정통신문 등 각종 문서를 작성할 때에나 학부모 상담을 할 때 등 수업 외의 제반 업무를 수행할 때에도 논리적 사고가 요구된다. 다음의 예를 살펴보며, A교사와 B교사의 차이점에 대해 생각해 보자.

〈A교사〉

부　모 : 선생님! 우리 아이가 어떤가요?
A교사 : 잘 지내고 있습니다.
부　모 : 우리 아이가 사회성 발달이 좀 늦은 것이 아닌가요?
A교사 : 그렇지 않습니다. 잘 노는 걸요.
부　모 : 잘 어울려 놀이하는 친구들은 누구인가요?
A교사 : 두루 두루 잘 지냅니다. 걱정하지 마세요.

〈B교사〉

부　모 : 선생님! 우리 아이가 어떤가요?
B교사 : 잘 지내고 있습니다. 특별히 걱정되는 부분이 있으신가요?
부　모 : 우리 아이가 사회성 발달이 좀 늦은 것이 아닌가요?
B교사 : 왜 사회성 발달이 늦다고 생각하세요?
부　모 : 집에서 보면 뭐든지 엄마한테 해달라고 조르고, 아직도 혼자서 뭘 못해요.
B교사 : 아이들이 집과 유아교육기관에서 하는 행동이 다소 차이가 있을 수 있어요. 제가 관찰한 바로는 ○○이는 신발 신기, 옷 벗고 입기, 화장실 가기, 점심식사 등을 혼자서 무리 없이 잘 해내고 있습니다. 오히려 도움이 필요한 친구를 돕는 경우도 있었어요.
부　모 : 잘 어울려 놀이하는 친구들은 누구인가요?
B교사 : □□와 역할 놀이를 많이 하고 있습니다. 가정에서도 친하게 지내는 친구들이 있나요?
부　모 : 집에서도 ○○, ◇◇, □□랑 친하게 지내요.

부모 상담은 영유아 교사가 담당해야 할 주요한 업무 중 하나다. 위의 예에서 A교사는 자녀의 사회성 발달에 문제가 있을지도 모른다고 염려하는 부모에게 특별한 근거 없이 잘 지낸다는 말로 걱정하지 말 것을 당부한다. 과연 이러한 상담을 통해 부모의 고민이 잘 해결되고 교사와 부모 사이에 신뢰가 형성될 수 있을 것인가? 반면 B교사는 부모의 염려에 대해 일단 감정을 수용하고, 염려의 근원이 무엇인지를 묻는다. 그 다음 그러한 염려가 잘못된 것일 수도 있다는 점을 알리기 위해 관찰 기록이라는 분명한 근거를 제시하며 유아의 사회성 발달 측면을 설명하고 있다. 더불어 교사가 알고 있는 것과 부모가 알고 있는 것 사이의 공통점을 찾을 수 있도록 질문(가정에서도 친하게 지내는 친구가 있나요?)함으로써 부모 스스로 자신의 염려에 대해 되돌아 볼 수 있도록 한다. 교사의 말을 신뢰하게 된 부모는 이후 날카로운 감시자가 아닌 훌륭한 협력자가 될 수 있을 것이다.

이처럼 교사의 논리적 사고 능력은 전문성과 직결되므로, 영유아 교사는 열린 마음과 비판적인 태도를 가지고 다양한 상황에서 이치와 근거를 찾기 위해 노력해야 한다.

2. 창의적 사고

21세기 정보화 시대의 주요 특징 중 하나는 빠르게 변화되는 사회에 따라 지식이나 기술 등이 계속 변화되고 넘쳐나고 있다는 것이다. 이는 현재의 지식과 기술이 얼마 지나지 않아 바뀔 수도 있으며, 결국 쓸모없게 되어 버릴 수도 있음을 의미한다.

따라서 주어진 일을 주어진 방법 그대로 하는 사람, 시키는 일을 시키는 대로만 하는 사람보다는 새로운 일을 개척하는 사람, 같은 일이라도 새로운 방법으로 풀어 나갈 줄 아는 사람이 요구되는 시대이다. 남의 뒤를 따라가는 사람이 아닌 앞서가는 전문가가 되기 위해서는 창의성이 요구되며, 이에 따라 창의성을 리더십의 핵심으로 보기도 한다.

창의성이 현대인이 갖추어야 할 중요한 소양 가운데 하나로 인식되면서, 개인적 차원에서는 변화하는 미래 사회에 효과적으로 대응하며 잠재력을 발현하기 위해, 사회적 차원에서는 사회와 인류 발전에 기여하기 위해 창의성 교육의 필요성이 대두되었다.

창의성 교육은 개인의 잠재적 본질과 가능성을 실현시키도록 함으로써 개인적 차원에서 삶의 질을 한층 높일 수 있다(Davis, 1998). 즉, 개인은 기존의 사고방식이나 형식에서 과감히 탈피하여 새로운 방향에서 문제를 지각하고, 그것을 해결하려는 자발적인 탐구의 자세를 가질 때 잠재 능력이 계발되고 자아가 실현될 수 있게 된다(한순미 외, 2005).

뿐만 아니라, 창의성 교육은 개인의 사회적 공헌(social contributicn)을 이끌어낼 수 있다. 창의적인 인물들이 생산해 내는 창의적 작품이나 산출물, 문제 해결 등은 사회의 여러 영역에 발전을 가져오기 때문에 결국 창의적인 개인은 사회적으로 공헌하게 된다. 예를 들어, 아인슈타인, 에디슨, 모차르트, 셰익스피어, 파스칼, 피카소, 장영실, 백남준 등의 창의적 인물들은 창의적 작품이나 산출물, 문제 해결을 통해 사회적 공헌을 함으로써 인류 역사를 발전시켰다.

이 밖에도 창의성 교육은 변화하는 미래 사회에 효과적으로 적응하게 하고, 현재와 미래 사회에 직면하게 될 많은 문제와 위험 상황, 그리고 여러 가지 도전이나 정신적 스트레스에 잘 대처할 수 있는 능력을 갖추게 할 수 있다(Gropley, 1999; 남순현, 2006).

창의성 교육을 통해 뛰어난 국가 인적 자원을 다양한 분야에서 국가가 확보할 수 있다면, 국가적 경쟁력을 강화할 수 있고 그 사회의 산업, 경제, 복지 등 여러 분야가 발전하게 된다.

이에 따라 유럽연합은 창의성이 미래 유럽의 경쟁력을 좌우할 요소라며, '유럽 창의성과 혁신의 해' 를 선포한 바 있다. 또 중국 교육부는 1억 5천만 위안을 투자해 대학생들의 창의성을 향상시키는 프로젝트를 실시하고 있기도 하다. 우리나라에서도 교육인적자원부(2007)가 고시한 2007년 개정 유치원 교육과정에서 '창의적인 능력을 발휘하는 사람' 을 국가적 차원에서 추구하는 인간상으로 들며, 창의성을 강조하여 교육 과정을 구성하도록 하고 있다.

본 장에서는 창의적 사고란 무엇이며, 창의적 사고는 어떻게 구성되어 있는지를 알아보기로 하겠다. 또 영유아기에 창의성이 어떤 의미를 갖는지 살펴보고, 영유아의 창의성 발달을 위한 영유아 교사의 역할에 대해 생각해 보기로 한다.

1) 창의적 사고의 개념

흔히들 논리적이고 분석적이며 이성적이면 좌뇌형 인간, 감성과 직관이 발달한 예술가적 기질을 가졌다면 우뇌형 인간이라고 말한다. 미래학자인 다니엘 핑크(Daniel Pink)는 "글로벌 경제위기 탓에 어느 분야에서든 넓고 큰 시야를 갖고, 큰 그림을 그릴 줄 아는 전문가를 원하게 됐다. 이러한 '하이 콘셉트(high concept)의 능력', '우뇌의 능력'은 갈수록 가속화될 '자동화'가 결코 대체할 수 없다는 점에서 더욱 각광받을 수밖에 없다."고 하였다. 즉 현대 사회를 살아가기 위해 논리적 사고 능력 못지않게 강조되어야 할 능력이 바로 창의적 사고 능력이다.

'창의성(creativity)'이라는 단어는 '만들다' 또는 '성장하다'라는 의미를 지닌 라틴어 **creâre**에서 기인한 것이다. 1971년판 Oxford 영어사전에는 이 단어가 없었으나, 1988년경에 Webster 영어사전에서 창의성을 "창의적인 능력; 예술적 혹은 지적 독창성(creative ability; artistic or intellectual inventiveness)"이라고 정의되고 있는 것을 보면, '창의성'이라는 단어가 새롭게 등장한 용어임을 알 수 있다. 1950년 미국심리학협회(The American Psychological Association) 회장이었던 길포드(J. P. Guilford)가 창의성에 관한 기조연설을 하면서부터 심리학자들이 창의성에 대해 본격적으로 연구하게 되었다.

학자들에 따라 창의성은 다양하게 정의되고 있는데, 공통적으로 두 가지 핵심요소가 발견된다. 그것은 '**새로움**(독창적, 독특한, 새로운, 신선한, 예기치 못한)'과 '**적절성**(유용한, 구체화된, 가치 있는, 의미 있는, 과제 조건을 충족시키는)'이다. 어떤 결과나 산출물이 창의적이라고 평가되기 위해서는 이 두 요소를 충족해야 한다. 새롭기는 하지만, 쓸모나 가치가 없고 적절하지 않다면 새로운 것일지라도 창의적인 것이 될 수 없다. 마찬가지로 유용하기는 하지만, 새롭거나 독특하거나 독창적이지 않다면 그저 유용한 것일 뿐 창의적인 것이 될 수 없다.

그러나 **사회적 맥락**에 따라 새로움과 적절성의 정의나 평가가 달라지므로, 한 사회적 맥락 속에서 창의적인 것이라고 해서 꼭 다른 사회적 맥락에서도 창의적인 것으로 인정받으리라는 보장은 없다(Richards, 2001).

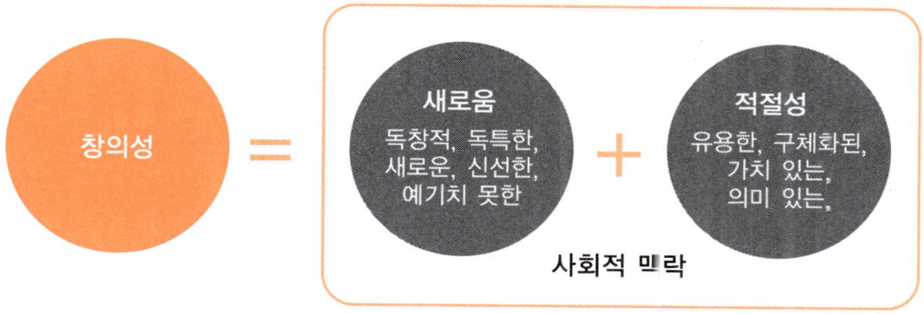

그림 I-5 창의성의 의미

이에 따라 창의성은 '인간의 삶의 질적 수준을 향상시키는 데 도움이 되고 가치 있는 문화 특성이나 문명이기를 창출해 내고자, 자연 현상이나 삶의 세계에 대하여 **새로운** 시각에서 통찰하거나 융통성 있는 발상의 전환과 사고의 전환을 통하여 **가치 있는** 지적 · 과학적 · 문화적 아이디어와 산출물을 생산해 낼 수 있는 능력' 이라고 할 수 있다(한국교육개발원, 2006). 이를 간단히 정리하면, 창의성 또는 창의력이란 **'새롭고 뜻있는 것을 만들어 내는 힘'** 이다(정범모, 2005).

사람들은 누구나 태어날 때부터 창의성을 타고난다. 아이들이 노는 모습을 가만히 지켜보면 이 같은 사실을 금방 깨달을 수 있다. '어린이처럼 생각하라' 는 창의력 계발에 중요한 모토가 되기도 한다.

심리학자 매슬로우(Maslow)가 '창의성은 모든 인간 본성에 내재하는 기본적 특성' 이라고 말했듯이, 창의성은 인간의 삶에 있어 대단히 중요한 의미를 가지며, 인간을 인간답게 하는 힘이라고 볼 수 있다. 동물들의 삶은 수천 년 전이나 지금이나 별로 다를 바 없지만, 창의성을 가진 인간의 삶은 끊임없이 새로워져 왔고 앞으로도 계속 새로워질 것이다.

예를 들어, 어느 원시시대 사람이 밋밋하던 토기에 자신의 창의적인 생각으로 일정한 문양을 그려 넣은 것이 빗살무늬 토기가 되었으며, 이후에는 더욱 다양한 문양을 새기고 때로는 그림을 그려 넣기도 하게 된 것이다. 어떤 이는 '왜 찍은 사진을 바로 볼 수 없냐' 며 투정하는 딸의 이야기를 듣고 폴라로이드 사진기를 발명하였고, 또 부엌일에 익숙하지 못했던 아내가 걱정스러워 쉽게 상처를 싸맬 수 있는 반창고를 만들게 된 사람도 있다. 비단 역사적 유물이나 발명품이 아니더라도 우리의 생활을 돌아보면 인간이 항상 창의적인 생각을 하며 살아가고 있음을 알 수 있다. '이번 주말에는 무엇을 하며 지낼까?' 를 고민하며 주말 계획을 세우는 것도 창의적인 생각으로 볼 수 있고, '오늘은 블록으로 또 무엇을 만들어 볼까?' 라고 궁리하는 어린아이의 모습에서도 창의적인 모습을 엿볼 수 있다.

그림 Ⅰ-6 창의적인 사고를 하는 인간

그런데 나이가 들면서 점차 상상력을 잃고 창의적인 행동을 하지 않게 된다. 타인의 평가와 사회의 관습을 의식하는 사이 차츰 고정관념의 틀 속에 얽매이게 되기 때문이다.

옳고 그름, 선과 악, 흑과 백 등으로 확연히 구분짓는 사고체계나 교육제도 속에서 창의성은 자라지 못한다. 오직 하나의 논리, 하나의 정답만을 강요하는 시스템에서 창의력은 꽃필 수 없기에 영유아기부터 창의적 사고 발달을 위한 교육이 시작되어야 한다.

2) 창의적 사고의 구성

인간이 기본적으로 창의적인 존재이며, 창의성이 누구에게나 잠재된 가능성이라고 하더라도 개개인에 따라 정도의 차이가 있다. 이에 따라 많은 학자들은 창의적인 사람과 창의적이지 못한 사람 간의 차이를 밝혀나기 위해 창의성을 이루고 있는 다양한 요인에 관해 연구해 왔다. 창의적 사고가 어떻게 구성되어 있는지 알아보는 것은 창의성에 대한 피상적 이해에서 벗어나 인간이 어떠한 창의적 사고 과정을 거치며, 창의적인 사람들은 어떤 성향을 가지고 있는가를 이해하는 데에 도움이 된다.

창의적 사고는 크게 **창의적 사고 능력**과 **창의적 성향**으로 구성되었다고 볼 수 있다(이종연 외, 2005) 그림 I -7 .

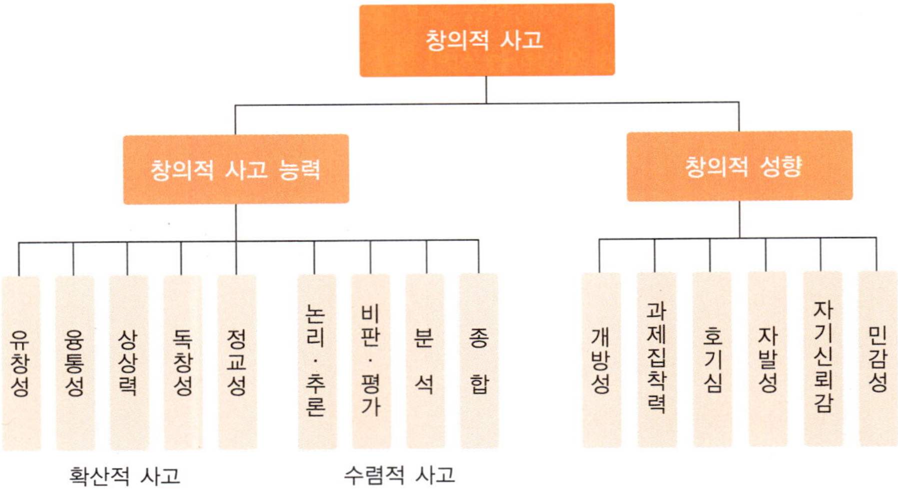

그림 I-7 창의적 사고의 구성

(1) 창의적 사고 능력

초기 창의성 연구자인 길포드(Guilford)는 유창성, 융통성, 독창성과 같은 아이디어 생성을 강조하는 **확산적 사고**(divergent thinking)가 창의적 사고의 중심이라고 설명하였다. 그러나 창의적 문제 해결을 위해서는 새로운 아이디어를 생성해 내는 것만으로 충분하지 않다. 생산해 낸 아이디어를 사용 가능한 구체적인 아이디어로 평가하고 발전시켜 나가는 것 역시 중요하기 때문이다. 이러한 사고를 확산적 사고와 대비하여 **수렴적 사고**(convergent thinking)라고 부른다.

확산적 사고는 유창성, 융통성, 상상력, 독창성, 정교성의 요소로, 수렴적 사고는 논리 및 추론, 비판 및 평가, 분석, 종합의 요소로 이루어져 있다(이종연 외, 2005).

표 I-6 창의적 사고 능력의 개념

구분		개념	예
확산적 사고	유창성	특정한 문제 상황에서 가능한 한 많은 양의 아이디어를 산출해 내는 능력	'우산의 불편한 점은 무엇일까?' 라는 질문에 무겁다, 들고 다니기 힘들다, 비가 들이친다, 자외선 차단이 되지 않는다, 모양이 단조롭다, 잘 고장난다 등 다양한 문제점을 생각해 낼 수 있다.
	융통성	고정적인 사고방식이나 시각 자체를 변환시켜 다양한 해결책을 찾아내는 능력	우산을 뒤집어서 화분을 심는 등 우산의 다른 용도로 생각할 수 있다.
	상상력	과거의 경험을 기초로 해서 앞으로의 행동을 계획할 수 있도록 하는 새로운 표상을 만드는 능력	비닐하우스를 보며, '비닐하우스에 들어간 것처럼 비를 맞지 않도록 제작된 우산을 만들 수는 없을까?' 라고 생각하며, 비닐하우스에서 새로운 우산을 만들기 위한 아이디어를 얻는다.
	독창성	기존의 사고에서 탈피하여 희귀하고 참신한 아이디어나 해결책을 산출하는 능력	젖으면 색깔이 변하는 우산, 모자처럼 쓸 수 있는 우산, 핸즈프리 우산, 반구 모양의 투명 우산 등 독특한 아이디어를 낸다.
	정교성	생각한 아이디어를 다듬어 발전시켜 표현하는 능력	반구 모양의 투명 우산을 만들어 보기 위해서 그 모습을 상상하며 자세히 그려 본다.
수렴적 사고	비판 및 평가	어떠한 사실이나 상황의 옳고 그름과 좋고 나쁨을 가려내는 능력	젖으면 색깔이 변하는 우산, 모자처럼 쓸 수 있는 우산, 핸즈프리 우산, 반구 모양의 투명 우산 등이 실생활에 유용할지 판단해 본다.
	논리 및 추론	경험적 증거나 타당한 논리를 근거로 사고의 전개에 있어 전후관계가 일치하도록 하는 능력	반구 모양의 투명 우산을 만들어 여러 사람에게 사용해 보도록 한 후, 장·단점을 도출해 낸다.
	분석	언뜻 보기에는 하나처럼 통일되어 보이는 개념이나 사물을 그 속성이나 요소로 분해하여 이해하는 능력	비닐하우스에서 새로운 우산을 만들기 위한 아이디어를 얻기 위해 비닐하우스의 구조와 재료 등을 분석해 본다.
	종합	나열되거나 대립되어 있는 사물의 개념을 통일시켜 하나의 의미로 정립시키는 능력	반구 모양의 투명 우산은 더 가볍게 만들고 시야를 확보한다면 유용한 발명품이 될 것이라는 결론을 내린다.

최근 창의성 연구자들의 공통된 견해는 확산적 사고와 수렴적 사고가 마치 자전거의 두 바퀴처럼 상보적으로 작용한다는 것이다(전경원, 2000; 호사라, 전재현, 조석희, 2005). 즉, 확산적 사고가 새로운 아이디어 생성을 위해서 필요하다면, 수렴적 사고는 산출물의 새로움(독특함)과 적절성(유용성)을 판단하거나 평가하고, 문제점이나 부족한 점을 발견하여 더 새롭고 적절한 아이디어를 생성하는 데 필요한 사고이다.

창의성 이야기 이야깃거리를 잊지 않고 가져오려면?

만 5세 A교실 유아들은 "아, 깜빡하고 이야깃거리를 안 가져왔어요.", "어제 가지고 온다고 했는데 잊어버렸어요." 등 이야깃거리나 준비물을 잊고 가지고 오지 않는 경우가 많다. 그래서 교사는 유아들과 함께 '이야깃거리를 잊지 않고 가지고 오는 방법'에 대해 토의해 보기로 하였다.

유아들은 "선생님이 우리 집에 전화해 주세요.", "다음날까지 계속 '준비물, 준비물…' 하고 중얼거려요.", "종이에 준비물을 적어가서 엄마한테 보여드려요.", "집에 가자마자 다음날 가지고 갈 물건을 현관 앞에 둬요." 등 다양한 생각들을 해냈다.

그리고 '선생님이 여러 친구들의 집에 전화하려면 힘드실 것 같다.', '다음날까지 준비물이라고 중얼거리지 못할 것 같다.', '준비물을 적었다는 사실도 잊어버릴 수도 있다.' 등 여러 가지 의견들을 하나씩 따져보았다. 결국 '집에 가자마자 다음날 가지고 갈 물건을 현관 앞에 두는 것'이 가장 좋은 방법이라고 결론을 내리고 실천해 보기로 하였다.

(2) 창의적 성향

창의적 사고 능력이 뛰어나다고 해서 실제로 창의적 사고를 잘 한다는 보장은 없다. 왜냐하면 창의적으로 사고하는 것에 두려움을 느끼거나 귀찮아하는 등 정신적으로 지쳐 있다면 창의적 사고 능력이 발현되지 않을 가능성이 크기 때문이다. 따라서 창의적 사고 능력이 작용하는 과정에서 개인에게 요구되는 정의적 또는 태도적 특성인 '창의적 성향'이 요구된다.

스턴버그와 루바트(Sternberg & Lubart, 1995)는 여러 학자들이 제시한 창의적 성향들에서 '모호함에 대한 참을성', '인내', '성장하려는 욕구', '기꺼이 모험을 하려는 정신', '경험에 대한 개방성'의 다섯 가지 공통적 특성이 나타난다고 주장하였다. 또 어번(Urban, 1995)은 '개방성', '모호함에 대한 참을성', '초점 맞추기', '과제 집착력'을 대표적인 창의적 성향으로 보았다. 여러 학자들이 말하는 창의적 성향의 개념을 종합해 보면 **'개방성'**, **'과제 집착력'**, **'호기심'**, **'자발성'**, **'자기신뢰감'**, **'민감성'**이 창의적 성취에 도움이 되는 성향이라고 볼 수 있다(이종연 외, 2005).

표 I-7 창의적 성향의 개념

구분	개념	세부 특성
개방성	인간의 태도, 생각, 경험 따위가 기존의 사고의 틀에 얽매이지 않고 거리낌 없이 시공간을 자유롭게 드나들면서 교류하게 하여 새로운 가능성을 탐색하는 성향	• 명확하지 않은 상황에서 관용이 있음 • 판에 박힌 사고방식에 따르지 않음 • 사고와 행동이 독립적임 • 새로운 경험에 대해 개방적임 • 복잡하고 불균형적인 현상을 좋아함
과제 집착력	특정 주제나 상황에 주의를 집중하고, 문제가 해결될 때까지 끈질기게 물고 늘어지는 성향	• 잘 풀리지 않는 과제에 끈기 있게 매달림 • 일에 대한 열정과 지속성이 있음
호기심	주변 사물에 대해 의문을 갖고 끊임없이 질문을 제기하는 성향	• '저 물체는 왜 저렇게 생겼을까?', '어디서 그랬을까?', '어떻게 이루어진 일일까?'와 같이 늘 현상과 사물에 의문을 던짐 • 현재에 만족하지 않음
자발성	문제 상황에 적극적으로 대처하고, 타인의 요구나 강요가 아니라 자신의 내적 동기에 의해 필요한 아이디어를 산출하려는 성향	• 문제에 적극적으로 접근함 • 과제에 몰두하는 자체에 만족감과 흥미를 느낌
자기 신뢰감	자신이 생각해 낸 아이디어에 대한 가치를 인정하고 다른 사람들의 평가로부터 구애받지 않으려는 성향	• 다른 사람의 의견에 휩쓸리지 않음 • 자신에 대한 확신과 믿음이 있음
민감성	일상생활에서 접할 수 있는 문제나 주위 환경에 대해서 세심한 관심을 가지고, 당연히 여겨지는 것에 대해서도 의문을 품는 성향	• 주변 환경에 민감한 관심을 보임 • 새로운 탐색 영역을 넓힘 • 사물을 통찰하고 그 결과에 의해 판단

창의성 이야기 발명왕 에디슨의 창의적 성향

1,037개의 특허를 갖고 있는 에디슨은 어린 시절 집안의 온갖 물건을 분해해 버리는 아이, 무언가에 집중하느라 걸핏하면 밥 먹는 시간을 잊는 아이였다고 한다.

그의 발명 방식은 역발상에 기초해서 시작한 것이 많다. 레코드판을 거꾸로 돌리듯이 생각하거나 좌충우돌하는 발상을 자주 했고, 천진난만한 다섯 살짜리 아이의 말에도 귀를 기울였다. 그는 한 번 붙잡은 일은 결코 포기하지 않았는데, 필라멘트 재료를 찾기 위해 1,000번의 실험을 거듭함으로써 급기야 전구를 발명하게 되었다는 일화는 유명하다.

3) 영유아와 창의성

영유아기는 **창의성 발달에 중요한 시기**이고, 창의성 계발에 필요한 상상력은 대개 3세에서 5세 사이에 절정을 이룬다(Torrance, 1963). 영유아기의 창의성을 연구하는 대부분의 학자들은 영유아는 창의적인 본성이 있으며, 창의성 발달의 절정기(Piaget, 1973)이자, 민감성과 풍부성으로 가득한 시기(Gardner, 1983)라는 데 동의한다.

창의적인 사람에게서 나타나는 특성들은 영유아에게서 어렵지 않게 찾을 수 있다. 끊임없는 주변 환경에 대한 탐색활동(Piaget, 1973), 타인의 평가를 두려워하지 않는 순수한 자기만족적 자발활동(Maslow, 1971), 왕성한 호기심과 집중력 그리고 독자적이고 민감한 반응행동(John-Steiner, 1985) 그리고 새로운 경험에 대한 개방성과 적극성(Barron & Harrington, 1981) 등과 같은 창의적인 과정에서 흔히 관찰되는 행동과 정의적 특성들은 영유아기의 전형적인 특성이다. Barasch(2002)는 유아가 그림을 그리거나 노래를 하고 뭔가에 열중할 때 이러한 행동들은 흔히 관찰될 수 있다고 하였다.

그림 I-8 창의성을 가진 영유다

이러한 발달적 특징에 따라 영유아기의 창의성 교육이 중요하다고 주장하는 목소리가 많다. 이러한 주장들을 몇 가지 살펴보면 다음과 같다.

첫째, 영유아는 본질적으로 창의적인 존재이며 그들은 사고방식이 유연하고 개방적이며 상상력을 가지고 사물을 보는 존재다.

둘째, 인간의 학습 및 문제 해결의 태도나 양식은 대개 유아 및 아동기에 학습되고 결정되므로 어려서부터 창의적으로 생각하고 학습하도록 배운다면, 청소년기나 성인기에도 창의적인 태도나 양식이 유지 · 발전된다. 즉, 교육의 효율성 면에서 영유아기에 창의성 교육이 이루어져야 한다.

셋째, 유창성이나 유연성 등은 영유아기에 성인 못지않게 발휘되는데, 어렸을 때부터 교육하지 않고 일정한 성숙기를 기다리거나 단편적으로 교육해서는 그 효과를 거둘 수가 없다.

넷째, 현대의 교육이 교과 간의 통합, 일상생활과의 통합을 교육의 목표로 삼는데, 창의성이 가지는 통합적인 특성이 바로 이러한 미래 지향의 교육에 가장 적합하다.

창의성 이야기 상상놀이에서 나타나는 유아의 창의적 사고 능력

가인 : 우리 어제 보고 온 공연 놀이 하자.
준호 : 공연 놀이? 우리 둘이서 공연 놀이를 어떻게 해?
가인 : 내가 무대에서 노래를 부를게. 너는 거기 앉아서 노래가 끝나면 박수쳐 줘.
준호 : 시시해. 나도 노래 부르는 사람 하고 싶은데.
가인 : 그래도 공연 보는 사람이 없으면 안 되잖아.
준호 : 아, 그러면 우리 인형을 공연 보는 사람이라고 하자.
가인 : 근데 인형이 자꾸 쓰러지잖아. 누워서 공연 보는 사람이 어디 있어?
준호 : 그러면 의자에 세워서 벽에 이렇게 기대 볼까?
가인 : 그리고 인형 손을 이렇게 벌려서 박수치는 사람처럼 보이게 하면 되겠다.

그런데 토랜스(Torrance, 1962)는 일반적으로 학교에 입학하는 시기인 만 5세경에 창의성이 떨어지는 것을 발견하고, 이 시기의 아동들이 학교 생활에 적응하고 권위를 수용하는 데 주력하는 것을 그 원인으로 보았다. 어번(Urban, 1991)의 연구에서도 역시 5~6세 사이에 창의성의 슬럼프가 나타남으로써 토랜스의 입학 연령기 슬럼프에 대한 주장을 지지해 주었다.

그러므로 자발적이고 융통성 있게 자신을 표현하는 **유아기**에 자신의 생각과 느낌을 내부에서 우러나오는 대로 자연스럽게 표현할 수 있게 하고, 외적인 기술이나 지식을 너무 강조해 자발성을 억제하지 말아야 한다. 그리고 **학령기**에는 인지 발달 단계에 맞는 적절한 수준의 연령별 지식과 기술을 습득하게 하되, 창의성 슬

럼프에 빠지지 않도록 다양한 생각을 자발적으로 표현하도록 장려하여 인습과 융통성, 수렴적 사고와 확산적 사고가 조화를 이루도록 이끌어 주는 것이 중요하다.

창의성 이야기 '빨간색' 하면 떠오르는 것은?

어느 교사가 A, B, C 유아에게 각각 "빨간색 하면 떠오르는 것을 이야기해 줄래?"라고 말했다. 그러자 유아들은 다음과 같이 대답했다.

A유아 : 사과. 그리고…, 음…, 음…. 장미꽃. 그리고…. 아, 더 이상 생각 안 나요.
B유아 : 빨간색 하면 떠오르는 거요? 빨간색 사과, 빨간색 사인펜, 빨간색 크레파스, 빨간색 색연필, 빨간색 옷, 빨간색 신발 …. 너무 많아서 다 얘기하지 못하겠어요.
C유아 : 딸기, 소방차, 엄마 립스틱, 불, 사과, 수박 속, 입술, 피, 장미꽃, 단풍잎, 산타할아버지, 우체통, 붉은 악마.

A유아는 '빨간색'이라는 일정한 범주 안에서 여러 개의 아이디어를 짜내기 어려워하고 있다. B유아는 여러 개의 대답을 했지만, 모든 사물 앞에 '빨간'이라는 단어를 붙이기만 했을 뿐 참신한 아이디어를 제시하지 못했다. 따라서 유연하고 융통성 있는 아이디어를 유창하게 이야기한 C유아가 창의성이 높다고 볼 수 있다.

4) 영유아 교사와 창의성

영유아의 창의성을 증진하기 위해서는 교사의 역할이 중요하다. 교사는 영유아의 창의성 계발을 지원해 줄 수 있는 중요한 인적 환경이기 때문이다. 체임버스(Chambers, 1973)의 연구에 의하면 학생의 창의성을 격려하는 교사는 학생을 집단이 아닌 개별적인 존재로 대하고, 독립심을 격려하며, 교사 자신이 창의적인 사람의 모범으로서 행동하는 것으로 나타났다. 그러나 창의성을 저해하는 교사는 학생의 새로운 아이디어 생성을 차단하고, 기계적인 암기에 의한 학습을 강조하며 자신감이 없고 완고한 것으로 나타났다.

창의성이 있는 교사와 창의성이 부족한 교사를 비교하는 예를 들어 살펴보자.

자유선택활동시간에 유아들이 조형 영역에서 '색종이로 구성하기' 활동을 하고 있는 상황에서 A교사와 B교사는 다음과 같이 다르게 반응하고 있다.

〈A교사〉

유아 : 선생님, 그릇 좀 주세요. 색종이를 색깔별로 잘라서 담아 놓으면 좋을 것 같아요.

교사 : 괜찮아. 그냥 둬. 그건 선생님이 할게.

〈B교사〉

유아 : 선생님, 그릇 좀 주세요. 색종이를 색깔별로 잘라서 담아 놓으면 좋을 것 같아요.

교사 : 좋은 생각이구나! 그런데 지금 당장 그릇을 갖다 줄 수 없는데…. 우리 교실에서 그릇 대신에 사용할 만한 물건이 있는지 찾아볼래?

유아 : 아! 우유팩 씻어 놓은 것을 사용하면 되겠어요.

교사 : 그러면 되겠구나! 그런데 우유팩에 종이를 넣어두니, 어떤 색깔의 종이가 들어 있는지 잘 보이지가 않네. 좋은 방법이 없을까?

유아 : 우유팩 윗부분을 조금 자르면 잘 보일 것 같아요. 아니면 우유팩 겉에 같은 색깔 색종이를 붙여도 되겠어요.

'색깔별로 색종이를 담아 놓자.' 는 유아의 의견을 존중하기보다는 주어진 상황만을 고려한 A교사 반의 유아는 자신의 생각을 적용해 볼 기회를 갖지 못했다. 반면, 유아의 의견을 격려하고, 즉각적으로 해결할 수 있는 방법을 찾아보도록 제안한 B교사 반의 유아는 우유팩을 유용하게 활용하는 방법까지 생각하는 기회를 가질 수 있었다. 즉 교사의 창의적 사고 능력과 창의적 성향이 영유아의 창의성에 직접적 또는 간접적으로 영향을 주고 있는 것이다.

영국의 국가 교육과정을 관리하고 개발하는 기관인 QCA(Qualifications and Curriculum Authority, 2005)의 자료에 의하면, 교사는 다음과 같은 방법으로 학생들의 창의성을 증진시킬 수 있다고 하였다.

계획할 때 교사는

- 학생들이 할 일에 대해 분명한 목적을 설정한다.
- 자유와 제한점을 분명히 제시한다.
- 다양한 학습과 경험을 통해 학생들의 상상력을 고무한다.
- 학생들에게 협동할 기회를 제공한다.

가르칠 때 교사는

- 학생들이 성공에 대한 기준을 정하도록 도와준다.
- 예상치 못한 학습 기회를 활용한다.
- 개방적 질문(what if…?, why is…?, how might you…?)을 하고, 비판적 반성을 격려한다.
- 일의 진행 과정을 정기적으로 검토한다.

그런데 영유아 교사는 영유아를 가르칠 때에만 창의성을 필요로 하는 것은 아니다. 일일교육계획안, 가정통신문 등 각종 문서를 작성할 때에나 학부모 상담을 할 때 등 수업 외의 제반 업무를 수행할 때에도 창의적 사고가 요구된다.

또 하나의 예를 들어 교사의 창의적 사고가 교사 업무에 왜 중요한 작용을 하는지 살펴보자. 미술관 견학을 마치고 A교사와 B교사는 일일교육계획안에 다음과 같이 현장 학습에 대한 평가를 하였다.

〈A교사〉

… 미술관에서 마침 '어린이 전시회'가 열리고 있어서, 유아들이 자기 또래의 작품을 진지하게 감상해 볼 수 있는 좋은 기회가 되었던 것 같다. 그런데 몇몇 아이들은 내가 아무리 조용히 하라고 이야기해도 떠들거나 돌아다녀서 다른 관람객에게 방해가 되기도 했다. 다음부터는 좀 더 철저하게 사전 교육을 하고 현장학습을 나와야 겠다. …

〈B교사〉

… 나는 유아들이 미술관에 대해 '미술관은 정말 재미있는 곳', '또 가고 싶은 곳', '미술 작품을 감상하는 것은 즐거운 일'이라는 이미지를 가질 수 있기를 바랐다. 그런데 오늘 우리 반 아이들이 견학하는 모습을 보면서 '미술관은 빨리 벗어나고 싶은 곳', '미술 작품을 감상하는 것은 따분한 일'이라고 느끼고 있지는 않은지 내내 걱정이 되었다. 아이들의 입장에서 생각해 보면 아이들의 마음이 이해가 되기도 했다. 15명씩 우르르 다니다 보니 미술 작품보다는 친구 뒷모습이 더 잘 보이고, 내 목소리는 잘 들리지도 않았을 것이다. 또 몇 십 분씩 걸어다니려면 다리도 아팠을 것이다. 내년에도 이대로 견학을 간다면 달라질 것이 없는데…. 내년에는 교사 대 유아 비율을 줄일 수 있는 방법을 생각해 보아야겠다. 반별로 견학일을 다르게 해서 보조교사의 도움을 받든지, 학부모님의 도움을 받아 보는 것도 좋겠다. 이때 보조교사와 학부모님께 미술 작품과 관련하여 유아들과 상호작용하는 방법에 대해 사전 교육을 실시한다면, 작품 하나하나에 대해 유아들이 더 많은 것을 보고 느끼고 돌아올 수 있지 않을까 생각해 보았다.

미술관에서 지루해 하는 반 아이들을 떠올리며 A교사는 항상 하던 방식대로 '사전 교육을 더 해야겠다' 고만 회상하고 있다. 그러나 B교사는 유아들이 미술관에 대해 재미를 느끼지 못하고 방관자적인 입장으로 관람하는 것을 문제로 인식할 줄 아는 능력이 있었고, 이를 해결하기 위해 보조 인력에게 도움을 청하거나 보조 인력을 사전 교육하는 방법 등 다양한 아이디어를 생각해 내고 있다. 이러한 교사의 창의적 생각은 즉각적으로 드러나지 않더라도, 장기적으로 볼 때 효율적인 수업을 위해 중대한 영향력을 미칠 수 있는 것이다. 그러므로 교사가 영유아교육기관에서 일어나는 모든 일에서 창의적 사고가 발휘될 수 있도록 노력하는 일이 매우 중요하다.

3. 논리와 창의성 교육

1장과 2장에서 살펴보았듯이, 생각하는 힘은 논리적 사고와 창의적 사고를 바탕으로 형성된다. 이성과 감성이 조화를 이루어야 전인적 발달이 이루어지듯, 영유아기에 논리와 창의성을 함께 갖출 수 있는 힘을 길러 주는 것이 무엇보다 중요하다. 논리가 없는 창의성은 길을 잃고 헤매기 쉽고, 창의성이 없는 논리는 메마른 논의 식물과 같이 풍요롭지 못하기 때문이다.

이와 같은 맥락으로 최근 논리와 창의성을 중요한 교육목표로 인식하기 시작하면서, 논리와 창의성을 연관시키려는 관점이 대두되고 있다. 논리적 사고와 창의적 사고는 서로 대립적인 성격을 띠는 것으로 보일 수 있지만, 사고 과정을 자세히 들여다보면 논리적 사고는 창의적 사고를, 창의적 사고는 논리적 사고를 간섭하는 가운데 이루어지고 있음을 알 수 있다.

이에 따라 본 장에서는 논리적 사고와 창의적 사고의 관계를 알아보고, 영유아의 논리와 창의성을 위한 교육 방법에 대해 살펴보겠다.

1) 논리적 사고와 창의적 사고의 관계

창의적 사고가 새로운 아이디어를 떠올리게 하는 것이라면, 논리적 사고는 새로운 아이디어를 이치에 맞는지 점검하는 것이다. 창의적으로 사고하기 위해서는 생각을 자유롭게 할 수 있도록 놓아두어야 한다. 그러나 자유롭게 떠오르는 모든 생각들이 창의적이 될 수는 없다. 다양한 상상들이 모여 세련된 아이디어로 발전되려면, 창의적 사고를 한 다음에 반드시 논리적 사고를 해보아야 한다. 제 아무리 창의적일지라도 아이디어가 실질적이고 합리적인지를 결정할 수 없다면, 생산적인 결과를 가져오지 못하기 때문이다.

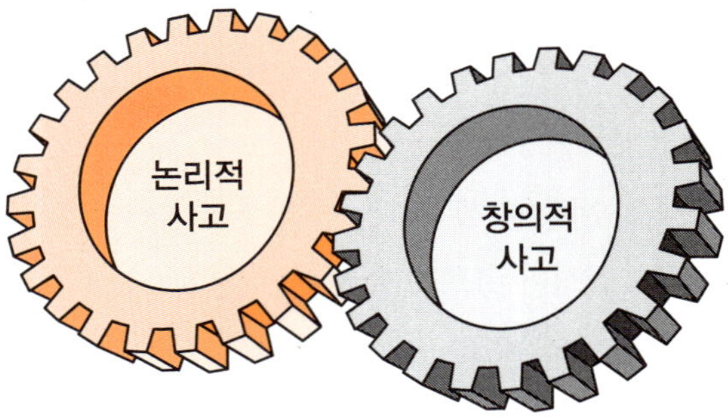

그림 I-9 논리적 사고와 창의적 사고의 관계

논리적 사고가 없는 창의성과, 창의적 사고가 없는 논리의 예를 살펴보자.

논리 없는 창의성 미술 영역

미술 영역에서 놀이하던 유아가 우연히 붓에 묻은 물감을 털다가 테이블보에 물감을 떨어뜨리게 되었는데, 그 무늬가 매우 독창적이고 아름다웠다. 선생님과 아이들 모두 그 무늬에 관심을 갖게 되었다.

다음 날 아이들이 붓에 물감을 묻혀 테이블보, 수건, 옷 등등 주변에 보이는 모든 물건에 물감을 떨어뜨리며 표현하는 상황이 발생하였다.

창의성 없는 논리 과학 영역

과학 영역에서 '물에 뜨고 가라앉는 물건'에 대한 실험이 이루어지고 있다. 책상 위에는 교사가 준비해 놓은 클립, 지우개, 자석, 종이, 나뭇잎과 물이 담겨 있는 그릇이 있다.

유아들은 선생님이 준비해 놓은 물건만 띄워 보고는 다른 영역으로 이동하여 친구들과 놀이를 하기 시작한다.

미술 영역에서 이루어진 수업에서는 논리적 사고가 결여된 것을 볼 수 있다. 즉, 교실의 모든 물건에 물감을 묻히면 무엇이 문제인지, 왜 그것이 문제가 되는지, 그것이 문제가 되지 않으려면 어떻게 해야 하는지를 생각해 볼 수 있는 시간이 있었더라면, 물감을 묻히는 행동을 하기 전에 그 행동의 오류를 발견할 수 있었을 것이다.

또 과학 영역에서 이루어진 수업에서는 유아들이 창의적 사고 과정을 충분히 경험하지 못하고 있음을 알 수 있다. 왜냐하면 환경구성을 통해 이미 '클립, 지우개, 자석, 종이, 나뭇잎은 물에 뜰까, 가라앉을까?' 라는 메시지만이 유아들에게 전달되었기 때문이다. '그 밖의 다른 물건은 어떨까?' 라는 자극을 받았더라면 유아들 스스로 새로운 아이디어를 내서 생각지도 못한 물건들을 물에 띄워 보았을 수도 있었을 것이다.

이렇듯 창의적 사고와 논리적 사고는 여러 가지 상황에서 상호 교류 작용을 하며, 창의적 사고가 논리적 사고로 마무리될 때 완전한 사고 과정으로 매듭지어진다고 할 수 있다.

2) 논리와 창의성을 위한 교육 방법

논리와 창의성은 어느 정도 선천적으로 가지고 태어나지만 후천적으로 교육을 통해서도 길러질 수 있으며, 노력 여부에 따라서 나름대로의 수준에서 더욱 신장될 수 있다. 일반적으로 논리적 사고와 창의적 사고를 위한 교육 방법에는 여러 가지가 있지만, 영유아의 논리와 창의성 교육을 위해 도움이 될 만한 몇 가지를 각각 살펴보겠다.

(1) 논리 교육의 방법

논리 교육의 핵심은 영유아의 궁금증과 호기심에서 출발한 생각을 바르게 이끌어 주고 발전하도록 도와주는 것이다. 그렇다고 영유아가 물어 볼 때마다 앉혀 놓고 그 원리와 개념에 대해 장황하게 설명해 줄 수는 없다. 그런 방법은 오히려 생각할 수 있는 기회를 빼앗는 것이 된다. 바람직한 논리 교육을 위해서는 정답을 던져 주는 역할이 아니라, 생각할 수 있는 방법을 알려 주는 것이 되어야 한다. 논리적 사고 기술은 따로 공부하는 시간을 갖는다고 성취되는 것이 아니라, 일상생활 속에서 논리적으로 생각해 보는 경험을 통해 얻어진다. 다음의 간단한 예에서 볼 수 있듯이 영유아의 일상적인 질문에 간단하게 대답함으로써 사고의 폭을 넓히고 대화하는 방법을 배워 가도록 도울 수 있다.

논리 이야기 "선생님! 밥은 왜 먹어요?"

점심식사 준비로 분주한 어느 오후, 다섯 살 채영이는 자신의 밥그릇을 물끄러미 쳐다보다가 선생님을 향해 이렇게 질문했다. "선생님! 밥은 왜 먹어요?"

선생님은 당연한 질문에 당황스럽기도 했고, 또 바쁜 와중이라 성의 없이 대답했다. "당연히 밥을 먹어야지. 그럼 안 먹니?"

그러나 논리적 사고를 돕기 위해서는 아이들의 질문에 보다 성실하게 답해야 한다고 생각하는 선생님은 다음과 같이 말할 것이다. "채영아, 너는 왜 밥을 먹어야 한다고 생각하니? 만약에 밥을 먹지 않으면 어떻게 될까?"

영유아를 위한 논리 교육의 방법을 놀이를 통한 교육과 대화를 통한 교육으로 나누어 살펴보면 다음과 같다.

① 놀이를 통한 논리 교육

4세 이전의 영유아는 아직 자신의 생각을 말로 잘 표현하지 못하고 충분한 논리적 사고의 틀을 갖추지 못하였기 때문에, 일상적인 놀이 속에서 논리적 사고를 할 수 있도록 하는 것이 좋다.

● 논리적 놀이 환경 만들기

논리적 놀이 환경은 유아가 생각하는 훈련을 하는 데 아주 중요한 요소가 된다. 부모나 교사가 함께 책을 읽고 이야기 나누는 것은 논리적 사고를 기르기 위한 필수적인 환경이 된다.

● 매일 새로운 경험 만들기

매일 반복되는 환경에서는 호기심과 질문이 생기지 않는다. 따라서 영유아에게 새로운 경험을 주는 일이 필요하다. 전람회, 공연, 체험활동, 시장 보기, 여행 등을 통해 새로운 생각을 할 수 있는 다양한 상황과 만나는 경험은 사고의 폭을 넓히는 중요한 요소이다.

● 문학 작품을 통한 이야기 나누기

문학 작품을 통한 간접 경험 속에서 새로운 생각들과 만날 수 있다. 문학 작품을 감상하고 이야기의 결말을 예측해 보거나, 일부 내용을 다른 상황으로 바꾸어 생각해 보도록 하는 것은 논리적 사고 향상을 위한 좋은 방법이 된다.

● 분류하기

"유치원 교실에 네모가 어디에 있을까?", "종이와 상자는 같은 네모지만 어떤 점이 다를까?", "여러 모양의 단추 중에서 같은 것들을 모아 보자." 등 영유아가 정한 기준에 따라 분류해 보도록 하고 분류한 것을 설명해 보도록 한다.

● 비교하기

자기 스스로 다른 점과 같은 점을 찾을 수 있도록 하는 놀이도 좋다. 봄나들이에서 수집한 다양한 자연물을 보며 "어떤 점이 같을까?"라는 질문을 하며 여러 가지 기준으로 비교해 볼 수 있도록 하는 놀이도 도움이 된다.

● 서열화하기

다양한 사물과 사건을 분류하고 비교하면서 기준("크기, 모양, 무게, 색깔대로 놓아 보자")에 따라 차례대로 놓아 보도록 하는 놀이도 좋다.

● 원인과 결과 따져보기

인터폰을 누르면 대문이 열리고, 스위치를 누르면 불이 켜지고, 버튼을 누르면 음악이 나온다. 무엇인가를 하면 상황이 변하는 것을 보면서 영유아들은 원인과 결과의 관계를 알게 된다. 다만 그 상황을 그냥 무심코 지나가는 것이 아니라, "○○이가 그걸 누르니까 저 불이 켜지네!"라는 식으로 행동과 결과에 대해 연결지어 생각해 볼 수 있도록 언어로 다시 표현해 주는 것이 필요하다.

② 대화를 통한 논리 교육

4세 이후의 유아들과는 대화를 통해서 논리적 사고를 기를 수 있다. 그러나 대화에도 기술이 있다. 무작정 많은 대화를 하는 것이 아니라, 다음과 같은 전략을 가지고 대화를 하는 것이 필요하다.

● 구체적인 소재로 대화 시작하기

대화의 소재는 항상 구체적인 일상에서 찾는 것이 중요하다. 블록을 갖고 놀이하는 유아에게 "어떤 모양을 만들려고 하니?", "오늘 놀이는 어땠니?"라고 물으며 유아의 행동에 관심을 보이고 구체적이고 맥락이 있는 질문을 던지는 것이 필요하다.

● 긍정적으로 칭찬하기

유아가 어떤 질문을 하더라도 먼저 긍정적으로 칭찬하는 것이 중요하다. "사람은 왜 죽어요?"라는 질문에 "아이가 뭘 그런 걸 묻니?"라는 답변보다, "선생님도 너만 했을 때 그런 게 궁금했었는데, ○○이도 그것이 궁금했구나?"라고 긍정적으로 받아 주는 것이 필요하다.

● 호기심의 발달을 알아보기

유아들이 질문을 한 배경을 알아본다. "글쎄, 왜 죽을까?"라고 말하면 유아는

"집에 오는 길에 개가 죽은 것을 봤어요."라고 이야기를 시작하게 된 구체적인 배경을 설명할 수 있다.

● 함께 토론하기

유아가 대화할 마음을 열었으면 본격적으로 토론에 들어간다. "그럼 개만 죽을까?", "만약 태어나기만 하고 죽지 않으면 어떻게 될까?" 하고 구체적인 이야기들로 이끌어가 사고를 확장하도록 한다.

(2) 창의성 교육의 방법

창의적 사고를 위해 사용할 수 있는 기법들은 대체로 확산적 사고 촉진에 활용도가 높은 것과 논리/비판적 사고 촉진에 활용도가 높은 것으로 구분되어 제시되고 있다. 여기에서는 다양한 사고 기법 중 영유아의 창의성 발달을 위해 사용될 수 있는 기법인 브레인스토밍, 체크리스트법, 속성열거법을 살펴보겠다.

① 브레인스토밍

창의적 사고의 가장 기초적인 단계는 일단 주어진 문제에 대한 해결책을 최대한 많이 떠올리는 것이다. 브레인스토밍은 상황 인식, 해결안 찾기 등 어떠한 상황에서도 자연스럽게 사용될 수 있는 기법이다. 브레인스토밍의 기본 규칙은 비판은 유보하고, 가능한 많이 생각해 보는 것이다.

유아들이 하나의 주제에 대하여 생각나는 대로 글이나 그림으로 표현해 봄으로써 주제에 대해 이미 알고 있는 것과 더 알아보고 싶은 점을 찾아나가는 과정은 브레인스토밍을 적용한 사례 중 하나다.

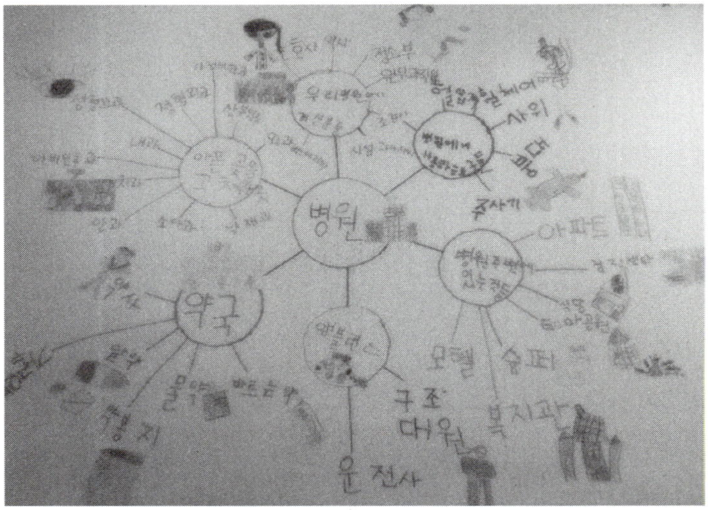

그림 Ⅰ-10 유아교육기관에서 브레인스토밍의 예

② 체크리스트법 - 스캠퍼

스캠퍼(SCAMPER)는 아이디어를 창출시키고자 하는 체크리스트로, 다음과 같은 질문을 하여 새로운 아이디어를 산출하는 것이다.

- S : 대체(Substitute)하면?
- C : 결합(Combine)하면?
- A : 응용(Adapt)하면?
- M : 변형(Modify), 확대(Magnify) 또는 축소(Minify)하면?
- P : 다른 용도(Put to other uses)로 하면?
- E : 제거(Eliminate)하면?
- R : 뒤집기(Reverse), 재배열(Rearrange)하면?

스캠퍼(SCAMPER)는 조형 영역에서 유아들의 상상력을 자극하기 위해 자주 사용되는 기법이다. 각각의 질문에 따라 교사 발문의 예를 보면 표 Ⅰ-8과 같다.

표 I-8 스캠퍼 기법에 따른 교사 발문의 예

	질문	적용의 예
S	대체(Substitute)하면?	애완동물로 공룡을 기른다면 어떨까?
C	결합(Combine)하면?	얼룩말과 새가 결혼하면 어떤 동물이 나올까?
A	응용(Adapt)하면?	캥거루처럼 우리 몸에도 배 주머니가 있다면?
M	변형(Modify), 확대(Magnify) 또는 축소(Minify)하면?	사람의 입이 10개라면 어떨까? 우리의 몸이 개미만큼 작아진다면 어떨까?
P	다른 용도(Put to other uses)로 하면?	비행기 음식점이 있다면?
E	제거(Eliminate)하면?	온 세상의 물이 사라진다면?
R	뒤집기(Reverse), 재배열(Rearrange)하면?	내가 엄마가 되고, 엄마가 내가 된다면?

③ 속성열거법

속성열거법은 주어진 문제의 속성(모양, 크기, 색깔, 특성 등)을 열거해 봄으로써, 기존의 아이디어와는 다른 개념이나 원리를 색다르게 결합하거나 수정해서 새로운 아이디어를 산출해 내는 방법이다.

유아들은 여러 가지 사물의 속성을 열거해 봄으로써 새로운 아이디어를 생각해 내는 활동을 할 수 있다. 예를 들어, 어느 유아는 핸드폰의 속성을 열거해 보면서 '말로 이야기하면 글로 써지고 배터리가 닳지 않는 휴대폰'을 생각해 냈다.

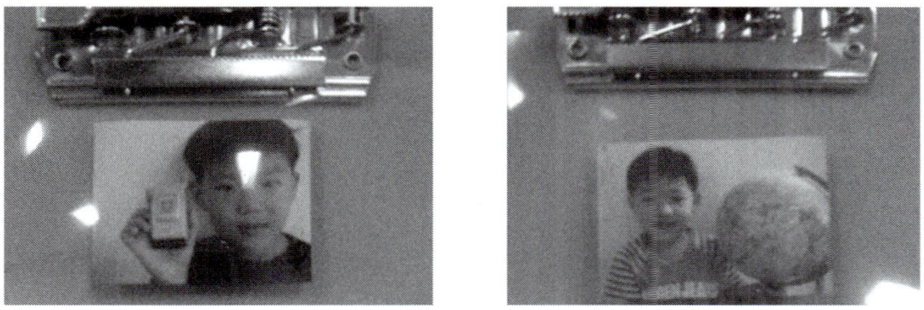

그림 I-11 속성열거법을 활용한 수업의 예

3) 문제 해결을 통한 논리와 창의성 교육

앞서 논리적 사고와 창의적 사고를 발달시키기 위한 방법들을 살펴보았는데, 사실 이 둘은 따로 분리되어 작용하기보다는, 하나의 문제를 해결하는 과정 속에서 서로 역동적으로 상호작용하여 사고를 돕는다.

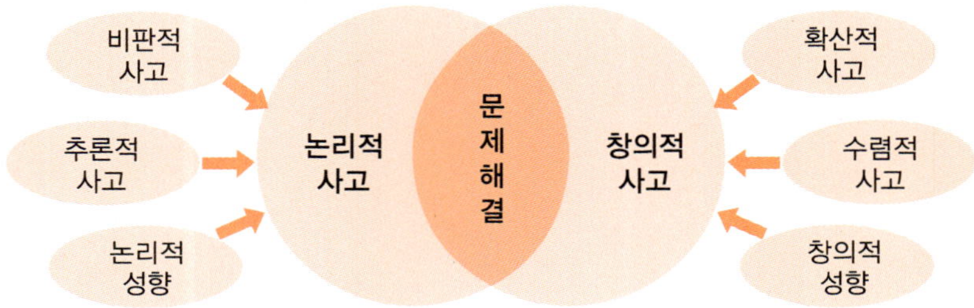

그림 I-12 논리적 사고와 창의적 사고의 상호작용

그러므로 논리적 사고와 창의적 사고를 향상시키기 위해서는 영유아와 영유아 교사가 하루 일과 속에서 당면하는 모든 문제에 대하여 새로운 산출물이나 해결책을 만들어 내기 위한 사고 과정을 중심으로 교육해야 한다.

이때 문제 해결에 필요한 구체적인 요소들은 비판적 사고, 추론적 사고, 논리적 성향으로 구성된 **논리적 사고**와 확산적 사고, 수렴적 사고, 창의적 성향으로 구성된 **창의적 사고**에서 추출할 수 있다 표 I-9.

표 I-9 논리적 사고와 창의적 사고에 따른 문제 해결을 위한 요소

구분		요소
논리적 사고	비판적 사고	• 문제와 개념 명료화하기(문제 파악하기) • 오류 찾기 • 어떠한 사실이나 상황의 옳고 그름과 좋고 나쁨을 가려내기 • 요점과 요지 및 의도 파악하기 • 최선의 해결방안 선정하기 • 결정된 입장 시각화하기 • 문제의 원인 인식하기 • 문제 해결을 위한 정보 수집하기 • 순서화하기 • 다양한 해결 방법을 비교 · 분류 · 대조하기 • 논리적 근거 찾기 • 결과 예측하기 • 분명하고 설득력 있게 표현하기 • 적용하고 평가하기
	추론적 사고	• 나열되어 있는 개념을 하나의 의미로 종합하기 • 원인과 결과 관계 분석하기 • 논리를 근거로 추론하기
	논리적 성향	• 판단 유보하기 • 개선안 제시하기 • 반대되는 주장이 있을 가능성 따져 보기 • 정직하고 객관적으로 생각하기 • 다양한 문제에 관심과 호기심 갖기 • 끝까지 포기하지 않고 문제를 해결하기
창의적 사고	확산적 사고	• 다양한 시각으로 상황과 문제 조망하기 • 주어진 정보를 기초로 상상하기 • 가능한 많은 양의 아이디어 산출하기 • 고정적인 사고방식을 변화시켜 다양한 해결책 찾아내기 • 기존의 사고에서 탈피하여 희귀하고 참신한 아이디어나 해결책을 산출하기 • 아이디어를 정교하게 다듬어 발전시켜 표현하기 • 다양한 표현하기

구분		요소
창의적 사고	수렴적 사고	• 어떤 장면이나 상황에 대해 스스로 문제 제기하기 • 실행 후 발견된 문제를 해결할 수 있는 방법 생각하기 • 개념이나 사물을 그 속성이나 요소로 분석하기 • 사건의 전후관계 따져보기 • 개념을 통일해 하나의 의미로 정립하기
	창의적 성향	• 당연하게 받아들여졌던 사실에 대해 의문 품기 • 새로운 가능성을 탐색하기 • 문제가 해결될 때까지 끈질기게 물고 늘어지기 • 문제 상황에 적극적으로 대처하기 • 자신의 아이디어의 가치를 인정하기

이를 바탕으로 문제해결을 통한 논리와 창의성 교육 방법의 단계와 영유아교육기관에서의 적용 방안에 대해 더 구체적으로 살펴보면 다음과 같다.

(1) 문제해결을 통한 논리와 창의성 교육의 단계

문제해결을 통한 논리와 창의성 교육은 **'문제의 발견 및 정의'**, **'자료 탐색 및 해결안 발견'**, **'실행 및 평가'**의 단계를 거쳐 이루어지게 된다. 각각의 단계에서는 논리적 사고와 창의적 사고가 서로 역동적으로 영향을 미치게 된다.

각 단계에서 요구되는 논리와 창의성의 내용을 구체적으로 알아보면 다음과 같다.

① 문제의 발견 및 정의 단계

문제해결을 통한 논리와 창의성 교육에서 가장 중요한 일차적인 조건은 해결해야 하는 문제를 정확히 찾아내는 것이다. 그러나 문제를 발견하기란 그렇게 쉬운 것만은 아니다. 어떤 장면이나 상황이 불편하더라도 그것을 당연한 것으로 받아들이고 지나쳐 버릴 수 있기 때문이다.

그러므로 평소에 어떤 장면이나 상황에 대해 스스로 '문제는 없는가', '더 낫게 할 수 있는 방법은 뭘까' 라고 질문하는 문제 제기의 태드를 가지는 것이 중요하다. 발명을 하거나 특허를 얻는 등 창의적으로 문제를 해결하는 사람들은 일반 사람들이 흔히 경험하면서도 '당연하고', '어쩔 수 없는 것으로' 지나쳐 버리는 것을 의식적으로 의문시하면서 문제를 발견해 내려고 노력하는 사람들이다(Bransford & Stein, 1984).

그림 I-13 문제의 발견 및 정의 단계

문제의 발견 및 정의 단계에서 요구되는 창의적 사고와 논리적 사고의 요소는 다음과 같다.

논리적 사고	단계	창의적 사고
• 문제와 개념 명료화하기(문제 파악하기) • 문제의 원인 인식하기 • 문제 해결을 위한 정보 수집하기 • 다양한 문제에 관심과 호기심 갖기	문제의 발견 및 정의	• 어떤 장면이나 상황에 대해 스스로 문제 제기하기 • 당연하게 받아들여졌던 사실에 대해 의문 품기 • 다양한 시각으로 상황과 문제 조망하기 • 새로운 가능성을 탐색하기

② 자료 탐색 및 해결안 발견 단계

어떤 문제를 해결해야 할지가 결정되고 나면, 문제를 창의적으로 해결하는 데 필요한 자료가 무엇인지 탐색하는 과정이 요구된다. 이 단계에서는 자신이 소유하고 있는 경험과 지식을 최대한 사용해서 어떠한 자료나 지식이 요구되는지 분석해야 하며, 이를 통해 숨겨져 있는 자료까지 빠뜨리거나 간과하지 않고 중요한 자료들을 모두 탐색해 내는 것이 중요하다.

대부분의 사람들은 가장 먼저 떠오른 아이디어를 받아들이고 만족하는 경향이 있는데, 문제의 해결책을 찾기 위해서는 좀 더 풍부한 자료 탐색이 필요하고, 그러기 위해서는 '창의적 사고'가 필요하다. 풍부한 자료 탐색을 기반으로 하여 해결책을 위한 다양한 아이디어를 생성해 낼 수가 있다. 또한, 여러 아이디어를 생성한 이후에는 생성된 아이디어들을 분석하고 평가하여 더 유용하고 가치 있는 것을 선택해야 하는데, 이러한 과정에서 '논리적 사고'가 요구된다.

그림 I-14 자료 탐색 및 해결안 발견 단계

자료 탐색 및 해결안 발견 단계에서 요구되는 창의적 사고와 논리적 사고의 요소는 다음과 같다.

논리적 사고	단계	창의적 사고
• 판단 유보하기 • 어떠한 사실이나 상황의 옳고 그름과 좋고 나쁨을 가려내기 • 순서화하기 • 다양한 해결방법을 비교 · 분류 · 대조하기 • 개념이나 사물을 그 속성이나 요소로 분석하기 • 요점과 요지 및 의도 파악하기 • 원인과 결과 관계 분석하기 • 논리적 근거 찾기 • 오류 찾기 • 논리를 근거로 추론하기 • 나열되어 있는 개념을 하나의 의미로 종합하기 • 개선안 제시하기 • 반대되는 주장이 있을 가능성 따져보기 • 결과 예측하기	자료 탐색 및 해결안 발견	• 주어진 정보를 기초로 상상하기 • 가능한 많은 양의 아이디어 산출하기 • 고정적인 사고방식을 변화시켜 다양한 해결책 찾아내기 • 기존의 사고에서 탈피하여 희귀하고 참신한 아이디어나 해결책을 산출하기 • 아이디어를 정교하게 다듬어 발전시켜 표현하기 • 문제를 다양한 관점에서 조망하기 • 개념이나 사물을 그 속성이나 요소로 분석하기 • 사건의 전후관계 따져 보기 • 문제 상황에 적극적으로 대처하기 • 자신의 아이디어의 가치를 인정하기

③ 실행 및 평가 단계

적절한 해결안을 발견한 후 실행하는 단계에서는 먼저, 해결안을 실행하는 데 긍정적 · 부정적으로 영향을 미칠 수 있는 요소들을 확인해 내고, 선택한 해결안이 가지고 있는 한계를 극복할 수 있는 다양한 방법들을 찾아야 하는데, 그 과정에서 '창의적 사고'가 요구된다. 또한 구체적인 실행 계획을 단계별로 세워야 하는데, 실행을 할 때 핵심적인 행위가 무엇이며, 그러한 행위에 도움이 되거나 방해가 될 만한 근거는 무엇이고, 이를 어떻게 처리할 것인가, 또한 진행되는 시간표 등과 같이 세부적인 요소까지 고려해야 하므로 논리적이고 체계적으로 평가하는 능력인 '논리적 사고'가 요구된다.

해결안을 실행한 후에는 실행 효과를 확인하고 분석해야 한다. 문제가 만족스럽게 해결되었으면, 문제해결 과정은 종결되지만 실행 결과가 불만족스럽거나 부족하게 느껴지면 문제의 발견 및 정의, 자료 탐색 및 해결안 발견 등의 단계로 되돌아가야 하는 것이다.

또한 실행을 하는 동안에도 계획대로 잘 진행되고 있는지, 어떤 수정이 필요한지 등에 대한 평가를 해서 실행 과정을 조절할 수 있는 방법도 생각해야 하는데, 이 과정에서 요구되는 것이 '논리적 사고' 이다.

그림 Ⅰ-15 실행 및 평가 단계

실행 및 평가 단계에서 요구되는 창의적 사고와 논리적 사고의 요소는 다음과 같다.

논리적 사고	단계	창의적 사고
• 최선의 해결방안 선정하기 • 결정된 입장 시각화하기 • 분명하고 설득력 있게 표현하기 • 적용하고 평가하기 • 정직하고 객관적으로 생각하기 • 끝까지 포기하지 않고 문제를 해결하기	실행 및 평가	• 개념을 통일해 하나의 의미로 정립하기 • 다양한 표현하기 • 실행 후 발견된 문제를 해결할 수 있는 방법 생각하기 • 문제가 해결될 때까지 끈질기게 물고 늘어지기

(2) 문제 해결을 통한 논리와 창의성 교육

영유아교육기관에서 이루어지는 이야기 나누기, 토의, 수 · 과학 활동, 미술 활동, 음악 및 신체 표현, 동화 · 동시 · 동극, 조형, 게임 등의 모든 대 · 소집단 활동 속에서 문제 해결을 통한 논리와 창의성 교육이 가능하다. 다음은 교사가 이야기 나누기 시간에 '구덩이에 빠진 공을 꺼낼 수 있는 방법' 이라는 문제 상황을 주어 유아가 논리적이고 창의적인 사고를 경험할 수 있도록 수업한 예이다.

창의성 이야기 구덩이에 빠진 공

교사는 유아들에게 "내 키보다 더 깊은 구덩이에 가지고 놀던 공이 빠졌다면 어떻게 해야 할까?"와 같은 문제 상황을 제시할 수 있다. 이때 교사는 유아들의 창의적 사고를 돕기 위해서 다음의 질문을 할 수 있다.

- 왜 구덩이에 공이 빠졌을까?
- 이 친구를 도와줄 수 있는 사람은 누구일까?
- 그 사람은 어떻게 도와줄 수 있을까?
- 공을 꺼내기 위해 무엇이 필요할까?
- 그 도구를 어떻게 활용하는 것이 가장 좋을까?

이러한 질문을 통해 유아들은 다음과 같은 다양한 해결 방법을 제시할 수 있다.

"구덩이에 물을 부어서 공을 떠오르게 해요."
"구덩이에 돌멩이를 넣어 계단을 만들어요."
"나뭇가지를 주워다가 집게로 사용해서 공을 집어 올려요."
"지나가는 어른들께 도와달라고 부탁해요."

이때 교사는 여러 가지 아이디어들 중에서 가장 유용하고 가치 있는 방법을 선택하도록 하여 논리적 사고를 자극할 수 있다.

- 지금 우리가 생각해 낸 여러 가지 방법 중 어떤 방법이 가장 좋을까?
- 왜 그렇게 생각했니?
- 그 방법이 계획대로 잘되려면 어떤 점을 주의해야 할까?

비단 수업에서 뿐만 아니라, 영유아교육기관에서 교사가 수행해야 하는 문서 작성 및 면담에 있어서도 마찬가지다. 예를 들어, 가정통신문을 작성하고 구성할 때, '가정통신문을 활용하여 효율적으로 부모와 소통하는 방법에는 무엇이 있을까?' 라는 문제를 해결하는 과정에서 논리적이고 창의적인 능력이 요구된다. 다음은 교사가 '유치원 수업에 대한 부모의 이해를 돕는 방법은?' 이라는 문제 상황을 논리적이고 창의적인 사고를 통해 해결한 예다.

창의성 이야기 바깥놀이만 했어요!

교사는 어느 유아의 부모로부터 다음과 같은 전화를 받았다.

"선생님, 우리 아이에게 오늘 유치원에서 뭐했냐고 물으면 매일 바깥놀이만 했대요. 정말 그런가요? 바깥놀이를 몇 시간이나 하나요?"

이때 교사는 아이가 가장 좋아하는 놀이가 바깥놀이이기에 그렇게 대답했을 거라고 설명하였지만, 유치원에서 이루어지는 다양한 수업에 대해 부모의 이해를 도울 수 있는 방법이 무엇일까 고민하게 되었다.

- 왜 부모들이 이런 인식을 가지고 있을까?
- 유치원 교육 활동에 대해 부모의 이해를 높이는 방법은 무엇일까?
- 다양한 방법 중 어떤 방법이 가장 효율적일까?

이러한 사고를 통해 교사는 앞으로 한 주간의 영역별 교육목표와 방법, 결과를 간략하게 소개하고 가정과 연계되는 활동을 안내하는 문서를 가정에 보내기로 결정하였다.

이 외에도 바깥놀이 시간에 필요한 규칙을 정할 때, 과학 실험을 할 때, 음악을 새롭게 창작해 볼 때, 부적응 행동을 하는 영유아를 지도할 때 등 수많은 상황에서 논리적 사고와 창의적 사고가 역동적으로 상호작용하게 된다. 그러므로 영유아 교사는 논리적 사고와 창의적 사고에 따른 문제 해결을 위한 요소들을 이해하고 활용하여, 영유아의 논리와 창의성 및 다양하고 체계적인 교직 실무를 위해 노력해야 한다.

다음 Ⅱ부에서는 논리와 창의성 발달을 위한 수업의 실제에 대해, Ⅲ부에서는 논리와 창의성에 기초한 문서 작성 및 면담에 대해 알아보겠다.

Ⅱ

논리와 창의성 발달을 위한 수업의 실제

1. 논리와 창의성 발달을 위한 이야기 나누기 활동의 실제
2. 논리와 창의성 발달을 위한 토론 활동의 실제
3. 논리와 창의성 발달을 위한 동화 · 동시 활동의 실제
4. 논리와 창의성 발달을 위한 수학 활동의 실제
5. 논리와 창의성 발달을 위한 음악 활동의 실제
6. 논리와 창의성 발달을 위한 미술 활동의 실제

Ⅱ 논리와 창의성 발달을 위한 수업의 실제

창의성은 누구에게나 존재하는 보편적 특성으로 교육을 통해 학습되고 길러질 수 있는 능력이다. 유아기는 창의성이 싹트고 자유롭게 발현되는 시기로서 발달 특성상 가장 효율적으로 창의성 교육을 실시할 수 있는 시기라는 점에서 중요하다. 논리적 사고는 창의적 문제해결 및 의사결정을 가능하게 하는 전제조건이다. 즉 창의적 사고(확산적 사고)를 통해 생성된 아이디어를 다듬고 선택하기 위해서는 논리적 사고(수렴적 사고)가 요구된다(이좌택, 2005). 그러므로 유아의 창의적 사고와 논리적 사고의 균형적인 발달을 어떻게 지원해 줄 수 있을 것인가의 문제는 교육의 핵심적인 과제라고 할 수 있다.

논리 · 창의적 사고는 유아의 연령이 높아지고 발달이 진행됨에 따라 자연스럽게 향상되는 부분이 있으나 체계적인 계획과 의도적인 교육에 의해 더욱 신장될 수 있다. 즉 논리적이고 창의적으로 생각하는 힘은 또래와의 탐구, 교사와의 사회적 상호작용을 통하여 잘 길러질 수 있다. 교사는 활동에 참여하여 유아와 함께 주어진 문제를 해결하는 과정에서 유아의 개인적 표현을 격려해 주고 자료나 시간, 공간, 지지 등을 제공함으로써 사고의 폭을 더욱 확장시켜 줄 수 있다.

유치원 일과 안에서 이루어지는 이야기 나누기, 토의, 문제해결 중심의 수 · 과학 활동, 음악 및 신체 표현, 동화 · 동시 · 동극, 조형, 게임 등 다양한 대 · 소집단 활동은 유아들의 사고 영역을 넓히고 창의성 증진을 도우며 자기표현을 할 수 있는 좋은 기회가 된다. 그러므로 교사는 대 · 소집단 활동을 계획하고 실천함에 있어 유아의 논리 · 창의적 사고 발달을 지원해 줄 수 있는 내용과 방법을 고려하여 전개할 필요가 있다.

따라서 이 장에서는 유아의 논리 · 창의적 사고 증진을 위하여 대 · 소집단 활동에서 활용될 수 있는 다양한 교수방법 및 활동의 실제를 소개하고자 한다. 다양한 영역에서 이루어지는 각각의 활동들은 교재 제 1장의 표 I-9에서 제시된 '창의적 문제해결을 위한 사고능력'의 발달을 돕는 것에 초점을 두었다.

1. 논리와 창의성 발달을 위한 이야기 나누기 활동의 실제

현대 사회는 정보가 급속도로 변화 · 확장되는 사회이기 때문에 사고의 다양성과 창의적인 문제 해결력이 필요하다. 따라서 21세기는 다양한 정보 가운데서 필요한 정보를 선별하고 이를 재구성하여 새로운 지식을 창출할 수 있는 사고 능력을 키워야 한다(허미애, 2008). 유아기는 창의성과 논리적 사고의 발달이 최고조에 이르는 시기로 교사는 교수-학습 상황에서 유아의 사고를 촉진하기 위한 다양한 전략을 사용해야 한다. 많은 학자들은 유아들의 사고력을 발달시키기 위해서는 다양한 교육프로그램과 함께 교사의 적절한 언어적 상호작용 능력이 있어야 한다고 주장하고 있다. 교사의 언어적 상호작용 능력은 유아의 사고를 자극하고 발전시키기 위한 필수 요건으로 교사가 확산적 · 비판적 질문을 사용하면 유아들의 논리적 · 창의적인 사고를 이끌어 낼 수 있다고 한다. 교사와 유아의 언어적 상호작용이 가장 빈번한 활동은 이야기 나누기로 본 장에서는 이야기 나누기와 논리 · 창의적인 사고와의 관계를 살펴보고, 논리 · 창의적인 사고를 발달시킬 수 있는 이야기 나누기 활동의 실제를 알아보고자 한다.

1) 이야기 나누기와 논리 · 창의적 사고의 관계

이야기 나누기는 모든 발달 영역과 학습을 이끄는 중요한 교수-학습 과정으로, 교사와 유아, 유아와 유아 간의 언어적 상호작용이 가장 빈번하게 일어나는 시간이다.

이야기 나누기는 두 가지의 의미로 나누어 사용하고 하는데 협의의 의미는 교사와 유아가 함께 모여 그날의 주제와 관련된 내용을 언어적 상호작용을 통해 알아보는 것을 의미하고, 광의의 의미는 교사와 유아가 함께 모여 하루의 일과 계획과 평가, 유아의 출 · 결석, 날짜와 요일 알아보기, 주말 동안의 경험 나누기, 계절의 변화, 교실의 규칙 정하기 등 유치원의 하루 일과 가운데 교사와 유아 간에 이루어지는 모든 언어적 상호작용을 지칭하기도 한다(교육부, 2000).

이야기 나누기는 교사와 유아가 서로 주도권을 갖는 역동적인 상호작용을 통해 유아가 주제에 대한 이해 및 논리적 사고력과 창의적 사고력을 발달시킬 수 있다. 그러나 일부의 교사들은 이야기 나누기를 대집단의 유아들을 대상으로 한 교사 주도의 정적인 활동 시간으로 인식하고 있다. 교사 주도의 이야기 나누기 시간에 교사는 그림 자료를 이용하여 유아들에게 질문을 하면 유아들은 손을 들고 발표를 하도록 한다. 이러한 이야기 나누기는 교사가 전달하고자 하는 내용을 유아들에게 일방적으로 제안, 지시, 유도하는 형태를 보인다(허미애, 2008). 따라서 유아들은 자신의 생각을 자유롭게 말하기보다는 교사가 원하는 정답 중심의 이야기를 하게 되기 때문에 유아들이 스스로 지식을 구성하거나 발견하는 데 한계가 있으며, 이야기 나누기를 통해 논리적 사고와 창의적 사고를 발달시키기 어렵다.

논리 · 창의적인 사고를 발달시키기 위하여 교사는 유아들이 자유롭게 이야기할 수 있는 수용적인 분위기를 만들어 주고, 유아가 다양한 질문과 의견을 제시하도록 격려해 주어야 한다. 또한 어떤 주제를 중심으로 토의를 할 때, 자신의 관점과 다른 사람의 관점이 다를 수 있음을 수용할 수 있도록 지드하고, 갈등 상황이 너무 쉽게 끝나 버리지 않도록 논쟁점을 주지시켜 주거나 반론을 제안하기도 해야 한다. 또한 의사 결정을 해야 하는 경우에는 서로의 의견을 존중하고 이해하며 상대방의 입장이 되어 생각해 보고 한 사람의 의견이라도 무시되지 않고 존중하며 조정할 수 있도록 지도한다.

2) 이야기 나누기를 통한 논리 · 창의 교수 방법 및 실제

(1) 대화와 논리 · 창의적인 사고

언어는 사고를 촉진시키는 중요한 도구로 유아들은 대화를 통해서 지식과 기술들을 습득하며 자신의 경험과 감각을 통하여 들어온 정보를 자신의 생각에 반영하기도 하고 대화를 통해 다른 사람과 공유하기도 한다. 코메니우스는 사고를 키우기 위한 교수법으로 대화의 중요성을 강조하였다(정대련, 2009). 즉 대화란 질문과 대답으로 진행되는 것으로 유아가 스스로 묻고 대답하는 습관을 가지게 되는 것이 논리적 사고의 시작이라고 보았다. 대화를 통한 사고력 향상을 위해서 유아들은 질문하는 방법과 바르게 답하는 방법을 배워야 한다.

〉〉〉 활동의 예

활동명	내가 좋아하는 장난감 소개하기	생활주제	유치원과 친구
활동유형	대 · 소집단 활동 – 이야기 나누기	활동연령	만 5세
활동목표	• 자신의 생각을 분명하게 표현한다. • 상대방의 이야기를 주의 깊게 듣고, 궁금한 점을 질문한다.		
누리과정 관련 요소	• 의사소통 : 말하기 – 느낌 · 생각 · 경험말하기 – 낱말과 문장으로 말하기 듣 기 – 동요 · 동시 · 동화 듣고 이해하기, 낱말과 문장 듣고 이해하기		
활동자료	유아들이 가정에서 가져온 장난감		
사전활동	• 유아들과 내가 좋아하는 놀잇감에 대한 이야기를 나눈다. • 교실에 있는 놀잇감을 관찰한다. • 가정에서 유아들이 좋아하는 장난감을 가져와 소개하기로 한다.		

활동내용	논리 · 창의 관련 요소
● **유아들이 가져온 인형을 소개한다.** – 좋아하는 인형을 가져온 사람 있니? – 네 인형을 친구들에게 소개해 줄 수 있니? : 이 인형은 로버트 장난감이에요. – 이 로봇의 이름은 무엇이니? : 힘센 로봇이에요. – 이 로봇에 대해서 또 소개할 것이 있니? : 단추를 누르면 미사일이 발사돼요.	정보수집하기
● **다른 유아의 놀잇감에 대해 궁금한 점을 질문한다.** – 너희들 중에 이 로봇에 대해 궁금한 점이 있니? : 어디서 샀어? : ○○마트에서 샀어. : 어떻게 움직여? : 움직이지 않아. 그런데 내가 손으로 밀면 앞으로 갈 수 있어. – 이 로봇에 대해 더 궁금한 점이 있니?	사물의 속성으로 분석하기
● **유아가 소개한 장난감에 대해 알게 된 것을 이야기한다.** – ○○의 로봇에 대해 알게 된 것을 이야기할 수 있니? : 이름은 힘센 로봇인데, 팔에 있는 단추를 누르면 미사일이 나가는 로봇이에요. – ○○의 로봇에 대해 더 하고 싶은 이야기가 있니? : 내 로봇이랑 비슷한데 내 거는 단추를 누르면 움직이는데 ○○의 로봇은 안 움직여요. 건전지가 없나 봐요.	나열된 개념을 정리하기
● **다른 유아들의 장난감을 소개하고, 질문하는 시간을 갖는다.** – ○○처럼 집에서 가져온 장난감을 소개하고 싶은 사람 있니? – 너는 어떤 장난감을 가지고 왔니? : 나는 움직이는 장난감이에요. – 네 장난감을 어떻게 소개하고 싶니? : 이것은 움직이는 토끼야. 약을 넣으면 북을 치면서 걸어다니는 인형이야. – □□의 장난감에 대해 질문하고 싶은 사람 있니? : 인형이 약을 먹어? : 아니야. 움직이게 하는 약이야. – 건전지를 말하는 것이니? : 건전지 말하는 건가 봐요. 내 것도 건전지 넣으면 움직여요.	정보 수집하기

: 이름이 뭐야?

: 귀여운 토끼야.

- 선생님도 질문하고 싶은 것이 있는데, 너는 이 장난감을 가지고 어떤 놀이를 하니?

: 귀여운 토끼가 북을 치면 내가 춤을 출 수 있어요.

: 노래도 부를 수 있겠다.

: 나도 북칠 수 있는데

- 이 장난감으로 또 다른 놀이를 할 수 있을까?

: 북치기 시합을 하면 재밌을 것 같아요.

: 그럼, 분명 토끼가 이길 걸. 토끼는 빠르니까.

: 토끼가 뛰는 건 빨라도 북치는 건 우리보다 느릴 걸.

- 너희들은 토끼와 누가 빨리 북을 치는지 시합을 하면 좋겠다고 생각하는구나. 또 다른 놀이를 생각한 사람 있니?

● **유아들이 가져온 장난감의 특징을 알아본다.**

- 너희들이 가져온 장난감을 앞에 다 놓아보자.
- 비슷한 장난감들이 있니?
- 이 장난감들은 무엇이 비슷하니?

: 움직여요.

: 이건 약을 넣고, 이것은 안 넣어도 되지만, 다 움직여요.

: 색이 비슷한가?

: 색은 달라요. 곰돌이는 흰색이고, 토끼는 분홍색이니까요.

- 또 비슷한 장난감들이 있니? 왜 그 장난감들이 비슷하다고 생각하니?

나열되어 있는 개념을 하나로 정리하기

: 귀여워요.

: 예뻐요.

- 너희들이 좋아하는 장난감들은 어떤 점이 비슷한 것 같니?

: 여자 애들은 인형을 좋아해요.

: 여자 애들은 분홍색 인형이 많아요.

: 우리들은 로봇을 많이 가져왔어요.

: 움직이는 인형이 많아요.

- 다른 반 친구들에게 우리 반 아이들이 좋아하는 인형에 대해 무엇이라고 말해 줄 수 있을까?

: 우리 반 애들은 귀여운 인형을 좋아하고 움직이는 인형을 좋아해요.

: 큰 곰 인형을 좋아하는 애들도 있어요.

● **유아들이 가져온 장난감을 이용해서 할 수 있는 놀이에 대해 생각한다.** – 너희들이 가져온 장난감으로 어떤 놀이를 할 수 있을까? : 블록에서 놀면 좋겠어요. – 상준이가 블록에서 놀이하고 싶다는데 너희들 생각은 어떠니? : 나도 블록에서 놀면 좋겠어요. : 어떻게 놀아? : 로봇 놀이하고 놀면 돼요. – 블록에서 로봇 놀이를 하면 좋겠다는데 너희들도 그렇게 했으면 좋겠니? : 토끼 인형은 로봇이 아니라 안돼요. : 나는 공을 가지고 와서 로봇 놀이를 할 수 없어요. – 이 장난감 모두를 이용해서 할 수 있는 놀이는 무엇일까? : 장난감 놀이를 해요. : 역할 영역에다가 장난감을 놓고 우리가 사러 가요. – 놀이 시간에 역할 영역에서 장난감 놀이하는 것은 어떠니? – 우리가 무엇을 준비해야 할까? – 놀이 시간에 장난감 가게 놀이를 만들어서 해보자.	주어진 정보를 기초로 상상하기 다양한 아이디어 산출하기
활동의 유의점	• 유아들이 다양한 각도에서 질문할 수 있도록 돕는다. 유아들이 질문하기 어려워할 때 교사는 색, 모양, 놀이 방법, 구입처 등에 대해 질문할 수 있도록 안내한다. • 다른 유아의 말을 주의 깊게 듣고, 상대방의 말과 관련된 질문을 할 수 있도록 지도한다. • 유아들의 관심이 다른 곳으로 분산될 때는 다시 원래의 주제로 관심을 집중하도록 돕는다. 위 수업의 예와 같이 유아들이 토끼의 움직임이 '빠르다', '느리다'에 대한 관심으로 주의가 분산되었을 때 교사는 질문을 통해 유아들이 원래의 주제로 사고의 방향을 전환하도록 도울 수 있다.
확장활동	• 장난감 가게놀이를 한다. • 내 장난감을 홍보하는 광고를 만들어 본다.

위 활동에서와 같이 유아들이 서로 질문하고 대답하는 가운데 진정한 대화가 이루어질 수 있다. 그러나 교사들은 요즘의 아이들이 과거의 유아들에 비해 잘 듣지도 않고, 말은 많지만 생각하여 말하는 경우가 드물다고 걱정하고 있다. 유아들이 자기 주장을 잘하기 위해서는 우선 잘 들어야 한다. 상더방의 말을 잘 들어야 무엇을 생각하고 무엇을 말해야 할지를 결정할 수가 있다. 고사는 유아들이 이야기 나

누기 시간에 다른 유아들의 말을 잘 듣고 생각하여 말하도록 지도해야 한다. 그러기 위해서는 평상시에 교사 자신이 먼저 잘 듣는 모범을 보여야 한다. 잘 듣는다는 것은 단순히 조용히 듣는 것만을 의미하지는 않는다. 상대방의 말에 귀 기울여 들으면서 그 말의 의미까지 이해하려고 노력하는 것을 포함한다.

교사 : 여기 보자. 여기 무엇이 있니?
유아 : 바람개비요. **나 바람개비 돌린 적 있어요.**
교사 : **너희들은 바람개비 접을 수 있니?**
유아 : 난 잘 접어요. 내가 접어 볼까요?
교사 : 자, 여기 선생님이 색종이를 가져왔어. 이것으로 무엇을 하면 좋을까?
유아 : 바람개비요.
교사 : 또 다른 생각을 가진 사람 있니?
유아 : 나 꽃 접기 할 수 있어요.
유아2 : 나는 저고리 접을 수 있어요.
교사 : 또 다른 것을 접을 수 있는 사람이 있니?
교사 : **그런데 오늘은 바람개비를 접을 거예요.**

(2007. 10. 이야기 나누기 관찰일지)

위 수업을 보면 교사가 묻고 유아들이 대답하는 대화가 이루어지고 있으나 교사가 유아의 말을 주의 깊게 듣고 있다고 할 수는 없다. 유아가 "바람개비 돌린 적 있어요"라고 말했을 때 교사는 유아의 대답을 수용하지는 않고, 자신의 말만 할 뿐이다. 또한 유아들이 바람개비 접는 것에 대한 흥미를 보였을 때에도 이를 다음 발문으로 연결하지 못하고 종이접기로 관심을 분산시켰다가 다시 바람개비 접기로 유아들의 관심을 끌어오는 것을 볼 수 있다. 이야기 나누기가 잘 되기 위해서는 유아들의 흥미를 다른 방향으로 분산시켜서 유아의 흥미가 한 방향으로 집중되는 것을 방해할 것이 아니라, 유아들이 자신의 흥미를 하나에 집중하여 사고가 더 깊어지고 확장될 수 있도록 해야 한다.

교사가 유아의 대답과 질문을 주의 깊게 듣고 이와 관련된 재질문을 할 때 유아들의 논리적 사고가 발달하며 주제에 대한 이해력도 높아진다. 또한 교사는 유아의 말을 들으면서 말의 의미가 모호할 때 의미를 명확히 하고자 하는 질문도 해야 한다. 유아는 교사가 자신의 말에 집중하고 있음을 알게 되고, 이러한 교사의 행동은 유아가 다른 유아의 말에 귀 기울여 듣는 태도로 연결되게 한다.

교사 : 풍선을 크게 불었다가 놓으면 어떤 일이 생길까?
유아 : (손가락으로 동그라미를 그리면서) 휘~익~ 가요.
교사 : 풍선이 저쪽으로 날아갈 것 같다는 거니?
유아 : 멀리 날아갈 것 같아요.
교사 : 왜 풍선이 날아갈 것 같다고 생각했니?
유아 : **손을 놓았으니까요.**
교사 : 선생님이 손을 놓는데 그냥 바닥에 떨어지지 않고, 왜 저 멀리까지 날아갈 거라고 생각해?
유아 : **풍선은 힘이 있으니까요.**
교사 : 풍선이 힘이 있다는 것은 무슨 말이니?

(2007. 9. 이야기 나누기 관찰일지)

위 수업에서 교사는 유아가 몸으로 자신의 생각을 표현했을 때 재질문을 통해 유아가 생각을 언어적으로 정리하여 말할 수 있도록 돕고 있다. 또한 유아가 "손을 놓았으니까요"와 같이 과학적 지식을 근거로 판단하지 않았을 때 이를 발견하도록 돕기 위해 질문을 했으며, "풍선은 힘이 있으니까요"라는 말의 의미를 명확히 하기 위해 질문을 하였다.

또한 이야기 나누기는 대화를 통해 일반적인 사실을 다양한 각도에서 생각해 볼 수 있는 기회를 제공한다. 다음의 이야기 나누기에서 교사는 '성실하다' 는 단어의 의미에 대해 유아들이 다양한 각도에서 생각해 볼 수 있도록 하고 있으며, 이를 통해 '성실하다' 는 것의 정의를 내리고 있다.

>>> 활동의 예

활동명	개미와 베짱이	생활주제	동물
활동유형	대 · 소집단 활동 – 동화	활동연령	만 5세
활동목표	• 자신의 생각을 분명하게 표현한다. • 상대방의 이야기를 주의 깊게 듣고, 궁금한 점을 질문한다.		
누리과정 관련요소	• 의사소통 : 말하기 – 느낌 · 생각 · 경험말하기 – 낱말과 문장으로 말하기 듣 기 – 동요 · 동시 · 동화 듣고 이해하기, 낱말과 문장 듣고 이해하기		
활동 자료	그림동화 「개미와 베짱이」		

활동내용	논리 · 창의 관련 요소
● **성실한 사람에 대한 유아들의 생각을 듣는다.** – 성실하다는 말을 들어 본 적이 있니? – 성실하다는 것은 무엇을 말하는 것일까? : 부지런한 것이요. 착하게 일하는 것이요. 게으름 피우지 않는 것이요. 청소 잘하는 거요. – 너희들은 성실한 것 같으니? : 난 정리 정돈 잘해요. : 난 엄마 심부름도 잘해요. : 매일 일찍 일어나요. : 난 말을 잘 들어요. – 말을 잘 듣는 것도 성실한 것이라고 생각하니? : 착한 아이는 말을 잘 들으니까요. : 엄마 말도 잘 듣고, 심부름도 잘하고 정리 정돈도 잘하면 착하고 성실한 거예요. – 성실한 것의 반대는 무엇이라고 생각하니? – 그런 사람들은 어떤 사람들이니?	문제와 개념 명료화하기
● **개미와 베짱이 동화를 듣고, 동화 내용을 회상한다.** – 개미와 베짱이는 여름을 어떻게 지냈니? : 열심히 일하면서 지냈어요. : 쉬지 않고 일만 했어요. : 베짱이는 그때 일 안하고 놀기만 했어요. : 매일 노래 부르고 춤추고 있었어요.	다양한 시각으로 상황과 문제 조망하기

활동	비고
– 개미와 베짱이의 겨울 생활은 어떻게 다르니? : 개미는 따뜻한 데서 배부르게 먹을 수 있는데 베짱이는 먹이가 없어요. : 추운 데서 고생해요. : 게으름을 피우다가 벌 받았어요. – 이 동화를 통해 무엇을 배울 수 있었니?	
● **개미와 베짱이의 성실성에 대해 이야기해 본다.** – 개미는 성실하다고 생각하니? – 왜 그렇게 생각하니? – 베짱이는 성실하니? – 왜 그렇게 생각하니?	논리적 근거 찾기
● **개미의 시각에서 베짱이의 행동을 판단해 본다.** – 너희들이 개미라면 베짱이의 행동을 성실하다고 생각하겠니? – 개미는 어떤 생각을 할까?	옳고 그름에 대한 판단하기
● **베짱이의 시각에서 개미의 행동을 판단해 본다.** – 베짱이는 개미에 대해 어떤 마음을 가질까? – 너희들이 베짱이라면 개미에 대해 어떻게 생각하겠니?	고정적인 사고방식을 변화시켜 다양한 해결책 찾아내기
● **베짱이의 입장에서 베짱이의 행동을 판단해 본다.** – 베짱이의 입장에서 베짱이가 옳다고 말할 수 있는 사람 있니? : 책에서 봤는데 베짱이는 여름에 소리를 내면서 지낸대요. : 베짱이가 악기 연주를 해주어서 개미도 신이 났을 거예요. : 서로 도운 거예요.	다양한 관점에서 자기 주장하기
● **성실하다는 것에 대한 유아들의 생각을 정리하여 말한다.** – 우리 주변에서 성실한 사람들을 보았니? – 누가 성실하게 일하고 있는 것 같으니? – 왜 그 사람이 성실하다고 생각하니?	분명하고 설득력 있게 표현하기
● **다른 유아의 말을 듣고, 생각한 점을 이야기한다.** – 친구의 말을 듣고 어떤 점을 느꼈니? – 혹시 다르게 생각하고 있는 것이 있니?	생각을 정리하여 자기 주장하기

구분	내용
활동의 유의점	• 성실에 대한 도덕적 판단보다는 판단의 근거를 유아들이 생각하여 말하도록 한다. • 다른 유아의 말을 주의 깊게 듣고, 상대방의 말과 관련된 질문을 할 수 있도록 지도한다.
확장활동	• '성실한 나'에 대한 짧은 이야기를 짓는다. • 새로 쓰는 이야기 '개미를 위해 노래하는 베짱이'란 이야기를 짓는다.

위 활동에서 교사는 '개미와 베짱이' 동화를 들려 준 후, 개미의 행동이 착하며 성실하다고 일방적으로 결론을 내리기보다는 개미와 베짱이의 시각에서 상대방을 판단하고, '부지런하다', '성실하다' 라는 것의 의미를 생각해 보도록 돕고 있다.

또한 교사는 유아들과 이야기 나누기를 할 때 유아가 하나의 주제에 깊이 있게 대화하도록 지도한다. 논리적 사고가 발달하지 않은 유아들의 경우 이야기 나누기를 하다가 본 주제와 관련 없는 이야기를 할 때가 있다. 이때 교사는 유아가 본래의 주제를 기억할 수 있도록 "우린 지금 동물원에 대해 이야기하고 있었어. 호랑이와 사자는 움직이는 시간이 다르다는 말이니?"와 같이 이야기할 때 다른 방향으로 빠지지 않으면서 자신의 주장을 논리적으로 말할 수 있도록 지도한다.

››› 활동의 예

<table>
<tr><td>활동명</td><td>놀이할 때 지켜야 할 규칙이 있어요.</td><td>생활주제</td><td>유치원과 친구</td></tr>
<tr><td>활동유형</td><td>대 · 소집단 활동 – 이야기 나누기</td><td>활동연령</td><td>만 5세</td></tr>
<tr><td>활동목표</td><td colspan="3">• 규칙이 필요한 이유에 대해 생각해 보고, 교실 놀이할 때 지켜야 할 규칙을 합의하여 말한다.
• 자신의 생각을 분명하게 표현할 수 있다.
• 다른 사람의 이야기를 듣고, 자신의 생각과 비교할 수 있다.</td></tr>
<tr><td>누리과정 관련 요소</td><td colspan="3">• 사회관계 : 다른 사람과 더불어 생활하기 – 사회적 가치를 알고 지키기
• 의사소통 : 말하기 – 느낌 · 생각 · 경험 말하기
– 낱말과 문장으로 말하기</td></tr>
<tr><td>활동자료</td><td colspan="3">그림 자료(블록을 던지는 그림, 뛰어다니는 그림, 놀잇감을 정리하지 않고 가는 그림)</td></tr>
<tr><td colspan="3">활동내용</td><td>논리 · 창의 관련 요소</td></tr>
<tr><td colspan="3">● 엉망진창반의 이야기를 듣는다.
엉망진창반은 하루도 조용한 날이 없어요. 쾅쾅이는 오늘도 교실 이곳, 저곳을 뛰어다니면서 큰소리로 이야기하고 있어요. 살금이는 쾅쾅이 때문에 동화책을 읽을 수가 없었어요. 그때였어요. "모두 부숴 버릴 거야." 짱짱이가 용용이가 만든 로봇을 발로 밟고 있었어요.</td><td>문제 제기하기</td></tr>
</table>

용이는 "네 것도 망가뜨릴거야." 하고는 커다란 소리로 울기 시작했어요. 엉망진창반의 선생님은 "짱짱이와 용용이를 불러서 싸우지 말라고 이야기하였어요. 그래도 짱짱이와 용용이를 블록을 부수고 던지며 싸움만 계속 했어요. 엉망진창반의 아이들은 재미있게 교실 놀이를 하고 싶지만 그럴 수가 없었어요. 엉망진창반 선생님과 아이들은 어떻게 하면 교실에서 놀이를 재미있게 할까 고민하기 시작했어요.	
● 엉망진창반 선생님과 아이들의 고민에 대해 생각해 본다. – 엉망진창 아이들은 왜 놀이를 재미있게 할 수 없었을까? – 선생님과 아이들의 고민은 무엇이니?	고정된 사고방식에서 탈피하기
● 방해 행동을 했을 때 발생할 수 있는 문제에 대해 생각해 본다. – 쾅쾅이는 뛰어다니는 것이 재미있단다. 너희들은 쾅쾅이의 생각에 대해 어떻게 생각하니? – 쾅쾅이는 왜 교실에서 뛰어다니는 것 같니? – 교실 놀이 할 때 항상 조용히 놀이해야 할까? – 왜 그렇게 생각하니? – 어느 정도 조용히 하는 것이 좋다고 생각하니? – 엉망진창반 아이들이 쾅쾅이처럼 큰 소리 지르고 뛰어다닌다면 어떻게 될 것이라고 생각하니? – 짱짱이와 용용이에게는 무슨 일이 있었니? – 짱짱이는 왜 용용이의 블록을 부수고 발로 밟은 것 같니? – 혹시 다른 이유가 있을까? – 용용이는 왜 화를 냈을까? – 네가 용용이라면 어떻게 했을 것 같니? – 이 두 아이에게 무엇이라고 말해 주고 싶니? – 살금이는 무슨 생각을 하고 있을까? – 살금이는 다른 아이들에게 무엇이라고 말할 것 같니?	문제를 다양한 관점에서 조망하기
● 놀이할 때 방해 받은 경험에 대해 이야기한다. – 너희들도 놀이할 때 방해받은 적이 있니? – 어떤 일이 있었니? – 그때 네 기분이 어땠니? – 너는 친구들에게 무엇이라고 했니?	문제해결을 위한 정보 수집하기 자신의 경험을 회상하여 말하기
● 교실 놀이를 할 때 지켜야 할 약속이 무엇인지 이야기해 본다. – 교실 놀이를 재미있게 하기 위해 우리가 만들어야 할 약속이 있니? – 무엇이 가장 문제인 것 같니?	문제 조망하기

- 블록을 가지고 놀이할 때 지켜야할 약속은 무엇일까? - 왜 그런 약속이 필요할까? - 미술 영역에서 지켜야 할 약속은 무엇이니? - 만약 약속을 지키지 않는다면 어떻게 될 것 같니? - 놀잇감을 정리하지 않고 다른 놀이를 한다면 어떻게 될 것 같니? - 놀잇감을 정리하지 않는 아이들은 왜 그런 것 같니? - 놀이하면서 계속 정리하는 것이 좋겠니? 아니면 놀이를 다 하고 한꺼번에 정리하는 것이 좋겠니? - 왜 그렇게 생각하니? - 또 다른 생각이 있니? - 놀이에 방해받지 않으면서 교실을 깨끗하게 할 수 있는 방법이 있을까? - 장난감이 부족할 때 서로 사이좋게 가지고 놀 수 있는 방법은 무엇일까?	논리를 근거로 추론하기 만약의 상황을 추론하도록 하기 고정적인 사고방식에서 벗어나 다양한 해결책 산출하기
● 정해진 약속을 정리하여 말한다. - 오늘 무엇에 대해 이야기해 보았니? - 우리가 정한 약속은 무엇이니? - 약속을 잘 지키기 위해 너희들은 어떻게 노력할 수 있을까?	적용하고 평가하기

활동의 유의점	• '조용히 한다', '뛰지 않는다' 라는 약속 정하기보다는 상황에 따라 유아들이 어떻게 행동하는 것이 적합한 행동인지를 이해하도록 돕는다. • 약속은 교사의 생각을 강요하기보다는 유아들이 서로에게 방해가 되지 않으면서도 자기 활동을 즐길 수 있는 범위에서 합의하도록 한다.
확장활동	• 유아들이 정한 규칙을 그림과 기호로 나타내는 조형활동을 한다. • 언어활동으로 엉망진창 교실의 뒷이야기를 지어 본다.

(2) 교사의 발문과 논리 · 창의적 사고

이야기 나누기는 유아의 생각을 자발적으로 표현하고 교사 또는 다른 유아와 생각을 공유하는 활동으로 교사의 적절한 발문을 통해서 유아의 참여를 유도할 수 있고, 유아의 현재 경험과 사고를 확장시킬 수 있다. 이야기 나누기의 목표는 단순한 지식 전달이 아니라 유아의 사고력 발달에 있으므로 교사는 유아의 경험이나 감각적 정보를 반영하고 이를 통해 개념을 정리하여 '추론하기' 로 연결할 수 있어야 한다(정대련, 2009). 유아의 사고력 증진을 목표로 하는 이야기 나누기가 되기 위해서는 교사의 발문 능력이 좋아야 한다. Bloom과 그의 동료들(1984)은 교사의 발문을 인지적 영역에 따라 가장 단순한 수준에서 가장 복잡한 수준까지 여섯 단계 – 지식, 이해, 적용, 분석, 종합, 평가 – 로 분류하였다. 이 중 가장 좋은 발문은 따로 정해져 있는 것이 아니라 유아들의 현재 경험과 이해 수준, 교육목표 등을 고려한 발문이다.

① 인지적 수준에 따른 발문의 유형

㉠ 지식 기억하기

지식 기억하기 발문은 이야기 나누기를 통해 유아들이 세상에 대한 정보를 습득하도록 돕는 데 유용한 방법이다. 이는 유아가 이전에 경험한 적이 있거나 알고 있는 내용을 회상해 보도록 하는 것으로 깊이 있는 사고 과정을 요구하는 것은 아니다. 때로 교사는 원하는 답을 얻기 위해 유아들에게 반복적으로 질문하거나 재질문을 하기도 한다.

교사 : '애벌레의 꿈 동화' 들은 것이 기억나니?
유아 : 예.
교사 : 애벌레의 꿈은 무엇이었니?
유아 : 날고 싶은 거요.
교사 : 애벌레는 처음에 어떤 모습이었니?
유아 : 알이요.
교사 : 알에서 어떻게 변화되었니?
유아 : 애벌레로 변했어요.
교사 : 애벌레에서 어떻게 변화되었니?
… 중략 …
교사 : 애벌레가 어떻게 변화되었는지 이야기해 볼 사람?

위의 예에서 교사는 애벌레의 변화 과정을 이해시키기 위한 목적으로 단편적인 지식을 묻는 발문을 하고 있다. 유아는 애벌레의 성장과정을 기억하여 대답하는 수준에서 이야기 나누기가 진행된다. 이러한 이야기 나누기를 통해 직접적인 지식을 전달할 수는 있지만 다양한 사고를 확장시켜 주는 데는 한계가 있다.

㉡ 이해(이해하기)

이해 수준의 발문은 유아가 암기했던 사실이나 이전에 배운 내용을 요약하거나 설명해 보도록 하는 방법으로 교사는 유아들이 알고 있는 내용을 다양한 방법으로 표현해 보도록 한다. 예를 들어, '애벌레의 꿈' 동화의 일부분을 듣고 애벌레가 날기까지의 과정에 대해 유아들이 알고 있는 지식을 이야기해 보도록 할 수 있다. 또는 애벌레의 성장 과정을 그림 또는 신체로 표현해 보도록 할 수도 있다. 유아는 애벌레의 성장 과정을 말로 할 때와 그림 또는 신체로 표현할 때 다른 사고 수준을 사용하게 될 것이다.

㉢ 적용(전이하기)

적용 수준의 발문은 유아가 받아들인 사실과 이해를 이전과는 다른 새로운 상황에서 활용하는 것이다. 이는 유아들이 단순히 지식을 수동적으로 받아들이는 것이 아니라, 유아가 이해한 내용을 다른 상황, 다른 사람에게 적용해 보는 것을 의미한다. 예를 들어, 유아들이 동물의 보호색에 대해 알게 되었다면, 곤충이 나뭇잎에 있을 때와 대나무에 있을 때 그리고 바위에 있을 때 색이 어떻게 변할지를 예측하는 발문을 할 수 있을 것이다.

㉣ 분석(관련짓기)

분석 수준의 발문은 주어진 정보 뒤에 숨어 있는 이유를 발견하는 것이다. 이는 논리적 사고와 밀접한 관련이 있는 발문으로, 유아는 사물 간의 차이를 비교해 보고, 원인과 결과를 추론해 볼 수 있다. 예를 들어, 경찰차와 소방차, 구급차가 있다면 이 차들의 특성을 관련지어서 공통성을 발견해 내는 것이다. 또는 열매들의 공통점과 차이점들을 발견하고 그 차이가 어디서 기인하는지에 대해서도 살펴볼 수 있을 것이다.

교사 : 밤송이와 잣송이의 차이점은 무엇인 것 같니?
유아 : 하나는 밤나무고, 이것은 잣나무예요.
교사 : 나무의 종류가 다르다는 것이구나.
교사 : 또 다른 점이 있니?
유아 : 밤송이는 밤이 하나 아니면 두 개 들어 있는데, 잣송이에는 잣 씨앗이 많이 있어요.
교사 : 밤송이처럼 열매 속에 씨앗이 달려 있는 것이 또 있니?
유아 : 복숭아는 씨앗이 하나예요.
유아 : 어떤 감은 씨앗이 4개인 것도 있고, 없는 것도 있고, 2개인 것도 있고, 적게 있어요.
유아 : 씨앗이 아주 많은 것도 있어요.
교사 : 씨앗이 아주 많이 달리는 것은 무엇이 있니?
유아 : 해바라기는 씨앗이 아주 많아요.
유아 : 꽃씨도 많이 있어요.
교사 : 왜 어떤 것은 씨앗이 많고, 어떤 것은 씨앗이 적게 있을까?
유아 : 원래 처음부터 그렇게 생겼나 봐요.
유아 : 밤나무 같은 것은 씨앗이 적게 있어요.
유아 : 꽃들은 씨앗이 많아.
교사 : 어떻게 알아볼 수 있을까?
유아 : 책에서?
교사 : 선생님이 가져온 책에서 찾아보자. 여기에 나와 있네. 나무들은 겨울이 지나도 살 수 있기 때문에 씨앗이 적게 열리지만, 꽃들은 잠시 피었다가 죽기 때문에 씨앗이 아주 많이 퍼뜨린다고 되어 있구나.
유아 : 그래야 봄에 또 꽃이 필 수 있어요.
유아 : 우리가 꽃씨를 뿌려 주면 꽃이 필 수 있어요.

ⓜ 종합(창조하기)

종합 수준의 발문은 유아로 하여금 무언가 새롭고 독창적인 것을 산출하도록 하기 위한 방법으로 창의적 사고와 밀접한 관련이 있다. 교사는 유아에게 이전에 접해 보거나 해답을 들어 본 적이 없는 문제에 대하여 해결방안을 고안하거나, 문제에 대한 결과를 예측하도록 요구할 수 있다. 예를 들어, 교사가 "만약에 아주 커다란 구덩이에 빠졌는데 주변에 도와줄 사람이 없다면 어떻게 나올 수 있을까?"와 같이 발문하였을 때 유아들은 이 문제를 해결할 수 있는 다양한 방법을 생각해 볼 수 있다. 또는 "아주 커다란 코끼리의 몸무게를 재려고 하는데 코끼리가 올라갈 수 있는 저울이 없다면 어떻게 할까?"와 같은 질문을 하여 유아들이 알고 있는 측정에 대한 지식과 측정 기술을 활용하여 이 문제를 합리적이고 창의적으로 해결할 수 있는 아이디어를 산출해 내도록 할 수 있을 것이다.

ⓑ 평가(판단하기)

평가 수준의 발문은 이야기 나누기가 이루어진 후 오늘 알게 된 내용을 토대로 유아 나름의 판단과 의사결정을 하는 과정이다. 이는 유아의 논리적 사고를 돕기 위한 발문으로 유아들은 제시된 사실들을 기초로 결론을 내릴 수 있다. 앞서 제시된 활동 사례에서와 같이 "오늘 우리가 정한 약속은 무엇이니?", "너희들이 소개하기 시간에 가져온 장난감들을 보고, 우리 반 아이들이 어떤 장난감들을 좋아하는지 말할 수 있니?" 등의 발문은 유아들이 오늘의 이야기 내용을 회상하면서 나름의 규칙을 정리하거나 사물들의 공통적인 특성을 토대로 유아들이 선호하는 장난감의 특성을 추출해 낼 수 있는 기회를 제공한다.

② 확산적 질문

발문의 범위가 좁으냐 넓으냐에 따라 구체적이고 제한된 응답을 유도하거나 또는 일반적이고 확산적인 응답을 유도할 수 있다. 수렴적(직접적 또는 폐쇄적) 발문은 하나 또는 적은 수의 응답으로 대답을 한정하는 발문이다. 이런 발문의 경우, 유아들은 전에 그 대답을 알고 있거나 들은 적이 있기 때문에 단지 사실들만을 회상하면 된다.

반면 확산적(간접적) 발문은 논리 · 창의적 사고와 관련성이 높은 발문으로 하나의 정답이 아니라 많은 대답들이 정답이 될 수 있는 질문들을 말한다. 확산적 발문은 학습자의 사고를 자극 · 유발하여 새로운 발견 또는 사고의 확대를 가져오고 발전시켜 나가게 해주며, 새로운 상황에 원칙을 적용하여, 이론화하거나 예측할 수 있도록 돕는다. 다음은 각 상황에 따른 확산적 질문의 예이다.

㉠ 예측하기 상황에서의 확산적 질문

"네가 우주에 갔다면 그곳에서 어떤 일이 벌어질까?"

"다음에는 어떤 일이 생길 것 같니?"

㉡ 비교하기 상황에서의 확산적 질문

"철수의 신발은 영수의 신발과 어떻게 같니?"

"철수의 신발은 영수의 신발과 어떻게 다르니?"

㉢ 문제 해결하기 상황에서의 확산적 질문

"토라진 친구와 화해할 수 있는 방법에는 어떤 것들이 있을까?"

"시장에서 길을 잃었을 때 가족들을 찾을 수 있는 방법은 무엇이 있을까?"

㉣ 평가하기 상황에서의 확산적 질문

"친구가 그린 그림의 어떤 점을 칭찬해 주고 싶니?"

"동극에서 잘 된 점은 무엇이니? 다음에 동극할 때 고쳐야 할 부분은 무엇이니?"

㉤ 상상하기 상황에서의 확산적 질문

"만일 검정색이 모두 없어진다면 어떻게 될까?"

"만약 네가 솜사탕 위를 걷는다면 어떤 기분일까?"

"네 몸이 개미만큼 작아진다면 무엇을 하고 싶니?"

ⓑ 지식 적용하기 상황에서의 확산적 질문

"밤송이와 같은 느낌의 물건을 찾아볼까? 왜 밤송이와 느낌이 같다고 생각하니?"

"계란과 프라이팬, 기름을 사용해서 요리를 한다면, 어떤 요리들을 할 수 있을까?"

ⓢ 일반화하기 상황에서의 확산적 질문

"까마귀와 여우의 이야기를 알고 있니? 까마귀에게 부리가 있어서 좋은 점이 있을까?"

"보호색이 무엇인지 알고 있니? 곤충들은 언제 보호색을 띨까? 보호색이 있어서 유리한 점은 무엇일까?"

ⓞ 이전 경험 재생하기 상황에서의 확산적 질문

"너는 길을 잃어 본 적이 있었니? 그때 너는 어떻게 했었니?"

"팝콘을 만든 적이 있니? 팝콘을 어떻게 하면 맛있게 만들 수 있을까?"

ⓩ 대안 제시하기 상황에서의 확산적 질문

"고래 뱃속에서 나올 수 있는 다른 방법은 무엇일까?"

"놀이 시간에 네가 하고 싶었던 퍼즐 맞추기를 할 수 없게 된다면 너는 어떤 놀이를 할 거니?"

(3) 개념, 지식 습득과 논리 · 창의적 사고

개념이란 사물의 속성과 성질, 사회적 약속 등을 의미하는 것으로, 유아들이 생각하고 정보를 교환하는 밑바탕이 된다. 개념이란 각각의 사실들로부터 공통적인 사실들을 추출하여 새로운 관념을 만들어 내는 과정이라고도 할 수 있다. 즉 부모, 형제, 남자, 여자의 공통성을 발견하여 '사람'이라는 새로운 용어를 붙이는 것이라고 볼 수 있다. 유아들이 개념을 습득하게 되면 논리적으로 세상을 해석하고 판단할 수 있는 능력을 갖게 된다. 그렇다고 해서 유아들이 아주 많은 개념들을 알아야 하는 것은 아니다. 개념을 많이 알아도 유아들이 이를 효과적으로 사용할 수 없다면 논리적 사고가 가능하지 않기 때문이다. 그렇다면 유아들에게 어떠한 내용을 어느 범위까지 가르쳐야 하는 것일까? 이를 결정하기는 쉽지 않다. 유아들이 관심을 갖고 사전 경험이 있는 주제에 대해 적절한 교수-학습 방법(교사의 발문)이 주어졌을 때 유아들은 적극적으로 개념을 습득할 수 있을 것이다. 다음은 거미가 곤충인지 아닌지에 대한 논의를 하는 이야기 나누기 장면이다.

교사 : 거미를 관찰해 보자. 무엇을 볼 수 있니?
유아 : 거미줄 안에 거미가 있어요.
유아 : 눈에 안 보이지만 더듬이가 있어요.
유아 : 다리가 많아요.
교사 : 다리는 몇 개니?
유아 : 여덟 개예요.
유아 : 거미는 곤충 아니죠?
교사 : 왜 거미는 곤충이 아니라고 생각했니?
유아 : 책에서 봤어요.
유아 : 다리가 여섯 개가 아니니까요.
교사 : 무엇을 곤충이라고 하니?
유아 : 메뚜기나 사마귀나 잠자리 같은 거요.
유아 : 거미는 빼고
교사 : 곤충들의 공통점은 무엇이니?
유아 : 다리가 여섯 개예요.
교사 : 거미와 다른 곤충들의 비슷한 점은 무엇이니?

위의 수업에서 유아들은 곤충의 정의를 생각해 보고, 거미가 곤충의 정의에 합당한지 그렇지 않은지를 판단하고 있다. 이때 일부의 유아들은 과학적인 사실에 근거하여 대답하지만 어떤 유아는 "책에 나와요"와 같은 논리성이 부족한 이유를 들어서 답하고 있다. 유아들의 사고 수준이 다르기는 해도 이러한 대화의 과정을 통해서 유아들은 사마귀, 메뚜기, 개미, 잠자리 등의 공통성을 근거로 곤충이라는 개념을 정리할 수 있다.

최근에는 교육을 받기 이전에도 유아들이 일상생활의 경험을 통해서 알게 된 지식과 개념이 있다는 전제하에 유아들이 익히 알고 있는 사전 개념을 파악하여 이를 교육의 출발점으로 삼고 있다. 교사는 이야기 나누기 시간에 단순한 사실을 전달하기보다는 유아의 이전 경험과 유아가 가지고 있는 사전 개념과 지식 그리고 감각을 통해 들어온 정보를 유아의 생각에 반영할 수 있는 기회를 제공하여 유아가 개념 정리나 개념 이해, 개념을 토대로 한 지식 구성을 도울 수 있다. 다음은 동물의 보호색에 대한 지식 습득 과정에 대한 이야기 나누기 사례이다.

》》 활동의 예

활동명	동물의 색	생활주제	동물
활동유형	대 · 소집단 활동 – 이야기 나누기	활동연령	만 5세
활동목표	• 동물의 보호색에 대해 관심을 갖는다. • 주변 환경을 고려하여 동물과 사람의 보호색을 만들어 준다.		
누리과정 관련 요소	• 의사소통 : 말하기 – 느낌 · 생각 · 경험 말하기 – 낱말과 문장으로 말하기 • 자연탐구 : 과학적 탐구하기 – 생명체와 자연 환경 알아보기		
활동자료	얼룩말, 표범, 기린, 대벌레 등 동물 사진, 바위 사진, 사막 사진, 정글 숲 사진 또는 동영상		

활동내용	논리 · 창의 관련 요소
● **동물들의 몸을 보고, 특징을 이야기한다.** – 얼룩말과 조랑말을 보자. 어떤 점이 비슷하고 어떤 점이 다르니? – 표범의 무늬는 어떠니? – 표범과 비슷한 색이나 무늬를 가진 동물이 있니?	사물을 속성이나 요소로 분석하기

● 동물의 색과 무늬가 왜 생겼을지 이야기해 본다. – 얼룩말은 왜 이런 색과 무늬가 있는 것 같니? – ○○이의 생각에 대해 어떻게 생각하니? – 다른 생각을 가진 사람 있니?	다양한 관점에서 사고하기
● 동물의 보호색에 대해 알아본다. – 곤충을 잡아먹는 것은 무엇이니? – 곤충이 뱀이나 새, 개구리에게 잡아먹히지 않으려면 어떻게 하면 될까? – 몸의 색깔로 잡히지 않게 할 수 있을까? – 동물들은 적으로부터 자신을 안전하게 지키기 위해 몸의 색을 만든단다. 그것을 무엇이라고 부르는지 아니? – (대벌레 사진을 보며) 대벌레의 색을 보자. 무슨 색이니? 왜 대나무 색과 비슷한 몸의 색을 하고 있을까? – 나뭇잎이나 나무 기둥, 돌의 색과 비슷한 색깔을 하고 있는 동물들을 알고 있니?	문제와 개념 명료화
● 먹이를 잡을 수 없게 된 표범과 사냥꾼의 이야기를 듣는다. 어느 바위와 모래사막만 있는 마을에 사는 동물들은 고민이 있어요. 무늬가 있는 얼룩말과 기린, 초록 도마뱀은 눈에 잘 띄기 때문에 사냥꾼이나 표범에게 금세 잡아먹히게 된대요…….	
● 모래사막에서 표범과 사냥꾼이 어떤 색을 하고 있어야 동물을 잘 잡을 수 있을지 생각해 본다. – 표범은 어떤 색을 하면 모래사막에 잘 숨어 있다가 동물들을 잡을 수 있을까? – 사냥꾼이 무슨 색을 하면 바위 뒤에 잘 숨어 있을 수 있을까? – 형형색색의 동물들은 이 사막에서의 생활이 어떨 것이라고 생각하니?	주어진 정보를 기초로 상상하기
● 동물들이 다른 환경의 장소로 이동한다면 어떤 환경이 좋을지 예측하여 말한다. – 동물들이 사냥꾼과 표범에게 들키지 않기 위해서 다른 곳으로 이동을 하려고 하는데, 어디가 좋을까? – 우리가 무엇을 알아봐야 하니? – 동물들의 몸의 색이 어떠니? – 어떤 곳을 추천하겠니? – 왜 정글이 좋다고 생각하니?	적용하고 평가하기
● 정글 그림 위에 동물들을 숨겨본다. – 정글 그림이 있는데 너희들이 가지고 있는 동물들을 숨겨 놓아 보자.	

– 동물들이 보이지 않게 잘 숨겨 놓은 것 같니? – 네 몸에도 보호색을 가질 수 있다면 너는 어디에 숨을 거니? 어떤 색을 가질 것이니?	다양한 표현하기
● **오늘 알게 된 것에 대해 이야기 해본다.** – 오늘 무엇에 대해 알아보았니? 새롭게 알게 된 점은 무엇이니? – 보호색이란 무엇이었니?	

활동의 유의점	• 보호색에 대한 과학 지식을 습득하는 것도 중요하지만, 유아의 상상력을 동원하여 동물들의 색과 무늬가 만들어지게 된 배경을 이야기해 볼 수 있는 기회를 제공한다. • 보호색과 환경과의 관계를 연관지어 생각할 수 있는 발문을 한다.
확장활동	• 동물의 몸에 무늬 만들기 조형 활동을 한다. • 동물의 무늬는 왜 만들어지게 되었을까? 유래에 대한 이야기책을 만든다.

(4) 다양한 관점 생각하기와 논리 · 창의적 사고

창의적 사고를 방해하는 것은 유아들이 지닌 고정관념이다. 유아들이 고정된 사고의 틀을 지니게 되면 다른 대안이나 다른 방향을 고려하지 않고 자신이 알고 있는 생각을 고집하게 된다. 그러나 유아들이 옳다고 믿고 있는 신념 중에는 논리적으로 맞지 않는 것들도 많다. 유아가 자신의 주관적 판단이나 개인적 선호를 기초로 판단을 내릴 경우 객관성을 잃게 된다. 유아들이 지닌 고정 관념에는 남녀, 인종, 신체적 차이 등이 포함될 수 있다. 교사는 유아들이 지닌 생각이 합리적인 판단에 근거한 것인가를 함께 점검해 볼 수 있다.

››› 활동의 예

활동명	여자 놀이, 남자 놀이	생활주제	유치원과 친구
활동유형	대 · 소집단 활동 – 이야기 나누기	활동연령	만 5세
활동목표	• 남자와 여자의 유사점과 차이점을 비교하여 말한다. • 남자 놀이와 여자 놀이에 대한 자신의 생각을 말한다. • 성의 차이와 상관없이 자신의 선호도에 따라 놀이할 수 있음에 대해 생각해 본다.		

<table>
<tr><td>누리과정 관련 요소</td><td colspan="2">• 사회관계 : 나를 알고 존중하기 – 나를 알고 소중히 여기기
다른 사람과 더불어 생활하기 – 사회적 가치를 알고 지키기
• 의사소통 : 말하기 – 느낌 · 생각 · 경험 말하기
– 상황에 맞게 바른 태도로 말하기</td></tr>
<tr><td>활동자료</td><td colspan="2">그림 자료(역할 영역의 여자 아이들만 놀이하는 그림, 쌓기 영역에서 남자 아이들만 놀이하는 그림, 여자 아이와 남자 아이가 함께 놀이하는 그림, 공놀이하는 여자 아이 그림, 소꿉놀이하는 남자 아이 그림), 여자 아이 그림, 남자 아이 그림</td></tr>
<tr><td>사전활동</td><td colspan="2">• 내가 좋아하는 놀이를 조사한다.
• 남자 아이들의 놀이와 여자 아이들이 놀이를 밴다이어그램으로 나타낸다.</td></tr>
<tr><th colspan="2">활동내용</th><th>논리 · 창의 관련 요소</th></tr>
<tr><td colspan="2">● '내가 커서' 노래를 부른다.
– 노래에서 여자 아이는 커서 누가 된다고 하였니?
– 남자 아이는 커서 무엇이 될까?
– 여자 아이는 엄마가 되어서 무엇을 할까?
– 남자 아이는 커서 무엇을 할까?</td><td></td></tr>
<tr><td colspan="2">● 여자 아이와 남자 아이 그림을 보며 그들의 이야기를 듣는다.
– 노래 속의 친구와 같은 여자 아이와 남자 아이가 너희들에게 인사하고 싶대. 함께 인사 나누자.
– "안녕, 얘들아, 난 정연이야. 난 일곱 살이고, 파란유치원의 하늘반에 다녀. 난 여자야. 난 크면 엄마가 돼. 그래서 난 엄마 놀이와 그림 그리는 것을 좋아해. 난 여자라 분홍색을 좋아하고, 여자 친구들하고만 놀아."
"안녕, 난 창연이야. 나도 정연이처럼 일곱 살이고, 난 남자야. 파란유치원의 하늘반에 다녀. 난 남자라 나중에 크면 아빠가 될 거야. 난 남자라서 블록놀이와 바깥놀이를 좋아해. 그리고 난 남자라 파란색을 좋아하고, 남자들하고만 놀아."</td><td>반대되는 주장이 있을 가능성 따져보기</td></tr>
<tr><td colspan="2">● 정연이와 창연이의 비슷한 점에 대해 알아본다.
– 두 아이의 비슷한 점은 뭘까?
– 그래, 두 아이는 똑같이 일곱 살이고, 같은 유치원과 같은 반에 다녀. 두 아이의 비슷한 점은 또 무엇이 있을까?
– 너희들과 정연이(창연이)의 비슷한 점은 무엇이니?
● 정연이와 창연이의 차이점은 무엇인지 알아본다.
– 정연이와 창연이의 다른 점은 무엇이니?
– 너희들과 다른 점은 무엇이니?</td><td>비교, 분류, 대조하기</td></tr>
</table>

● **여자 놀이와 남자 놀이, 여자 색과 남자 색에 대한 각자의 생각을 말한다.** – 정연이는 여자이기 때문에 엄마 놀이만 한다고 하는데, 정연이와 비슷한 생각을 가진 사람 있니? – 정연이의 생각에 대해 어떻게 생각하니? – 여자 놀이란 어떤 것을 말하는 것 같니? – 남자 놀이란 어떤 것을 말하는 것 같니? – 여자 놀이와 남자 놀이가 정해져 있는 것 같니? – 왜 그렇게 생각했니? – 다르게 생각하는 사람 있니? – 여자 아이들 중에 블록이나 바깥놀이 좋아하는 사람 있니? – 그 놀이가 왜 좋니? – 너는 그것이 남자 놀이라고 생각하니? – 정연이는 여자라 분홍색을 좋아한다고 했는데, 여자는 분홍색만을 좋아해야 할까? – 정연이의 생각에 대해 어떻게 생각하니? – 보통 '이건 여자들이 좋아하는 색이야!' 라고 말하는 것을 들어 보았니? – 창연이는 남자라 파란색을 좋아한다고 했는데, 창연이의 생각에 대해서는 어떻게 생각하니? – '난 창연이와 생각이 달라요!' 하는 사람 있니?	문제를 다양한 관점에서 조망하기
● **여자, 남자 모두 함께 할 수 있는 놀이에 대해 생각해 본다.** – 오늘 무엇에 대해 이야기 나누어 보았니? – 이야기 나누기를 통해 알게 된 것은 무엇이니? – 친구들의 이야기를 듣고 생각이 바뀐 사람 있니? 어떻게 바뀌었니? – 남자 여자 놀이가 정해져 있는 것은 아니고, 또 남자는 남자끼리 아니면 여자는 여자끼리만 노는 것도 아니고, 자기가 좋아하는 놀이를 놀고 싶은 친구들과 재미있게 놀이해 보자.	결정된 입장 정리하기

활동의 유의점	• 유아들이 선호하는 놀이에 대해 자유롭게 이야기할 수 있는 기회를 제공한다. • 양성평등에 기초하여 이 문제를 해결할 수 있도록 지도하되, 다양한 유아들의 관점을 수용한다.
확장활동	• 펭귄 가족의 노랫말을 바꿔 본다. • 다양한 직업을 알아본다.

(5) 원인과 결과 연결하기와 논리 · 창의적 사고

논리적 사고는 현상을 분석하여 원인과 결과를 추리하는 능력, 분석하는 능력, 비판하고 문제를 해결하는 능력 등을 포함한다. 그러나 유아들의 경우 사고 능력의 제한으로 정확한 원인과 결과를 연결하기보다는 주관적으로 또는 눈에 보이는 현상에 근거하여 원인과 결과를 연결하곤 한다.

교사 : 봄 날씨는 어떠니?
유아 : 따뜻해요.
유아 : 꽃이 펴요.
유아 : 옷을 얇게 입고 다녀요
유아 : (창 밖에 눈이 내리는 것을 보고) 그런데 왜 봄에 눈이 와요?
교사 : 왜 눈이 올까?
유아 : **우리를 축하해 주려고 눈이 오는 것 같아요.**

위 사례에서와 같이 유아들은 봄에 눈이 오는 원인을 상상적으로 생각하기 때문에 논리적 사고에 실패하는 경향이 있다. 이는 자신이 말을 안 들어서 엄마가 아프다고 생각하는 것과 유사하다. 때로 유아는 자신이 가지고 있는 편견 때문에 원인과 결과를 잘못 짝짓기도 한다. 이와 관련된 예로, 교실의 장난감이 고장났을 경우 일부의 아이들은 남자 아이들이 장난꾸러기이기 때문에 망가뜨렸을 것이라고 말하거나(2007. 10. 교실 참여관찰일지), 어른들은 무엇이든지 잘하니까 운동도 잘 할 것이라고 말하는 것을(2007. 09. 교실 참여관찰일지) 들 수 있다. 이때 교사는 유아가 생각하는 반대의 경우를 제시하여 유아가 논리적으로 생각해 볼 수 있도록 지도해 주어야 한다. 예를 들어, 유아들이 "어른들은 키가 크니까 운동을 잘한다"라고 했을 때 "모든 어른들은 키가 클까?", "아이들은 키가 작으니까 모두 운동을 못하니?"와 같은 반대의 질문을 할 수 있다.

또한 교사는 유아가 객관적 사실과 정보를 기초로 하여 판단하고 원인과 결과를 논리적으로 연결해 볼 수 있도록 도와주어야 한다. 다음은 건강과 음식과의 관계를 이해할 수 있도록 돕기 위한 이야기 나누기 사례이다.

〉〉〉 활동의 예

활동명	먹기 싫어!(편식)	생활주제	건강과 안전
활동유형	대 · 소집단 활동 – 이야기 나누기	활동연령	만 5세
활동목표	• 편식하면 안 되는 이유를 알고, 음식을 골고루 먹는 것의 중요성을 이해한다. • 자신의 생각을 경험과 관련지어 말할 수 있다.		
누리과정 관련 요소	• 신체운동 · 건강 : 건강하게 생활하기 – 바른 식생활하기 • 의사소통 : 말하기 – 느낌 · 생각 · 경험 말하기 – 상황에 맞게 바른 태도로 말하기		
활동자료	동화(「먹기 싫어!」), 그림 자료(음식, 편식하는 아이, 전지에 그려진 아이)		
사전활동	•「난 토마토 절대 안 먹어」 동화를 듣는다.		

활동내용	논리 · 창의 관련 요소
● **편식하는 아이의 이야기를 듣는다.** – 리아는 어떤 음식을 먹지 않으려고 했니? – 왜 그 음식을 먹지 않으려고 했을까? – 밥과 반찬이 무엇이라고 투덜거렸니? – 왜 리아의 흉을 보았을까? ● **편식해 본 경험에 대해 이야기를 듣는다.** – 너희들도 리아처럼 싫어하는 음식이 있니? – 너는 왜 그 음식이 싫으니?	문제 파악하기
● **모든 음식을 다 잘 먹어야 할지에 대한 의견을 이야기한다.** – 리아의 엄마는 리아에게 모든 음식을 골고루 먹어야 한다고 했어. 너희들은 모든 음식을 다 잘 먹어야 한다고 생각하니? – 왜 그렇게 생각하니? – 또 다른 생각을 가진 사람도 있니? – 정말 먹기 싫은 음식도 다 먹어야 할까? – 다른 생각을 가진 사람 있니? – 음식을 골고루 먹었을 때 좋은 점은 무엇일까?	문제를 다양한 관점에서 조망하기

- 편식을 하면 안 되는 이유에 대해 이야기한다.
  - 좋아하는 음식만 먹어도 된다고 생각하는 사람 있니?
  - 왜 그렇게 생각하니?
  - 다른 생각을 가지고 있는 사람도 있니?
  - 좋아하는 음식만 먹고 싫어하는 음식은 먹지 않는다면 어떤 일이 생길까?

- 음식물과 건강과의 관계에 대해 알아본다.
  - 음식은 왜 골고루 먹어야 할까?
  - 음식을 먹으면 우리 몸의 어디에 좋니?
  - 우유는 우리 몸의 어디에 좋은 것 같니?
  - 우유처럼 우리 몸의 뼈를 튼튼하게 해주는 음식이 또 있을까?
  - 채소에는 무엇이 있니?
  - 채소는 왜 먹어야 할까?
  - 만약 고기만 좋아해서 채소를 먹지 않는다면 어떻게 될까?
  - 채소를 먹지 않는 아이가 있다면 너희들이 뭐라고 이야기해 주고 싶니?
  - 감기에 잘 걸리는 아이가 있는데, 이 아이에게는 뭐라고 말해 주고 싶니?

원인과 결과 관계 분석하기

- 우리 몸을 좋게 해주는 음식에 대해 생각해 보고, 이를 그림과 글로 나타낸다.
  - 오늘 무엇을 알게 되었니?
  - 우리 뼈를 튼튼하게 해주는 음식은 무엇이 있었니?
  - 머리카락을 윤기 있게 하려면 어떤 음식을 먹어야 할까?
  - 눈이 나쁜 아이에게 무엇을 먹으라고 말해 주고 싶니?
  - 그림을 보고, 몸을 튼튼하게 하려면 무엇을 먹어야 할지 그림과 글로 적어 보자.

결정된 입장 시각화하기

활동의 유의점	• 무조건 모든 음식을 다 골고루 먹어야 한다는 것을 강조하기보다는 편식과 건강과의 관계를 연결하여 생각할 수 있도록 한다. • 유아들의 선호도를 존중하면서 영양소를 골고루 먹도록 지도한다.
확장활동	• 음식 백과사전을 만든다. • 요리활동을 한다.

2. 논리와 창의성 발달을 위한 토론 활동의 실제

토의 · 토론은 사람들의 미숙한 것을 해결하기 위하여 교육기관에서 빈번하게 일어나는 오래되고도 본질적인 교육 활동이다. 토의는 정보나 의견 교환을 목적으로 하며, 토론은 타인의 주장에 대한 모순을 지적하고, 자신의 주장을 정당화하는 것을 목적으로 하는 의사소통 방식이다.

사람마다 어떤 주제나 문제에 대하여 서로 생각이 다르다. 유아들은 자신과 다른 생각이나 입장에 대하여 종종 '아니야, 틀렸어' 하고 무시를 하거나, 말이 아닌 주먹으로 때리거나, 울고, 평소 자신보다 우월하다고 인정해 온 친구의 말을 아무 비판 없이 따르는 모습을 보인다. 서로 생각이 다를 경우에는 토론을 통해 가장 좋은 방법을 찾을 수 있는데, 토론을 잘 하려면 논리적 사고와 창의적 사고를 바탕으로 해야 한다. 논리적 사고는 창의력이 작동하여 많이 생성된 아이디어들 가운데 '가장 좋은' 것을 선택하기 위한 사고이기 때문이다.

따라서 토론과 논리 · 창의적 사고의 관계를 알아보고, 토론을 통한 논리 · 창의 교수방법과 이를 바탕으로 한 활동의 실제를 제시하고자 한다.

1) 토론과 논리 · 창의적 사고의 관계

토론을 진행하는 초기 단계에서 유아들은 다소 미숙한 모습을 보이나, 점차적으로 '나와 너의 생각은 다르다'는 것을 인정하며 생각의 차이를 존중하고, 다양한 관점을 이해하고 상대방을 설득하기 위하여 자신의 주장에 맞는 근거를 댈 줄 알게 되며, 자신이 생각하지 못했던 다른 관점에서의 여러 생각들을 접하는 등 토론의 진정한 장점을 체득하게 된다.

토론과 논리 · 창의적 사고의 관계는 상호적이라 할 수 있다. 원활한 토론을 위해서는 논리 · 창의적 사고가 뒷받침되어야 하지만, 토론을 통해 논리 · 창의적 사고도 향상된다. 논리 · 창의적 사고 발달 측면에서 볼 때, 토론을 통하여 주의 깊게 비판적으로 경청하는 능력 제고, 무비판적인 수용태도 개선, 자신과 타인의 의견에 심사숙고하는 태도 함양, 타인을 설득하는 능력 향상, 합리적인 의사결정 방법 터득 등에서의 효과를 기대할 수 있다.

일반적으로 토론은 '자유롭게 의견 교환하기–토론할 문제 선정하기–의견을 교환하면서 문제에 대한 중요성 인식하기–주어진 문제에 대한 해결 방안 모색하기–해결 방안 평가 후 최선의 해결안 선택하기'의 순서로 진행된다. 즉 토론에 참여한 사람들은 각자의 의견과 주장을 표출하며 결론에 다다르게 되는데, 토론의 전체 과정 중에서 "왜?"에 대한 답을 찾아보는 단계, 즉 근거를 대는 일이 가장 중요하다. 이때 상대방의 생각이 상투적이라면 관심이 생기지 않는다. 주어진 문제에 대해 자기 나름의 독창적이고 참신한 생각과 내용의 전개가 필요하다. 상대방에게 근거를 대며 설명할 때, 문제 해결 과정에서 가능한 대안을 제시할 때도 독창성이 요구된다. 논리에 바탕을 둔 창의력은 설득력을 높여 주기 때문이다(서울시교육청, 2007). 이와 같이 토론은 자칫 논리적 사고의 비중만 커야 한다고 생각할 수도 있으나, 창의적 사고도 뒷받침되어야 원만하게 진행될 수 있다.

2) 토론을 통한 논리 · 창의 교수 방법 및 실제

교사는 계획된 단위 활동 또는 현장학습이나 과학 활동 등의 연계 활동으로 문제해결을 위한 토론을 진행할 수 있으며, 유치원의 일과 속에서 갑자기 벌어진 문제 상황이나 가정에서 유아들이 흔히 마주치는 어려움 등을 소재로 짧게라도 토론을 위한 시간을 마련하면 좋다.

교사는 토론 수업에서 조정자, 공동탐구자, 반례자(反例者), 본보기, 관찰자로서의 역할을 수행하게 된다. 즉 교사는 오류를 수정해 주고 주제에서 벗어나지 않게 도우며 중간 중간 요약 · 정리하며 의견 차이를 조정하는 조정자(정문성, 2004), 말문이 막혀 진전이 없을 때 "왜 그럴까? 이유가 뭘까?"라며 유아 스스로 해결할 수 있도록 디딤돌을 놓아 주는 공동 탐구자, 타당한 근거와 설명 없이 자기 주장이 맞다고 어깃장을 놓을 경우 "왜 그렇다고 생각하니? 어디서 알게 되었는데?"와 같은 발문을 통해 심사숙고할 기회를 주는 반례자, 세련된 토론으로 향상시키기 위한 본보기, 평가를 위한 관찰자로서의 역할을 하게 된다.

계획된 토론 수업을 위해서는 유아들의 눈높이에 맞는 논쟁 주제를 찾는 것이 우선되어야 한다. 신문에서 논쟁이 되는 문제를 다룬 기사나 사설을 통해서 그리고 인터넷 검색을 통하여 얼마든지 자료를 구할 수 있다.

》 토론 주제의 예

- 친구가 필요해. 좋은 친구란?
- 현명한 재판관
- 우리는 고민 해결사(형제, 친구와의 갈등)
- 거짓말은 하면 안 된다! 거짓말이 좋을 때도 있다!
- 물이 반이나 남았어!
- 많으면 많을수록 좋은 것
- 듣기 좋은 소리, 듣기 싫은 소리
- 화를 내면 안 될까?
- 엄마 아빠 이럴 때 행복해요, 속상해요
- 동생들이 싫을 때도 있어요.
- 아이가 잘할 때마다 스티커를 주는 게 가장 좋은가?
- 혼내는 것보다 칭찬하는 것이 더 좋다!
- 텔레비전은 우리에게 도움을 주는가? 해를 주는가?

- 엄마 아빠한테 효도하기 위해 해야 할 일
- 예절을 꼭 지켜야 하나? 상황에 올바른 인사 예절은 무엇인가?
- 책을 왜 읽어야 하는가?(내가 읽고 싶은 책? 왜? 선물받고 싶은 책 5권은? 우리 집에 있는 책 중에서 친구들과 같이 읽고 싶은 책은?)
- 즉석식품의 좋은 점과 나쁜 점(즉석음식의 종류? 먹었던 경험? 베스트 5를 정하고 그 이유 말하기, 우리 집에 있는 즉석식품 찾아보기)
- 어린이를 위해 이런 만화영화를 만들어 주세요.
- 나의 꿈은 이거예요(닮고 싶은 사람? 어떤 점을 닮고 싶은가? 왜? 내 꿈과 닮고 싶은 사람과 무슨 관계가 있을까? 내 꿈에 대해 엄마 아빠는 뭐라고 하실까? 내 꿈을 이루기 위해 나는 어떻게 할까?)
- 물건을 아끼고 소중하게 다루어야 하는 이유
- 유치원에 꼭 다녀야 하는가?
- 협동하면 좋아요.
- 규칙을 지켜야 하는 이유는 무엇인가?
- 다수결로 정하는 게 가장 좋은 방법이다.
- 산타는 있다, 없다!

무엇보다도 유아교사는 어떤 사안에 대해 함께 생각하고 토론을 거쳐 결정하는 문화를 조성하는 일이 중요하다. 따라서 본격적인 토론 활동에 앞서 유아들과 토론의 의미와 필요성, 방법, 토론을 위한 약속 등에 대해 이야기를 나눌 필요가 있다.

》》 활동의 예

활동명	서로의 생각이 달라요	생활주제	유치원과 친구
활동유형	대 · 소집단 활동 – 토론	활동연령	만 5세
활동목표	• 자신의 생각을 말로 분명하게 나타낸다. • 다른 사람의 의견을 이해하고 존중한다. • 토론의 의미와 필요성을 이해한다.		
누리과정 관련 요소	• 사회관계 : 다른 사람과 더불어 생활하기 – 사회적 가치를 알고 지키기 • 의사소통 : 말하기 – 느낌 · 생각 · 경험 말하기 듣 기 – 이야기 듣고 이해하기		
활동자료	토론 내용을 적을 종이나 화이트보드		

활동내용	논리 · 창의 관련 요소
● **친구와 서로 생각이 달랐던 경험에 대하여 이야기 나눈다.** – 자신의 생각을 표현할 수 있는 방법들은 무엇이니? : 말을 해요, 그림을 그려서 표현해요, 노래로 표현해요. – 친구들이랑 서로 생각이 같았던 적이 있었니? – 친구와 생각이 달랐던 적도 있니? 언제 그랬니? – 그때 어떻게 했어?	문제와 개념 명료화하기(문제 파악하기)
● **서로의 생각이 다른 이유에 대하여 이야기 나눈다.** – 왜 친구들은 저마다 생각이 다를까? – 모든 사람들의 생각이 모두 같다면 어떨까? – 내가 생각하지 못했던 것을 어떤 친구가 말해서 새롭게 알게 된 점이 있었던 적이 있었니?	논리를 근거로 추론하기 결과 예측하기
● **친구와 생각이 다를 때 해결할 수 있는 방법에 대해 이야기 나눈다.** – 서로 생각이 다를 때 어떻게 하면 좋을까? : 내 생각이 좋은 이유를 찾아서 말해요. : 가위 바위 보를 해서 이긴 사람 말대로 해요. : 처음엔 양보하고, 다음엔 자기 말대로 하자고 해요. – 서로 생각이 다를 때 친구의 말을 무조건 들어만 주면 될까? – 생각이 다른 친구에게 내 말을 듣게 만들려고 노력한 적 있니? – 어떻게 해봤니? 그 방법이 통했니? – 나랑 생각이 다른 친구에게 어떤 방법으로 내 말을 듣게 할 수 있을까? 어떻게 설득하면 좋을까? : 내 생각이 좋은 이유를 많이 찾아서 말해요. – 어떤 방법이 가장 좋은 것 같니? 왜 그렇게 생각하니?	고정적인 사고방식을 변화시켜 다양한 해결책 찾아내기 당연하게 받아들여졌던 사실에 대해 의문 품기 다양한 해결 방법을 비교 · 분류 · 대조하기 분명하고 설득력 있게 표현하기 최선의 해결 방안 선정하기
● **토론의 의미와 필요성에 대하여 이야기 나눈다.** – 생각이 다를 때 서로가 말하는 것을 들으며 곰곰이 생각하고, 각자가 생각한 것을 함께 이야기 나누는 것을 토론이라고 해. – 토론을 하면 좋은 점이 무엇일까? : 싸우거나 때리지 않고 말로 해결할 수 있어요. 친구 마음을 이해할 수 있어요. : 내 생각과 다른 친구의 생각을 비교해 봐서 나도 좋고 친구도 좋은 방법을 찾을 수 있어요. : '저런 생각도 있구나!' 내가 생각하지 못한 것을 친구를 통해 알 수 있어요.	많은 양의 가능한 아이디어 산출하기

	● **토론이 원활하게 이루어지기 위한 약속을 정한다.** – 토론을 할 때에는 어떤 약속이 필요할까? – 말하는 사람은 어떻게 해야 할까? : 모든 사람이 잘 들리는 목소리로 말해요. : 먼저 생각을 한 다음에 손을 들고 말해요. – 듣는 사람은 어떻게 해야 할까? : 친구 말을 끝까지 잘 들어요. : 나와 생각이 다른 친구의 말도 잘 듣고 생각해 봐요. – 만약에 친구가 말이 다 끝나지 않았는데 중간에 끼어들면 어떨까? – 무조건 자기 생각만 옳다고 하고, 다른 친구의 말은 틀렸다고 고집부리면 어떨까? – ○○가 말하면 '그래, 맞아!' 라고 그냥 믿어버릴까? – 내 말을 친구들이 더 믿게 하려면 무엇을 함께 얘기해야 할까? – 이제부터 우리가 토론을 할 때에는 함께 정한 약속을 지키며 토론해 보자.	결과 예측하기 오류 찾기 논리적 근거 찾기
활동의 유의점	• 유아들과 이야기를 나눌 때 화이트보드에 주제와 유아들의 말을 정리하여 적는다. • 토론활동을 할 때마다 바른 태도로 듣고, 말하는 유아를 찾아 칭찬한다.	
확장활동	• 유아들이 토론하는 모습을 동영상으로 촬영한 후, 그 모습을 함께 보며 토론 활동에 대한 생각과 느낌을 이야기 나누어 볼 수 있다. • '나랑 생각이 다른 친구에게 어떤 방법으로 내 말을 듣게 할 수 있을까? 어떻게 설득하면 좋을까?' 토론 내용을 그림과 글로 표현한다.  	

특히 건전한 토론 문화가 정착되려면 토론 예절을 지키도록 강조해야 한다. 토론을 할 때 유아 간에 자주 벌어지는 상황이 있다. '음, 음, 근데~' 반복적인 소리를 하며 말을 빨리 하지 않거나, 부끄러워하면서 시간을 끄는 친구에게 '뭐야! 할 말 없으면 들어가! 부끄러우면 그냥 자리에 앉아!' 라며 호통을 치거나 놀리기도 하며, 자신의 생각과 다를 때 '뭐야, 말이 되냐? 아니야! 네가 몰라서 그래!' 라며 곧바로 비난을 퍼붓는 경우도 볼 수 있다.

토론 수업 초기부터 유아들과 함께 토론 시의 약속을 정하면 효과적이다. 말하는 사람에게는 또박또박 말하기, 시선은 골고루 주기, 주제에 벗어나지 않게 말하기, 질문에 대비하여 말하기, 근거 제시하기 등의 약속이 필요한 반면, 듣는 사람에게는 말하는 사람에게 시선 주기, 고개나 표정으로 잘 듣고 있음을 표현하기, 끼어들지 않기, 불쾌한 반응 보이지 않기 등의 약속이 필요하다. 이와 더불어 교사가 토론의 과정에서 서로를 존중하고 배려하는 본보기를 보이는 것도 중요하다. 점차 유아들은 교사를 본받아 서로의 생각이 다름을 존중하고, 서로가 공정하게 말할 기회를 갖도록 배려하는 토론 예절을 습관화할 수 있을 것이다.

〉〉〉 서로를 배려하는 토론 예절의 습관화를 돕는 예

- (말하기 전 뜸을 들일 때) "○○는 생각할 시간이 조금 더 필요한가 봐. 우리가 조금만 더 기다려 줄까?"
- "친구의 생각을 끝까지 듣고 네 생각을 말해 주겠니?"
- "너는 그렇게 생각해? 그렇지만 ○○는 이렇게 생각한대. 생각이 다 다르구나!"
- "친구가 말하고 있는데, 계속 손을 들고 있으면 어떨까? 할 말 있다고 표시하기 위해 손은 언제 드는 게 좋을까?"
- (친구들이 보는 앞에서 말하길 부끄러워할 때) "앞에 나오니까 조금 쑥스럽니? 얘들아! ○○가 용기를 내라고 어떻게 도와줄까? 눈을 쳐다봐 줘? 얘기를 들을 때 고개를 끄덕여 주자고?"
- (친구가 말하자마자 '뭐야! 말이 되냐!' 반응을 보일 때) "○○야, 만약 네가 말할 때 친구들이 때때마다 뭐야, 말이 되냐? 그러면 말할 기분이 날까?

(1) 토론 학습 방법에 따른 실제

논쟁, 토의, 토론, 구술 등이 말을 통한 논리적 표현이라고 한다면, 논술은 글을 통한 논리적인 표현이다(서울시교육청, 2007). 논술의 유형 중 많이 볼 수 있는 유형으로는 문제 해결형, 찬반 토론형, 의미 중심형 등이 있고, 토론 학습 방법으로는 찬반논쟁 토론, 모의재판 토론, 배심(패널) 토론, 피라미드 토론, 역할놀이 토론, 온라인토론, 브레인라이팅 토론 등이 있다(서울성북교육청, 2005). 이들 중 유아보다는 초등학생 고학년에게 적용하기에 더욱 적합한 형태도 있다. 그러므로 유아들을 대상으로 논리창의에 기초를 둔 토론 활동을 하기 위해서는 유아 수준에 알맞게 수정하여 적용할 필요가 있다.

위의 여러 유형 중 유아 대상의 토론 학습 방법으로 찬반 토론, 창의적 문제 해결형 토론, 역할놀이 토론, 배심 토론, 의미중심형 토론이 적절하다. 첫째, 찬반 토론은 딜레마 상황에 대해 찬성할지 반대할지 결정한 후 그 이유에 대하여 이야기함으로써 찬성과 반대 의견들을 융합하여 최선의 결론을 내릴 때 사용하는 토론 유형이다. 찬성과 반대 입장으로 나뉘어 토론하는 과정에서 유아들은 자신의 생각을 명확하게 나타내기 위한 논리적인 근거를 제시하게 되며, 토론 중에 자신이 처음 했던 생각이 다른 사람의 생각을 듣고 설득되어 자신의 생각이 변화될 수도 있음을 경험하게 된다. 협동구조에서 유아들이 서로 다른 관점이 존재함을 확인하고, 각각의 관점이 가지고 있는 장점과 단점을 경험하며, 이를 해결하는 과정에서 과제 해결에 대한 긴장감 고조에 따른 참여 동기가 증가하고, 이를 통해 경험하는 인지적 갈등은 창의성을 자극하여 합리적으로 갈등을 해결할 수 있는 능력을 길러주는 교육적 효과가 있다. 따라서 교사는 '왜 그렇다고 생각하니?' 질문을 던져 유아들로 하여금 찬성과 반대 의견에 대한 설득력 있는 근거를 댈 수 있도록 하며, '꼭 그래야만 할까? 그것만이 제일 좋은 걸까? ○○가 찬성한다면 나도! 하며 그냥 따라하는 것이 옳을까?' 등으로 유아들의 생각 흐름을 반전시킬 수 있는 언어적 자극을 제공해 주도록 한다. 찬반토론 활동의 실제 예는 다음과 같다.

활동의 예

<table>
<tr><td>활동명</td><td>【찬반 토론】
거짓말이 좋을 때도 있다.</td><td>생활주제</td><td>유치원과 친구
나와 가족</td></tr>
<tr><td>활동유형</td><td>대 · 소집단 활동 – 토론</td><td>활동연령</td><td>만 5세</td></tr>
<tr><td>활동목표</td><td colspan="3">• 자신의 생각에 대해 근거를 들어 말한다.
• 토론 주제에 대한 찬성과 반대 의견들을 합하여 최선의 결론을 내린다.</td></tr>
<tr><td>누리과정
관련요소</td><td colspan="3">• 사회관계 : 다른 사람과 더불어 생활하기 – 사회적 가치를 알고 지키기
• 의사소통 : 말하기 – 상황에 맞게 바른 태도로 말하기
듣 기 – 이야기 듣고 이해하기</td></tr>
<tr><td>활동자료</td><td colspan="3">토론 내용을 적을 종이나 화이트보드, 찬성과 반대를 나타내는 카드나 팻말</td></tr>
</table>

<table>
<tr><th>활동내용</th><th>논리 · 창의
관련 요소</th></tr>
<tr><td>● 찬성과 반대에 대하여 이야기 나눈다.
– 찬성(반대)이란 무슨 뜻이니?
– 언제 친구 생각에 찬성하니?
– 반대하고 싶을 때는 언제니?</td><td>주어진 정보를 기초로 상상하기</td></tr>
<tr><td>● '거짓말이 좋을 때도 있다' 주제에 대하여 생각해 본 후, 이에 관하여 찬성인지 반대인지 결정하고 그 이유에 대해서 이야기한다.
– 오늘은 '거짓말이 좋을 때도 있다'에 대하여 이야기해 보자.
– 이 말에 찬성하는 사람은 찬성 팻말이 있는 곳에 앉고, 반대하는 사람은 반대 팻말이 있는 곳에 앉자.
– 이 말에 찬성하는(반대하는) 이유가 무엇이니?
– ○○의 말에 대하여 다르게 생각하는 사람 있니? 왜 그렇다고 생각하니?
예
<table><tr><th>〈찬성하는 유아〉</th><th>〈반대하는 유아〉</th></tr><tr><td>• 못생긴 친구에게 솔직하게 "너 참 못생겼다"라고 얘기하면 속상해.</td><td>• 사실이 아닌데, 예쁘다고 말하면 믿을 수도 있겠지만 놀리는 것 같아서 기분이 나빠.</td></tr></table></td><td>논리적 근거 찾기
반대되는 주장이 있을 가능성 따져보기</td></tr>
</table>

〈찬성하는 유아〉	〈반대하는 유아〉
• 산타클로스는 없는데, 어른들이 애들 기분 좋으라고 변장하는 거야. 그럴 땐 거짓말이 필요해.	• 산타클로스는 있으니까 거짓말이 아니야. 말 잘 들을 때 선물도 주고, 우리가 좋아하는 선물도 다 아시잖아.
• 친구가 숙제를 나보다 못했지만 "너도 잘했어"라고 하는 게 친구 기분이 좋아.	• 친구가 아무리 잘했다고 거짓말로 기분 좋게 말해도 선생님께 '0점'을 받으면 소용없잖아. • 그때는 "너 그래도 열심히 했잖아" 하고 얘기를 하거나 다음에 더 잘 하라고 응원하는 게 좋겠어.

- 어른들은 항상 거짓말하면 나쁜 거란다. 하면 안 돼! 말씀하셨는데, 거짓말이 좋을 때도 있다는 거니?
- 모든 거짓말이 다 나쁠까?
- 어떤 거짓말이 좋다고 생각하니? 왜 그렇게 생각했니?
- 그렇다면 나쁜 거짓말에는 어떤 것들이 있을까?
- 친구의 말을 듣고 생각이 바뀐 친구 있니? 왜 생각이 달라졌니?

당연하게 받아들여졌던 사실에 대해 의문 품기

어떠한 사실이나 상황의 옳고 그름과 좋고 나쁨을 가려내기

● **찬성과 반대 의견을 모아 '거짓말'에 대한 생각을 함께 이야기 나눈다.**
- 친구들과 이야기를 해보니, 어떤 거짓말들이 있었니?
- 어쩔 수 없이 거짓말을 해야 하는 경우는 언제일까?
  : 다른 사람의 마음에 상처를 주지 않기 위해서는 거짓말을 해도 될 것 같아요.
- 절대 해서는 안 되는 거짓말은 무엇일까?
  : 들키면 혼나는 거짓말이요.
  : 다른 사람을 속이거나 피해를 주는 거짓말이요.

문제를 다양한 관점에서 조망하기

어떠한 사실이나 상황의 옳고 그름과 좋고 나쁨을 가려내기

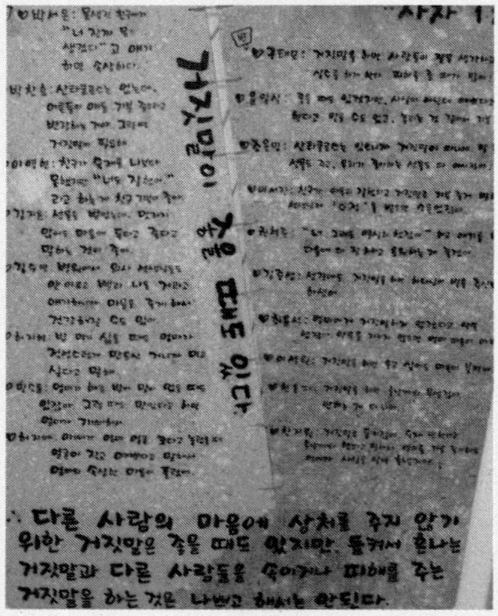

● **토론 내용을 정리하고, 새로 알게 된 점이나 느낀 점에 대하여 이야기 나눈다.** – 오늘 이 주제로 토론을 하면서 알게 된 점이 있니? 달라진 점이 있니? : 친구랑 생각이 달랐는데, 말을 하다 보니까 비슷해졌어요 : 거짓말이 좋을 때도 있다는 것을 알게 되었어요	나열되어 있는 개념을 하나의 의미로 종합하기

활동의 유의점

• 이 주제에 대해 유아들이 찬성, 반대에 대한 이유를 말한 그 밖의 내용을 정리해 보면 다음과 같다.

〈찬성하는 유아〉	〈반대하는 유아〉
• 선물을 받았는데, 멋지지 않아도 마음에 든다고 좋다고 말하는 것이 좋아. • 병원에서 의사선생님이 빨리 날거라고 얘기하니까 마음을 좋게 해서 건강해질 수도 있어. • 밥 먹기 싫을 때도 엄마가 정성스럽게 만드신 거니까 먹고 싶다고 말해야 돼.	• 거짓말을 하면 사람들이 잘못 생각하고 믿어서 실수를 하게 되잖아. 피해를 줄 때가 많아. • 성경에서도 거짓말을 하면 하느님이 벌을 주신다고 하셨어. • 엄마에게 거짓말하지 않겠다고 약속했잖아. 약속을 지키지 않으면 엄마 마음이 아파.

활동의 유의점

〈찬성하는 유아〉	〈반대하는 유아〉
• 엄마가 해준 밥이 맛이 없을 때도 맛있다고 하면 엄마가 기뻐하셔. • 아빠가 엄마 얼굴 크다고 놀렸을 때 얼굴이 작고 예쁘다고 말해서 엄마의 속상한 마음이 풀렸어.	• 거짓말을 하면 웃고 싶어도 마음이 불편해. • 거짓말하면 혼날까 봐 무섭잖아. 안 하는 게 더 나아. • 거짓말은 들키잖아. 숙제 안했다고 혼날까 봐 했다고 말해서 엄마를 기분 좋게 해도 엄마가 사실을 알면 혼날거야.

확장활동

• 확장활동으로 거짓말에 대한 생각과 개개인의 경험을 토대로 소집단으로 협동 동시를 짓거나 노래말로 지어 노래부를 수 있다.

》》 활동의 예

활동명	【찬반 토론】 다수결로 정하는 게 가장 좋은 방법이다!	생활주제	유치원과 친구
활동유형	대 · 소집단 활동 – 토론	활동연령	만 5세
활동목표	• 다수결로 정하는 것의 장 · 단점을 비교한다. • 토론 주제에 대한 찬성과 반대 의견들을 합하여 최선의 결론을 내린다.		
누리과정 관련 요소	• 사회관계 : 다른 사람과 더불어 생활하기 – 사회적 가치를 알고 지키기 • 의사소통 : 말하기 – 상황에 맞게 바른 태도로 말하기 듣 기 – 이야기 듣고 이해하기		
활동자료	토론 내용을 적을 종이나 화이트보드, 찬성과 반대를 나타내는 카드나 팻말		

활동내용	논리 · 창의 관련 요소
● **'다수결로 정하는 게 가장 좋은 방법이다'는 주제에 대하여 생각해 본 후, 이에 관하여 찬성인지 반대인지 결정하고 그 이유에 대해서 이야기한다.** – 오늘은 '다수결로 정하는 게 가장 좋은 방법이다'에 대하여 이야기해 보자. – 이 말에 찬성하는 사람은 찬성 팻말이 있는 곳에 앉고, 반대하는 사람은 반대 팻말이 있는 곳에 앉자. – 이 말에 찬성하는(반대하는) 이유가 무엇이니? – 또? 다수결로 결정을 하게 될 경우 어떤 점이 편리할까? – ○○의 말에 대하여 다르게 생각하는 사람 있니? – 우리가 무언가를 결정할 때 흔히 '다수결로 해요' 말하는데, 다수결로 하는 게 좋지 않다는 거니? 왜? – 다수결로 정했을 때 불편했었던(속상했었던) 적이 있었니?	논리적 근거 찾기 문제를 다양한 관점에서 조망하기 당연하게 받아들여졌던 사실에 대해 의문 품기
● **친구의 이야기를 듣고 생각이 바뀐 사람은 팀을 바꿔 앉는다.** – 친구의 말을 듣고 생각이 바뀐 친구 있니? 자리를 바꿔 앉아 보자. 왜 생각이 달라졌니?	
● **찬성과 반대 의견을 모아 '다수결로 정하는 게 가장 좋은 방법이다'에 대해 종합적으로 생각하며 정리해 본다.** – 친구들과 이야기를 해보니, 다수결로 정할 때 가장 좋은 경우는 언제일까? – 의견이 나올 때마다 매번 다수결로 정하면 어떨까? – 다수결로 정할 때 어떤 속상한 일도 벌어진다고 말했었니?	나열되어 있는 개념을 하나의 의미로 종합하기 결과 예측하기

	– 다수결로 정할 때 손들기 전에 우리가 해야 할 일이 뭘까? : 함께 결정할 때는 내가 하고 싶은 것은 무엇인지, 무엇이 가장 좋은 결정인지 깊게 생각하고 손을 들어요. – 의견의 좋은지, 진짜 찬성하는지 생각하지 않고, 단지 친구이기 때문에 손을 들면 어떻게 될까? – 다수결로 결정할 때 손을 적게 들어 선택되지 않아 속상해하는 친구가 있다면 어떻게 하면 좋을까?	어떠한 사실이나 상황의 옳고 그름과 좋고 나쁨을 가려내기
활동의 유의점	• 찬성과 반대하는 자기 주장을 뒷받침해 주는 근거를 명확히 대도록 한다. • 찬성과 반대 두 팀의 인원수에 따라 승부가 결정되는 것이 아닌 양 팀 모두에게 토론을 잘 실행했음을 칭찬해 준다.	
확장활동	• '최선의 선택'을 하는 방법에 대해서도 확장하여 활동할 수 있다. 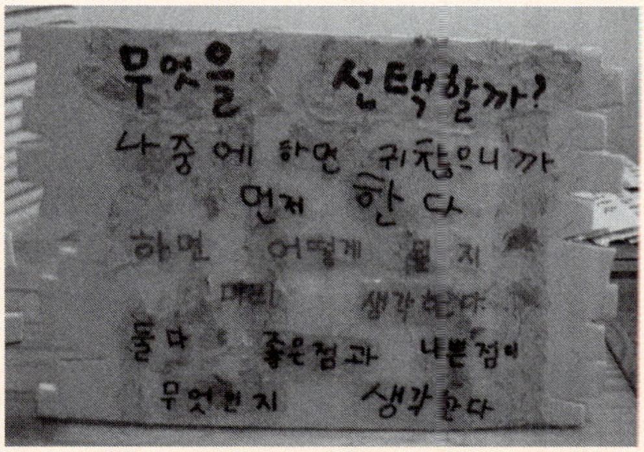 	

둘째, 창의적 문제 해결형 토론은 문제 상황, 제시된 표, 그림, 동영상 등을 참고하여 주어진 문제를 토론을 통해 창의적으로 해결하는 유형이다. 함께 토론을 함으로써 문제점 확인, 문제의 원인 인식, 그에 따른 주장과 근거 제시, 충동적으로 말과 행동을 했을 때 벌어질 수 있을 부정적인 결과에 대한 예측, 대안 제시, 최선의 해결책과 실천방안을 이끌어내게 된다. 이때 교사는 호기심 없이 모든 것을 '당연한 것, 원래 그런 것, 그래야 할 것'으로 받아들인다면 창의적 사고를 할 수 없다. 그러므로 창의적 문제 해결형 토론을 진행할 때 '이상하다, 그렇지 않은데!

꼭 그러란 법도 없잖아!' 라는 부정적 호기심도 수용되고, '다른 사람들은 그렇게 생각해도 나는 그렇게 생각하지 않아!' 라고 자유롭게 생각하고 말할 수 있는(정범모, 2001) 분위기를 조성해 주어야 한다. 창의적 문제해결형 토론활동의 실제 예는 다음과 같다.

》》 활동의 예

활동명	【창의적 문제 해결형 토론】 물이 반이나 남았어!	생활주제	유치원과 친구 나와 가족
활동유형	대 · 소집단 활동 – 토론	활동연령	만 5세
활동목표	• 긍정적인 사고의 장점에 대해 토론한다. • 나의 감정을 조절하여 긍정적으로 생각해 본다.		
누리과정 관련요소	• 사회관계 : 나와 다른 사람의 감정알고 조절하기 – 나의 감정 조절하기 : 다른 사람과 더불어 생활하기 – 사회적 가치를 알고 지키기 • 의사소통 : 말하기 – 느낌 · 생각 · 경험 말하기		
활동자료	물이 반 정도 채워진 컵, 여러 가지 상황 그림이나 사진(축구/게임 활동/이야기 나누기 시간에 몇몇 유아가 손을 들고 있으며 교사가 한 유아를 선택하는 모습 등) 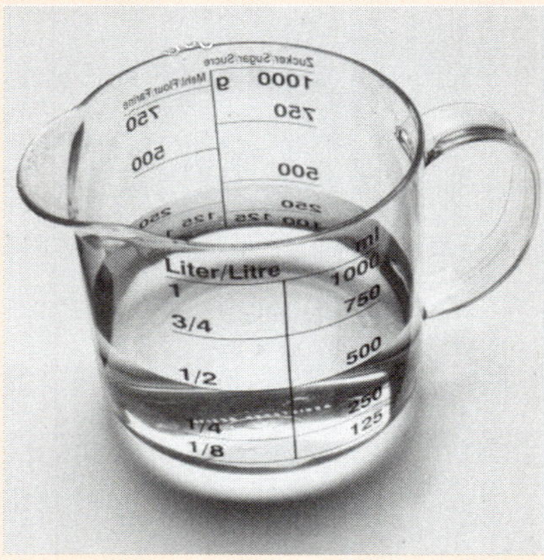		

활동내용	논리 · 창의 관련 요소
● **물이 반 정도 채워진 컵을 보면서 이야기 나눈다.** - 선생님이 들고 있는 컵에 물이 얼마만큼 들어 있니? : 반이요. 물이 반밖에 없어요. - 똑같이 목이 마른 상황인데 어떤 사람은 물 반 컵을 보고 "물이 반 컵밖에 없잖아! 이걸 가지고 목이나 축이겠어?!"라고 말하고, 또 어떤 사람은 "물이 이만큼이라도 있어서 다행이다. 이 정도면 충분해!"라고 말한다면 이 두 사람은 어떤 차이가 있는 것일까? - 같은 물 반 컵을 보고 좋게 생각할 수도 있고 안 좋게 생각할 수도 있구나. - 어떻게 생각하는 것이 더 좋을까? 왜 그렇게 생각하니? : 불평한다고 물이 많아지는 건 아니니까 좋게 생각해요. : 안 좋게 생각하면, 기분도 나빠지니까 뭘 해도 다 싫어요. 그러니까 좋게 생각해요.	문제와 개념 명료화하기(문제 파악하기) 오류 찾기 논리적 근거 찾기
● **긍정적, 부정적으로 생각할 수 있는 장면이 담긴 사진이나 그림을 보며 이야기 나눈다.** - 어떤 사진/그림이니? - 친구들(선생님)이 무엇을 하고 있니? - 이때 기분은 어떨 것 같니? - 기분이 좋아지게 생각하려면 어떻게 생각하면 좋을까?	주어진 정보를 기초로 상상하기 논리를 근거로 추론하기
● **긍정적, 부정적으로 생각했던 경험에 대하여 이야기 나눈다.** - 같은 상황에 대하여 좋은 방향으로 생각하는 것을 긍정적이라고 하고, 나쁜 방향으로 생각하는 것을 부정적이라고 한단다. - 너희들은 어떨 때 부정적인(나쁜/좋지 않은) 생각이 드니? 예 **〈부정적인 생각〉** 엄마가 누나 옆에 누워 잘 때 "엄마는 나만 싫어해." 퀴즈 정답을 모를 때, "난 멍청이야." 엄마가 형한테만 떡볶이를 사주실 때 "엄마는 형만 사랑하나 봐." 친구들이 자기들끼리 놀 때 "나를 싫어하나 봐." 로봇이 뜻대로 만들어지지 않을 때 "난 매일 해도 안 돼. 그냥 부숴버려야겠어." 블록 쌓기 잘 못한 것 같을 때 "친구들이 놀릴 거야."	

– 시작도 안했는데, 걱정부터 한 적 있니? : 수영할 때 물에 빠질까 봐 걱정했어요. : 게임에서 질지도 모르니까 하지 말아야겠다고 생각한 적 있어요. : 선생님이 퀴즈 낼 때 못 맞출까 봐 눈물부터 나요.	
– 하기도 전에 못할 거라고 생각을 하게 되면, 진짜 어떤 일이 벌어질 수 도 있을까?	결과 예측하기
– 그럼 그런 생각이 들 때 어떻게 생각하면 좋았을까?	개선안 제시하기
– 만약, 선생님한테 할 일이 10개가 있었는데 5개를 하고 나서 "아직도 할 게 너무 많다!"라고 불평했다면 어떻게 될까? – 기분은 나빴지만 좋게 생각하려고 노력한 적 있니? – 어떨 때 긍정적으로 생각하면 좋을까?	오류 찾기
예 **〈긍정적인 생각〉** 엄마가 피아노 그것밖에 못 치냐고 하실 때 "난 할 수 있다." 유치원에서 마지막으로 버스 타러 갈 때 "꼴찌면 뭐 어때!" 아빠가 나를 혼내시는 것은 내가 미워서 그러는 것이 아니라 내가 커서 훌륭한 사람 되라고 그러시는 거다. 게임에서 져도 "포기하지 말고 다시 도전해야지." 동생이랑 싸울 때 "은빈이가 좀 더 크면 내 말을 잘 들을 거야." 내가 말하고 있는 도중에 친구가 끼어들어 말을 못해도 "나중에 말하면 되니까 괜찮아." 엄마가 닌텐도 10분만 하라고 하셔도 "난 10분만 해도 만족해." 엄마가 말 스티커를 못 사게 해도 "말 인형이 있으니까 괜찮아."	고정적인 사고방식을 변화시켜 다양한 해결책 찾아내기 다양한 해결 방법을 비교·분류·대조하기 결과 예측하기
● **긍정적으로 생각했을 때 장·단점에 대하여 이야기 나눈다.** – 긍정적으로 생각하면 어떤 점이 좋을까? : 기분이 풀려요. 기분이 나아져요. 다음에도 하고 싶은 마음이 들어요. – 무조건 좋게만 생각하고, 노력하지 않으면 어떤 일이 생길까? – 예를 들어, 친구랑 자꾸 싸움이 나서 친구가 나를 싫어하는 것 같을 때, 친구를 좋게만 생각한다고 싸움이 일어나지 않을까? 싸우지 않으려고 어떤 노력을 해야 할까? – 그래, 노력할 일이 있는 경우에는 행동으로 옮기면 더 좋아지겠구나. – 어떨 때 좋은 생각과 노력이 필요하니?	아이디어를 정교하게 다듬어 발전시켜 표현하기

: 씨름해서 졌을 때 "다음엔 이길 수 있어. 운동을 열심히 해서 힘을 기르자." 라고 생각해요.
: 손장난이 습관이 되었어도 "난 고칠 수 있어." 하고 노력해요.
: 피아노를 다른 친구보다 못해도 "더 열심히 하면 돼." 하면서 연습해요.

- **토론 내용을 정리하고, 새로 알게 된 점이나 느낀 점에 대하여 이야기 나눈다.**

나열되어 있는 개념을 하나의 의미로 종합하기

활동의 유의점

• 유아들이 무조건 긍정적으로 낙천적인 사고를 하는 것은 건설적이지 않다. 상황에 대하여 좋게 생각하는 것과 더불어 구체적인 노력 방안을 생각하고 행동을 옮길 수 있도록 해야 한다.

확장활동

• 토론 내용을 바탕으로 자신이 생각하는 '긍정적 사고와 부정적 사고'를 그림으로 표현해 본다.

인라인스케이트 처음 탔을 때
"난 할 수 있어."

선생님이 나를 꼴찌로 보내줄 때
"나한테만 좋은 것을 해주려고 그러시는 거야."

엄마가 형한테만 떡볶이 사줄 때
"엄마는 형만 사랑하나 봐."

친구랑 싸워서 해결이 잘 안 될 때
"난 약골이야."

〉〉〉 활동의 예

활동명	【창의적 문제 해결형 토론】 많으면 많을수록 좋은 것	생활주제	나와 가족 유치원과 친구
활동유형	대 · 소집단 활동 – 토론	활동연령	만 5세
활동목표	• 우리들에게 많으면 많을수록 좋은 것이 무엇인지 생각해 본다. • 다른 사람의 의견을 이해하고 존중한다. • 가족을 위해 할 수 있는 일을 알아보고 실천한다.		
누리과정 관련 요소	• 사회관계 : 가족을 소중히 여기기 – 가족과 화목하게 지내기 – 가족과 협력하기 • 의사소통 : 말하기 – 느낌 · 생각 · 경험 말하기		
활동자료	'다다익선(백남준)' 사진, 종이와 펜, 국어사전 		

활동내용	논리 · 창의 관련 요소
● **미술관에 전시된 '다다익선(백남준)' 사진을 보며 '다다익선'의 의미에 대해 이야기 나눈다.** – 어떤 사진이니? – 사진에서 보이는 것들은 무엇이니? 어떤 모양이니? – 이 사진은 백남준 선생님의 작품이란다. 제목은 '다다익선'이야. – 작가는 작품의 제목을 '다다익선'이라고 지었을까?	주어진 정보를 기초로 상상하기 논리를 근거로 추론하기 논리적 근거 찾기

– 작가는 작품의 제목을 '다다익선'이라고 지었을까? – '다다익선'이 무슨 뜻인 것 같니? 왜 그렇게 생각했니? – 사전으로 무슨 뜻인지 찾아보자.	문제 해결을 위한 정보 수집하기
● **우리 가족에게 많을수록 더욱 좋은 것들에 대해 이야기 나눈다.** – 우리 가족에게 많을수록 더욱 좋은 것들은 무엇이라고 생각하니? 왜 그렇게 생각했니? – 어떤 마음(행동)이 많을수록 좋을까?	많은 양의 가능한 아이디어 산출하기 고정적인 사고방식을 변화시켜 다양한 해결책 찾아내기
● **우리 가족에게 많을수록 더 좋은 것에 대하여 글과 그림으로 표현한 후 그 내용을 발표하면서 이야기 나눈다.** – ○○의 가족 모두에게 많을수록 더 좋은 것은 무엇이니? 왜 그렇게 생각했니? : 몸 좋아지는 것, 가족여행, 운동, 사랑, 행복한 마음, 말을 잘 들어 주는 것, 착한 마음, 웃음, 타협, 기회(잘 못해도 봐주는 것), 놀거리, 놀 시간, 먹거리, 반찬, 사랑한다는 말, 뽀뽀, 배려, 돈 등 – 너희들의 생각은 어떠니? 정말 ~이 많으면 많을수록 더 좋을까? – 친구들의 생각을 모두 들어 보니 우리 가족에게 가장 필요한 것은 무엇인 것 같니? – 왜 그렇게 생각했니?  	논리적 근거 찾기 분명하고 설득력 있게 표현하기 최선의 해결 방안 선정하기 논리적 근거 찾기
● **우리 가족에게 많을수록 더 좋은 것들이 많아지기 위한 방법에 대하여 이야기 나눈다.** – 우리 가족에게 많을수록 더 좋은 것들이 많아지게 하기 위한 방법들은 무엇이 있을까? – 어떤 노력들이 필요할까? – 실천할 수 있는 말이나 행동들은 무엇이 있을까? ● **새로 알게 된 점이나 느낀 점에 대하여 이야기 나눈다.**	다양한 해결 방법을 비교 · 분류 · 대조하기 나열되어 있는 개념을 하나의 의미로 종합하기

활동의 유의점	• 가족에게 많을수록 더 좋은 배려, 사랑, 타협 등이 많아지기 위한 방법들에 대한 토론은 유아들과 개별적으로 상호작용하여 유아들이 구체적으로 노력할 수 있는 방법들을 찾아 실천할 수 있도록 해야 한다.
확장활동	• 유아 각자가 종이에 '많으면 많을수록 좋은 것'에 대해 그린 결과물을 모아서 백남준의 전시물처럼 교실에 전시해 줄 수 있다. 

셋째로 역할놀이 토론이다. 역할놀이는 문제 해결, 비판적 사고 및 상호작용을 통한 경험을 가능하게 하며, 참여자와 관찰자가 실제적인 문제 상황에 참여하여 문제를 해결하고 이해하도록 해준다. 역할놀이 토론은 다양한 역할행동을 탐색해 보는 가운데, 자신의 실제 문제를 다룰 준비를 하게 되며, 감정이입을 경험하며, 공동의 관심사를 직접적이며 공개적으로 다루며, 말이나 글로 자신을 표현하기를 꺼리는 유아에게 효과적인 토론 유형이다(서울성북교육청, 2005). 역할놀이 토론 활동의 실제 예는 다음과 같다.

〉〉〉 활동의 예

활동명	【역할놀이 토론】 우리는 고민 해결사	생활주제	유치원과 친구 나와 가족
활동유형	대 · 소집단 활동 – 토론	활동연령	만 5세
활동목표	• 자신의 걱정과 고민을 다른 사람과 함께 해결해 볼 수 있다. • 여러 가지 행동 패턴을 실제로 해본다.		
누리과정 관련 요소	• 사회관계 : 나와 다른 사람의 감정알고 조절하기 – 나의 감정 조절하기 : 가족을 소중히 여기기 – 가족과 화목하게 지내기 • 예술경험 : 예술적 표현 하기 – 극놀이로 표현하기		
활동자료	걱정과 고민거리를 적을 수 있는 종이와 종이를 담을 걱정바구니, 종이, 사인펜		

활동내용	논리 · 창의 관련 요소
● **고민과 걱정이 생겼을 때 해결할 수 있는 방법에 대해 이야기 나눈다.** – 요즘에 드는 고민이나 걱정거리가 있니? – 고민이나 걱정이 생기면 마음이 어떠니? – 걱정거리를 빨리 해결하지 못하면 어떻게 될까? – 걱정거리를 해결할 수 있는 좋은 방법은 무엇일까? : 그냥 빨리 잊어버려요. 친구한테 얘기해요. 소리 한 번 질러요.	논리를 근거로 추론하기 가능한 한 많은 양의 아이디어 산출하기
● **'걱정바구니'에 대해 알아본다.** – 이 바구니는 '걱정바구니'야. 걱정거리가 생겼을 때 친구들의 도움이 필요하면 걱정거리를 종이에 적어서 바구니에 넣으면 된단다. – 이렇게 나의 걱정을 친구들과 함께 해결하면 어떤 점이 좋을까? – 그러면 앞으로 걱정이 생겼을 때 이 바구니를 활용해 보자.	다양한 표현하기
● **각자 걱정거리를 종이에 적어서 바구니에 넣는다.** ● **'걱정바구니'에 담긴 친구의 고민을 들어 본다.** – 어느 친구의 고민을 선생님이 읽어줄 테니 들어봐. 나는 동생이 너무 미워 – 이 친구는 동생이 너무 미운 것이 걱정이래.	요점과 요지 및 의도 파악하기

활동	사고 과정
● **친구와 비슷한 고민을 했던 경험을 말해 본다.** – 이 친구처럼 동생이 너무 미웠던 적이 있는 사람? – 동생이 왜 그렇게 미웠니? 또? – 이 친구는 동생이 미울 때 어떻게 했을 것 같니? 너희들은?	문제의 원인 인식하기 논리적 근거 찾기 논리를 근거로 추론하기
● **각자 경험했던 동생과의 갈등 상황을 역할극으로 표현해 본다.** – 동생과 어떤 일로 인해서 속상했는지 앞에 나와서 직접 보여줄 사람? – 언니(형, 오빠)를 맡아 줄 사람? 동생을 맡아 줄 사람? – 언니(형, 오빠)를 맡은 ○○는 동생과의 어떤 일을 역할극으로 나타낼 거니? – □□야, 너는 동생을 맡았으니까 ○○가 말했을 때 동생의 입장이 되어서 말을 해줘.	다양한 표현하기 문제의 원인 인식하기
● **언니(형, 오빠)와 동생의 입장에서 감정이입해 보며 토론한다.** – ○○와 □□을 극을 보니 어땠니? – ○○는 왜 이런 말(행동)을 했을까? ○○의 마음은 어떨 것 같니? – 그런 말을 듣는 □□의 마음은 어떨까? □□는 왜 이런 말(행동)을 한 걸까? – ○○를 보니 너희들 마음은 어떠니? □□는?	논리를 근거로 추론하기
● **동생과의 갈등에 대한 고민을 함께 해결해 본다.** – ~때 동생이 미워서 걱정이라고 털어놓은 친구의 고민을 함께 해결해 줄까? – 그 친구들은 여러 가지 해결방법을 들으면서 '앗! 저 방법이 내겐 딱이겠다. 저렇게 하면 되겠구나!' 생각해 봐. – 그런데 동생을 계속 이렇게 밉다고 때리거나 소리를 지르면 어떻게 될까? – 밉다고 그렇게 행동했을 때 내게 어떤 점이 손해일까? 동생은? 가족들은 어떤 마음일까? – 그러면 이 친구가 동생을 덜 미워하도록 어떻게 노력할 수 있을까? – 너희들이 옆에 있다면 이 친구에게 '~ 해봐' 라고 어떤 도움말을 줄 수 있을까? – 그런데 ○○가 말한 대로 했다가 이런 일도 일어날 수도 있어! 라고 말할 사람 있니? ● **고민을 털어놓은 유아는 친구들과 함께 생각한 해결 방법을 실제로 적용해 보고 그 효과에 대해 알려주기로 한다.**	다양한 해결 방법을 비교·분류·대조하기 결과 예측하기 분명하고 설득력 있게 표현하기 문제를 다양한 관점에서 조망하기 반대되는 주장이 있을 가능성 따져보기 적용하고 평가하기

확장활동

- 유아들의 고민 중 동생에 관련된 내용이 자주 표현된다. '동생이 싫을 때/좋을 때'에 대한 각자의 생각을 모을 수 있다.
- 유치원에서 발생하는 친구와의 갈등(듣기 싫은 별명을 부르며 놀리는 상황, 앞이 가려서 잘 보이지 않는 상황, 따돌리는 상황, 놀잇감을 빌려주지 않는 상황 등)을 역할극 토론으로 해볼 수 있다.

넷째, 배심 토론은 패널 토론이라고도 불린다. 배심 토론은 주어진 문제에 대하여 각각의 입장이 다르거나 팽팽히 맞설 때 사용하는 방법이다. 양쪽 의견의 대표인 6~8명의 배심원들과 청중, 그리고 사회자로 구성된다. 유아들을 대상으로 하기 때문에 사회자는 교사가 맡아서 토론의 과제를 설명하고, 토론 내용을 요약하고, 배심원과 청중의 질문을 유도하며, 결론 도출을 돕는 역할을 한다. 유아들은 배심원과 청중을 맡아 자신의 입장을 설명하고 서로 다른 정보를 교환하는 역할을 한다. 배심 토론 활동의 실제 예는 다음과 같다.

〉〉〉 활동의 예

활동명	【배심 토론】 현명한 재판관	생활주제	우리 동네
활동유형	대 · 소집단 활동 – 토론	활동연령	만 5세
활동목표	• 배심 토론에 필요한 구성원의 역할에 대해 알아본다. • 주제에 벗어나지 않게 자신의 의견을 자유롭게 말한다.		
누리과정 관련 요소	• 사회관계 : 다른 사람과 더불어 생활하기 – 사회적 가치를 알고 지키기 • 의사소통 : 말하기 – 느낌 · 생각 · 경험 말하기		
활동자료	손 인형 2개, 패널 토론 장면 사진, 배심원 의자		

<table>
<tr><th>활동내용</th><th>논리 · 창의
관련 요소</th></tr>
<tr><td>

● **배심 토론 장면 사진을 보며 사회자, 배심원, 청중이 하는 일에 대해 알아본다.**
- (배심 토론 장면 사진을 보며) TV에서 토론하는 장면을 본 적이 있니?
- 누가 진행을 맡은 사람일까? 서로의 입장을 대표해서 말하는 사람은? 잘 들은 후 질문도 하고 자기 생각도 말하는 사람은 어디에 앉아 있니?
- 배심원이라는 말을 들어 보았니? 배심원은 어떤 일을 할까? 서로의 입장을 대표해서 말하는 사람을 배심원이라고 해.

</td><td></td></tr>
<tr><td>

● **손 인형으로 세준이와 영진이의 이야기를 듣고, 배심원을 정하여 토론을 해보기로 한다.**
- 세준이와 영진이의 이야기를 듣고, 너희들이 배심원과 듣는 사람 역할을 맡아서 생각해 봐.

세준 : 나는 어제 친구들과 재미있게 축구를 했어. 그런데 친구와 세게 부딪혀서 넘어지는 바람에 다리를 다쳤어. 집에 돌아오는 길에 지하철을 탔는데 마침 딱 한 자리가 있더라. 얼른 그 자리에 앉았지. 그런데 그때 지팡이를 짚은 할아버지가 내 앞에 서시는 거야. 나는 다리가 무척 아팠지만, 할아버지께 자리를 양보해 드렸어.

영진 : 나도 어제 세준이와 똑같은 일이 있었어. 그런데 나는 내 다리도 너무 아팠기 때문에 할아버지께 양보를 할 수 없었어. 그래서 그냥 계속 앉아 있었어.

</td><td>

반대되는 주장이 있을 가능성 따져보기
문제를 다양한 관점에서 조망하기

문제와 개념 명료화하기(문제 파악하기)

가능한 많은 양의 아이디어 산출하기

</td></tr>
</table>

● **양쪽 배심원을 정하고, 자리를 나누어 앉는다.** – 세준이와 영진이에게 같은 일이 일어났었구나. 그런데 세준이는 할아버지께 양보를 해드렸고, 영진이는 그냥 앉아 있었구나. – 너희들에게도 이런 일이 생겼다면 과연 너희들은 어떻게 했을까? – 다리가 아팠지만 할아버지께 자리를 양보해 드린 세준이의 행동이 옳다고 생각하는 친구? 너희들 중 3명이 세준이의 배심원이 되어 주자. – 다리가 아팠기 때문에 자리를 양보하지 못한 영진이의 행동이 옳다고 생각하는 친구? 너희들 중 3명이 영진이의 배심원이 되어 주자 – 배심원들은 이쪽으로 앉자. – 선생님은 사회자가 되어서 너희들의 생각을 정리해 줄게.	어떠한 사실이나 상황의 옳고 그름과 좋고 나쁨을 가려내기
● **양쪽 배심원들은 주어진 문제에 대한 자신들의 생각을 말하며 토론한다.**	

예

〈세준의 배심원〉	〈영진의 배심원〉
엄마한테 이런 얘기 자주 들었는데 아픈 사람에게 몸에서 그 사람이 필요한 부분이 없어져서 자기 폐나 이런 것을 주는 사람들도 있대. 그 사람들처럼 못하지만, 양보해서 손잡이를 잡거나, 한 발은 아프니까 이렇게 들고 있으면 될 것 같아. 할아버지, 할머니한테는 자리를 양보하는 거라고 배웠잖아.	너무너무 아픈데 그냥 일어나? 내 몸도 중요하잖아. 나도 많이 아프잖아. 할아버지가 많이 편찮으신 것처럼 보이면 양보하지만 지금 그렇지 않다면 "할아버지, 죄송한데요, 제가 오늘 놀이터에서 다리가 다쳐서 아프거든요. 제가 앉아 있을게요." 이렇게 말하고 내릴 때 "정말 감사합니다." 말하고, 그 때 할아버지가 다시 앉으면 되잖아 말 한 번 해볼 수도 있잖아?

● **청중인 유아들은 양쪽 배심원에게 질문을 하거나 자신의 의견을 말한다.** – 양쪽 배심원들의 말을 들어보니 어때? – 배심원들에게 물어 볼 것이 있는 사람? – 여러 배심원들의 생각을 들어보니 너희들 생각은 어떠니? 만약에 나에게 이런 일이 생긴다면 어떻게 행동하는 것이 가장 좋을까?	다양한 해결방법을 비교 · 분류 · 대조하기 분명하고 설득력 있게 표현하기
● **토론 결과를 정리해 본다.** – 선생님이 오늘 있었던 토론 내용을 정리해서 말해 줄게.	최선의 해결방안 선정하기

활동의 유의점	• 교사는 배심원들 간에 상호 토론과 반대 질문도 하고, 청중도 질문과 의견을 말할 수 있도록 적극적 참여를 유도한다. • 사회자는 한쪽 배심원의 의견에 치우쳐 토론 분위기를 편파적으로 이끌지 않게 유의하며, 누구의 의견이 옳고 그른지를 결론내리기 보다는 가장 현명하게 상황을 해결할 수 있는 방법을 모색하는 것에 중점을 둔다.
확장활동	• 모의법정놀이로 확장할 수 있다.

다섯째, 의미 중심형의 토론은 주어진 동시나 동화를 감상하고 창의적이고 논리적으로 따져보는 활동이다. 글 속에 있는 문제를 찾아내어 다른 입장을 비판적으로 생각하고 내 의견과 비교하면서 생각을 정리하여 표현하는 것이다.

(2) 토론의 활성화를 돕는 질문

모든 궁금증은 창의력의 발원이며 좋은 질문은 문제 해결의 실마리다. 토론을 통하여 논리 · 창의적 사고를 향상시키기 위해서는 발문은 무척 중요하다. 좋은 발문은 토론에 대한 유아들의 동기와 의욕을 고취시켜 주며, 수업의 성패를 좌우하기도 한다. 그러므로 토론을 활성화하기 위해서 교사는 유아들이 각자 주장을 펼치고, 반론을 제시하고, 근거를 대며 상대방을 설득시키고, 좀 더 새로운 관점에서 문제를 살펴보며 해결안을 제시하도록 돕는 발문을 던져야 한다. 논리 · 창의를 기초로 한 토론 수업에서 본 교재 제 I 장과 연관지어 질문을 표로 작성하면 다음과 같다.

<table>
<tr><th>문제 해결 단계</th><th>논리적 요소</th><th>창의적 요소</th><th>논리 · 창의를 기초로 한 토론을 돕는 질문</th></tr>
<tr><td>문제의 발견 및 정의</td><td>• 문제와 개념 명료화하기
(문제 파악하기)
• 문제의 원인 인식하기
• 문제 해결을 위한 정보 수집하기</td><td>• 어떤 장면이나 상황에 대해 스스로 문제 제기하기
• 당연하게 받아들여졌던 사실에 대해 의문 품기
• 다양한 시각으로 상황과 문제 조망하기
• 새로운 가능성을 탐색하기</td><td>• 그게 사실일까? 과연 그럴까?
• ~이 옳다고(그르다고) 생각하니? 왜?
• 모두 그럴까? 항상 그럴까?
• 사람들은 왜 항상 ~하다고 할까?
• ~에서 문제가 뭘까?
• ~했대. 이유는 뭘까?
• 여기서 말하는 ~는 무슨 뜻일까?
• ~은 무엇을 나타낸 걸까?
• ~는 무엇을 위해서 ~한 걸까?
• ~가 왜 그럴까? 왜 이런 일이 벌어졌을까?
• ~과 ~는 어떤 관계가 있는 걸까?</td></tr>
<tr><td>자료 탐색 및 해결안 발견</td><td>• 판단 유보하기
• 어떠한 사실이나 상황의 옳고 그름과 좋고 나쁨을 가려내기
• 순서화하기
• 다양한 해결방법을 비교 · 분류 · 대조하기
• 개념이나 사물을 그 속성이나 요소로 분석하기
• 요점과 요지 및 의도 파악하기
• 원인과 결과 관계 분석하기
• 논리적 근거 찾기
• 오류 찾기
• 논리를 근거로 추론하기
• 나열되어 있는 개념을 하나의 의미로 종합하기
• 개선안 제시하기
• 반대되는 주장이 있을 가능성 따져 보기
• 결과 예측하기</td><td>• 주어진 정보를 기초로 상상하기
• 가능한 많은 양의 아이디어 산출하기
• 고정적인 사고방식을 변화시켜 다양한 해결책 찾아내기
• 기존의 사고에서 탈피하여 희귀하고 참신한 아이디어나 해결책을 산출하기
• 문제를 다양한 관점에서 조망하기
• 아이디어를 정교하게 다듬어 발전시켜 표현하기</td><td>• 또 다른 방법은 뭘까? 다르게 생각해 본다면?
• 반대로 생각해 본다면? 난 다르게 생각해요! 하는 사람?
• 만약 ~하기 위해 일부러 ~한 행동을 했다면?
• 지금 ~라고 말한 것을 모든 것이 그렇다고 말할 수 있을까?
• 내가 만약 ~라면 어떻게 할까?
• ~에는 공통점이 있어. 무엇일까?
• 무엇을 보고 그렇게 생각했니?
• 넌 그걸 어떻게 알 수 있었니? 어디서 (듣고, 보고, 읽고) 알게 되었는데?
• 너희들은 ~한 적이 있었니?
• 이럴 때 어떻게 해야 할까?
• ~게 해결하는 것이 좋을까? 제일 나을까?
• ~결정한 대로 직접 해봤을 때 어떤 일이 벌어질 수도 있을까?
• 그렇게 하면 결국 어떻게 될까?</td></tr>
<tr><td>실행 및 평가</td><td>• 최선의 해결 방안 선정하기
• 결정된 입장 시각화하기</td><td>• 개념을 통일해 하나의 의미로 정립하기</td><td>• 여러 가지 방법 중 어떤 방법이 가장 좋을까?
• ~을 위해 내가 직접 할 수 있는 일은 뭘까?</td></tr>
</table>

문제 해결 단계	논리적 요소	창의적 요소	논리 · 창의를 기초로 한 토론을 돕는 질문
실행 및 평가	• 분명하고 설득력 있게 표현하기 • 적용하고 평가하기	• 다양한 표현하기 • 실행 후 발견된 문제를 해결할 수 있는 방법 생각하기	• 너희들이 함께 생각한 해결방법대로 실제로 해보고나서 어땠는지 이야기해 보자. • 그 중 내가 해볼 수 있는 방법은 무엇일까? • 그렇게 했을 때 어떤 문제가 일어날 수도 있을까? • 직접해보니 별 효과가 없었다고 하는데 무엇이 잘못된 걸까? 어느 부분을 바꾸면 좋을까?

3. 논리와 창의성 발달을 위한 동화 · 동시 활동의 실제

동화는 '어린이를 대상으로 창작되거나 전래되어 온 흥미 있는 이야기'로 현실과 환상이 골고루 담겨 있는 문학의 형태이다(주영희, 2001). 동시는 단어의 반복과 운율, 유머스러운 표현, 서정성과 상상력을 바탕으로 한 함축적인 표현의 형태이다. 동화, 동시는 유아에게 아름답고 정선된 언어적 자극을 제공해 줄 뿐 아니라 유아가 현실과 환상의 세계를 자유롭게 넘나드는 여행을 통해 상상력과 사고력, 창의력, 심미적 감상력을 기를 수 있도록 돕는다는 점에서 매우 유익하다. 더욱이 감각적이고 직관적이며 감성이 풍부한 유아들에게 있어 동화와 동시는 다양한 놀이의 출발점이 될 수 있다. 특히 유치원의 일과에서 동화와 동시는 대 · 소집단 활동과 자유선택 활동 모두에서 활용 정도가 높고, 다양한 영역의 활동으로 연결될 수 있어 논리 · 창의 교육의 꾸준한 실천을 위한 장으로 높은 가치를 지닌다.

1) 동화 · 동시와 논리 · 창의적 사고의 관계

동화를 통해 유아들은 새로운 낱말을 접하며 익힌 낱말을 활용해 볼 수 있는 기회를 갖게 된다. 또한 유아는 동화 내용이나 순서, 인과관계 등을 이해하고 내용을 기억하여 표현하는 과정에서 지식과 개념을 재구성하는 경험을 한다. 뿐만 아니라 유아는 동화 속 주인공과의 자연스러운 동일시를 통해 간접적으로 주인공의 문제 해결 과정을 경험하며, 주인공이 당면한 또는 가상의 문제 상황에 대한 나름의 해결 방법을 자유롭게 상상해 볼 수도 있다(권복란, 2007).

동시 속에는 유아의 일상적 경험들이 상징과 비유적으로 표현되어 있어 유아는 동시 경험을 통해 사물을 자세히 관찰하고 구체적으로 묘사하는 기회를 가지며 감각적이고 창의적인 표현력과 풍부한 감성을 기를 수 있다. 유아들이 동시를 감상하고 짓는 활동은 감각적인 표현에 대한 즐거움과 풍부한 감성, 창의력의 발달과 밀접하게 관련된다.

이와 같이 동화 · 동시는 그 내용에 대해 유아가 나름대로의 의미를 형성하고, 자신의 해석에 따라 내용을 재창조할 수도 있기 때문에 유아의 확산적 사고를 촉진해 주는 좋은 매체가 될 수 있다. 또한 상황(장면)에 어울리는 또 다른 낱말을 찾아보거나 동화 속에 제시된 문제를 창의적으로 해결하는 과정에서 단순히 해결책을 제시하기보다는 적절한 단계 등을 밝히고, 이러한 해결책의 실행 가능성과 관련한 적절한 이유 등을 논리적으로 설명하는 과정을 경험해 볼 수 있다는 점에서 유아의 논리 · 창의 교육을 위한 효과적인 활동이 될 수 있다(McGee & Richgels, 1990; 손정화, 김영주, 2007에서 재인용).

2) 동화 · 동시를 통한 논리 · 창의 교수 방법 및 실제

동화 · 동시를 활용한 논리 · 창의 교육은 낱말놀이, 상상하며 읽기, 궁금한 것에 대해 알아보기, 등장인물에 대한 생각 모으기, 흉내 내는 말과 비유적인 표현을 찾아보고 활용하기, 근거를 바탕으로 적합한 해결 방법 찾기 등의 다양한 방법(이은주, 이용, 2007)을 중심으로 다음과 같은 활동을 통해 전개될 수 있다.

(1) 낱말놀이

동화 · 동시 속에 나오는 다양한 낱말들을 살펴보고 특정 낱말을 찾아보거나 낱말을 가지고 놀아 보는 것은 동화 · 동시의 내용에 대한 유아의 이해를 돕고 흥미를 유지시킬 뿐만 아니라 언어적 유창성을 증진시키는 데에도 효과적이다. 즉 유아는 낱말을 다루어 보는 활동을 통해서 낱말의 의미를 이해하고 맥락에 어울리는 낱말을 유추하며, 정확한 묘사와 발음 연습의 기회를 갖는다. 또한 낱말놀이의 다양한 규칙을 이해하고 상황에 알맞게 적용하는 과정을 경험할 수 있다.

어휘력 확장을 위해서는 일상에서 자주 경험하게 되는 말놀이 방식으로 접근하는 것이 효과적이며, 재미있고 자연스럽게 어휘를 익히도록 돕는 구체적인 방법으로는 끝말잇기, 이름 대기, 수수께끼, 스무고개, 비슷한 말 · 반대말 찾기 등이 있다.

① 수수께끼

어떤 사물의 본질이나 속성을 비유로 하거나 또는 빗대어서 그 말의 뜻을 알아맞히는 놀이로서 활동의 도입 부분에서 활용하기에 적합하다.

〉〉〉 활동의 예

활동명	노랫말 수수께끼	생활주제	우리나라
활동유형	대 · 소집단 활동 – 음악	활동연령	만 4세
활동목표	• 신체의 각 부분을 이르는 다양한 어휘들을 찾아본다. • 새로운 낱말에 관심을 가지고 그 의미를 이해한다.		
누리과정 관련 요소	• 의사소통: 말하기 – 느낌 · 생각 · 경험 말하기 – 낱말과 문장듣고 이해하기 듣 기 – 동요 · 동시 동화 듣고 이해하기, 낱말과 문장 듣고 이해하기		
활동자료	노랫말 카드(전래동요 '숨바꼭질' – '우리놀이 우리 가락' – 경기도 교육청 전래동요 이렇게 가르쳐 보세요– 국립국악원) 수수께끼를 위한 낱말 그림 자료(머리카락, 옷자락, 발꿈치, 치맛자락, 나무, 장독)		

활동자료	꼭꼭 숨어라 머리카락 보인다. 꼭꼭 숨어라 옷자락이 보인다. 꼭꼭 숨어라 발꿈치가 보인다. 꼭꼭 숨어라 치맛자락 보인다. 꼭꼭 숨어라 나무 뒤에 숨어라. 꼭꼭 숨어라 장독 뒤에 숨어라. 꼭꼭 숨어라 잘 앉아 숨어라.	꼭꼭 숨어라. 꼭꼭 숨어라. 텃밭에도 안 된다. 상추씨앗 밟는다. 꽃밭에도 안 된다. 꽃모종을 밟는다. 울타리도 안 된다. 호박순을 밟는다. 종종머리 찾았네. 장독대에 숨었네. 까까머리 찾았네. 방앗간에 숨었네. 빨간 댕기 찾았네. 기둥 뒤에 숨었네.
사전활동	• 동화 '어디 어디 숨었니?'를 듣는다. • 바깥놀이 시간에 숨바꼭질 놀이를 한다.	

활동내용	논리 · 창의 관련 요소
● **숨바꼭질을 해본 경험에 대해서 이야기 나눈다.** – 바깥놀이 시간에 어떤 놀이를 했었니? – 어떤 역할을 맏았었니? – 놀이를 해본 느낌이 어떠니? 어떤 점이 재미있었니(힘들었니)? – 숨바꼭질을 잘 모르는 동생에게 놀이 방법을 설명해 준다면 어떻게 할 수 있겠니? – 꼭 지켜야 하는 놀이 약속이 있었니? 무엇이었니?	숨바꼭질에 관한 이전 경험을 회상하여 순서대로 말하기
● **유아들이 알고 있는 숨바꼭질 노래를 불러 본다.** – 친구들이 숨을 장소를 찾아서 숨는 동안 술래는 어떻게 했었니? – 우리도 ○○가 했던 것처럼 '무궁화 꽃이 피었습니다'라는 노래를 불러 보자. 느낌이 어떠니? – 친구들이 잘 숨는 동안 또 어떤 노래를 부르면서 기다리면 좋을까? – 왜 그렇게 생각했니?	가능한 아이디어를 모두 산출하기
● **숨바꼭질 노래를 배운다.** – 옛날 어린이들도 숨바꼭질을 하면서 어떤 노래를 불렀었대. 으리가 그 노래를 함께 배워 보면 어떨까?	
● **수수께끼를 풀면서 동요에 등장하는 낱말을 알아본다.** – 어떤 노래인지 알 수 있도록 노래 속에 나오는 낱말들을 수수께끼로 내줄게. 잘 듣고 무엇인지 알아맞혀 보자. – "이것은 점점 자라나는 거야." "이것은 아주 가늘고 우리 몸에 붙어 있어." "이것을 예쁘게 꾸미기 위해 미용실에 간단다. 이것은 무엇일까?"	주어진 정보를 기초로 상상하기

"이것은 아주 뚱뚱해." "이것은 깨질 수 있기 때문에 아주 조심해야 해." "이것 속에 무엇을 담을 수 있어." "김치나 된장, 고추장 같은 음식을 잘 보관해 주는 것이지." "이것은 무엇일까?"	아이디어를 다듬고 발전시키기
● **숨바꼭질 노래를 들어본다.** – 노래를 들어 보니까 어떤 느낌이 드니? – 기억나는 노랫말을 모두 말해볼 수 있겠니? – 노래의 제목은 무엇일까? – 왜 그렇게 생각하니?	개념이나 사물을 그 속성이나 요소로 분석하기 논리적 근거 찾기, 논리를 근거로 추론하기
● **숨바꼭질의 노랫말을 알아본다.** – 가장 많이 나오는 노랫말을 찾아보자? – 같은 말이 여러 번 반복되니까 느낌이 어떠니? – 그래, 같은 말이 여러 번 나오면 재미있는 느낌이고, 또 금방 외울 수 있어서 노래를 쉽게 부를 수도 있겠구나. – 노랫말 중에서 우리 몸에 있는 어떤 부분의 이름을 찾아볼 수 있겠니? – 발꿈치가 내 몸의 어디에 있는지 짚어 보자. – 팔꿈치는 어디에 있니? 내 몸에 있는 팔꿈치를 모두 짚어 보자. – 우리 몸의 이곳저곳을 부르는 특별한 이름들이 있구나. 선생님이 노래 불러 주는 곳을 손으로 짚어 볼 수 있겠니? "꼭꼭 숨어라 이마가 보인다", "꼭꼭 숨어라 무릎이 보인다"	다양한 해결책을 찾아내기
● **다양한 방법으로 노래를 부른다.** – 어떤 방법으로 노래를 부르면 더 재미있을까? 노래를 재미있게 부르는 방법을 생각하여 말해 보자. – 만약 개미가 숨바꼭질을 부른다면 어떻게 부를까? – 그래, 개미처럼 아주 작은 목소리로 불러 보자. – 그러면 코끼리처럼 큰 동물이 이 노래를 부른다면 어떨 것 같니? – 코끼리의 울음소리처럼 우렁차게 노래를 불러 보자. – 노래를 부르면서 또 흉내 내고 싶은 동물이 있니? – ○○는 다람쥐를 흉내 내면서 불러 보고 싶대. – 다람쥐의 어떤 점을 흉내 내면 좋을까? – 아! ○○의 생각대로 다람쥐가 뛰어가는(달팽이가 기어가는) 것처럼 빠르게(느리게) 불러 볼까? ● **한 유아씩 숨바꼭질 노래를 이어 부르면서 다음 활동 장소로 이동한다.**	주어진 정보를 기초로 상상하기

활동의 유의점	• 수수께끼는 어려운 단계부터 쉽게 연상할 수 있는 단계로 전개되도록 한다.
확장활동	• 신체 부위의 이름이 나오는 노랫말 부분에서 그 부분을 짚어가면서 노래 부른다. • 신체의 다른 부분의 이름(낱말)을 넣어 노랫말을 재구성한다.

② 어울리는 낱말 찾기

주어진 상황에 어울리는 말을 찾아서 말하는 활동으로 유아가 알고 있는 낱말을 확인하고 새로운 낱말을 익힐 수 있는 기회가 되며, 주어진 맥락에 가장 적절한 낱말을 선택하여 사용하는 능력이 길러질 수 있다.

》》 활동의 예

활동명	○○에 들어갈 낱말은?	생활주제	나와 가족
활동유형	대 · 소집단 활동 – 동시 감상	활동연령	만 5세
활동목표	• 동시를 듣고 빠진 부분에 어울리는 낱말을 찾을 수 있다. • 새로운 낱말에 관심을 가지고 그 의미를 이해한다.		
누리과정 관련요소	• 의사소통 : 말하기 – 낱말과 문장듣고 이해하기, 느낌 · 생각 · 경험 말하기 듣 기 – 동요 · 동시 · 동화 듣고 이해하기, 바른 태도로 듣기		
활동자료	동시자료 : '엄마는 대번 아세요' – 윤석중 내 목소리인지 아닌지 엄마는 대번 아세요 내 발소린지 아닌지 엄마는 대번 아세요 내가 배가 고픈지 안 고픈지 엄마는 대번 아세요 내가 어디가 아픈지 안 아픈지 엄마는 대번 아세요 내가 정말 자는지 안 자는지 엄마는 대번 아세요		
사전활동	• 동요 '어머니'를 듣는다.		

활동내용	논리 · 창의 관련 요소
● **동시의 '엄마' 부분을 제외하고 나머지 내용을 천천히 들어 본다.** – 오늘 우리는 '○○는 대번 아세요' 라는 제목의 동시를 들어 보자. ○○ 속에 어떤 말이 어울릴지 잘 생각하면서 들어 보자. – 내 목소리인지 아닌지 ○○는 대번 아세요 내 발소린지 아닌지 ○○는 대번 아세요 ⬇ ● **동시를 다 듣고 나서 ○○ 부분에 어울리는 낱말에 대한 자신의 생각과 그렇게 생각한 이유를 말한다.** – 동시를 들으면서 생각나는 사람이 있었니? 누구였니? – 왜 엄마가 생각났을까? – ○○에 어떤 낱말이 들어가면 어울릴 것 같니? – 그렇게 생각하는 이유가 무엇이니?	주어진 정보를 기초로 상상하기 요점과 요지 및 의도 파악하기 논리적 근거로 추론하기
● **○○ 부분에 '엄마'를 넣어 한 번 더 동시를 듣는다.** – '엄마' 라는 말을 넣어서 동시를 다시 들어 보니까 어떠니? 너희들의 생각이 맞는 것 같니? ● **동시자료를 보면서 동시를 소리 내어 읽는다.**	원인과 결과 관계 분석하기
● **동시에 대한 느낌과 생각에 대해 이야기 나눈다.** – 동시를 읽어보니까 어떤 느낌이 드니? – 동시를 들으면서 생각나는 일이 있었니? – 내 발소린지 아닌지 엄마는 어떻게 알 수 있을까? – 사람마다 발소리가 다른 걸까? 어떤 점이 다르다고 생각하니? – 내가 배가 고픈지 안 고픈지 엄마는 어떻게 알 수 있을까? 무엇을 보고 알 수 있을까? – 그래, 얼굴 표정을 보고 알 수 있겠구나. 또 배에서 꼬르륵 하고 나는 소리를 듣고도 알 수 있겠구나. – 내가 아픈지 안 아픈지(잠을 자는지 안 자는지) 어떻게 알 수 있을까? – 그래, 기침을 하거나 열이 나거나 배가 아프다고 말했을 때 알 수 있겠구나.	논리적 근거로 추론하기 문제를 다양한 관점에서 조망하기
● **새로운 낱말(모르는 낱말)에 대해 알아본다.** – 동시 속에 잘 모르는(어려운) 낱말이 있는지 살펴보자. – '대번 아세요' 에서 '대번' 이란 무슨 뜻일까? – 그래, '대번 안다' 라는 것은 '한 번에 금방 안다' 는 뜻이란다.	가능한 많은 양의 아이디어 산출하기

	● 동시의 연을 새롭게 추가해 본다. – 엄마는 또 어떤 것을 대번에 아실까? 예 내가 놀고 싶은지 안 놀고 싶은지 엄마는 대번 아세요. 내가 슬픈지 안 슬픈지 엄마는 대번 아세요	참신한 아이디어 산출하기
활동의 유의점	• 유아들이 근거를 바탕으로 자신의 생각을 말할 수 있도록 안내한다. • 새로운(어려운) 낱말을 찾고 그 의미에 대해서 알아볼 때, 그 낱말이 쓰여진 다른 자료가 있으면 함께 제시하여 그 쓰임새를 비교해 볼 수 있다.	
확장활동	• 동시를 들으면서(암송하면서) 생각나는 장면을 그림으로 그린다. • 유아들의 동시 낭송을 녹음하여 언어 영역에서 다시 들어 본다.	

③ 의미지도 만들기

'의미지도 만들기' 활동은 동화 내용과 관련된 유아의 배경지식을 확인하거나 동화를 읽은 후 새로 알게 된 낱말들을 정리해 봄으로써 책의 내용을 깊이 오래 오래 기억하도록 하는 데 효과적이다. 또한 유아가 동화 속에 나온 각 낱말들 간의 관련성과 이야기의 구조를 파악하는 데 도움이 되며, 사물이나 현상의 속성에 대한 관련성을 찾고 범주화해 보는 경험을 통해 논리적 사고의 증진에 도움이 된다.

의미지도 만들기의 구체적인 활동 방법은 다음과 같다.

1단계(브레인스토밍) ➡ **2단계(범주화)** ➡ **3단계(의미지도로 정리하기)**

1단계(브레인스토밍)

〈'눈 오는 날'하면 생각나는 낱말 모두 모으기〉
눈사람, 겨울, 눈싸움, 뽀드득, 모자, 장갑, 부츠, 코트, 썰매, 스키, 스케이트, 트리, 크리스마스, 선물, 산타 할아버지, 루돌프, 흰색, 밀가루, 소금, 목도리, 감기, 미끄러지는 것, 설날, 손난로

2단계(범주화)

- **필요한 물건**: 모자, 장갑, 부츠, 코트, 목도리, 손난로
- **놀이**: 눈사람 만들기, 눈싸움, 썰매, 스키, 스케이트
- **절기**: 겨울, 설날, 크리스마스, 트리, 산타 할아버지, 루돌프, 선물
- **눈의 특징**: 뽀드득, 밀가루, 소금, 미끄러지는 것

3단계(의미지도로 정리하기)

눈 오는 날

필요한 물건
모자, 목도리, 장갑, 부츠, 손난로

절기
겨울, 설날
크리스마스
산타할아버지,
트리, 선물

눈의 특징
밀가루
소금
미끄러짐
뽀드득

놀이
썰매, 눈사람, 눈싸움,
스키, 스케이트

》활동의 예

활동명	관련된 낱말끼리 모아 보세요	생활주제	나와 가족
활동유형	대 · 소집단 활동 – 언어	활동연령	만 5세
활동목표	• '엄마'라는 낱말을 중심으로 연상되는 낱말을 생각하여 말한다. • 새로운 낱말에 관심을 가지고 그 의미를 이해한다. • 낱말들 간의 관련성을 찾고 범주화할 수 있다.		
누리과정 관련 요소	• 의사소통 : 말하기 – 낱말과 문장 듣고 이해하기, 느낌 · 생각 · 경험 말하기 쓰 기 – 쓰기에 관심 가지기		
활동자료	동시자료 : '엄마는 대번 아세요' – 윤석중, '낱말 모으기' 벽면 자료, 쓰기 도구, 포스트 잇(10cm×7.5cm)		
사전활동	• 엄마와 내가 함께 있는 장면을 그림으로 그린 후 서로 소개한다.		

활동내용	논리 · 창의 관련 요소
● **동시 '엄마는 대번 아세요'를 들으면서(낭송하면서) '엄마'를 연상해 본다.** – 동시를 다시 낭송해 보니까 어떤 느낌이 드니? – 지금 엄마는 무얼 하고 계실까? 어디에 계실까? – 엄마의 모습을 마음속에 떠올려 보자. – 엄마를 생각하니까 어떤 느낌이 드니? 생각나는 것이 있니?	주어진 정보를 기초로 상상하기
● **'엄마'와 관련하여 연상되는 장면이나 단어, 사물들에 관해 이야기한다.** – '엄마' 하면 떠오르는 것들을 모두 말해 보자. – '엄마' 하면 생각나는 물건이 있니? 어떤 것들이니? – 왜 그것이 생각났을까? – '엄마' 하면 떠오르는 일이 있니? – 엄마는 어떤 것들을 좋아하실까(싫어하실까)? – 엄마는 어떤 일들을 하시니? – 엄마가 주로 가는 장소는? – '엄마' 하면 또 어떤 낱말이 생각나니? ● **'엄마'에 대한 유아들의 아이디어들을 포스트잇에 적어서 '엄마 낱말 모으기 벽'을 구성한다.**	주제에 대한 아이디어를 가능한 한 많이 산출하기

● **낱말 모으기 벽이 완성되면 유아들과 함께 각 낱말을 읽어 본다.** – 낱말 벽을 읽어보니까 엄마에 대한 낱말들이 다 모여 있는 것 같니? – 혹시 엄마에 대한 낱말이 아니라고 생각되는 것도 있니? 어떤 것이 그러니? – 왜 그 낱말이 엄마와 상관없다고 생각하니? – 그러면 이 낱말을 생각한 친구에게 그 이유를 물어보면 어떨까? – ○○야, 엄마에 대해서 이 낱말이 떠오른 이유를 말해주겠니? – 그렇구나. ○○는 엄마가 수영하는 걸 좋아하고 잘하셔서 '수영선수'라는 말이 생각났대.	결과의 진위 여부 판단하기 논리를 근거로 추론하기
● **낱말들의 관련성을 찾아보고 공통성이 있는 것들끼리 범주로 묶는다.** – 여기 있는 낱말들 중에서 서로 비슷한 점이 있는 것끼리 모아볼 수 있겠니? – '엄마가 사용하는 물건'이라는 이름의 주머니에는 어떤 낱말들이 들어가면 좋을까? – 그래, '가방', '구두', '전화기' 등이 들어갈 수 있겠네. – 또 어떤 낱말들을 같은 주머니에 넣어 줄 수 있겠니? – 왜 그렇게 생각하니?	다양한 해결 방법을 비교, 분류, 대조하기
● **재구성된 낱말 벽을 보고 바꾸어야 할 내용이 있는지, 추가되어야 할 내용이 있는지 검토한다.** – 낱말 주머니마다 어떤 낱말들이 들어 있는지 소리내서 읽어보자. – 낱말들이 알맞은 주머니에 들어가 있는 것 같니? – 혹시 자리를 바꾸어야 할 낱말들이 있는지 잘 살펴보자. – 바꾸고 싶은 부분이 있니? – 그렇게 생각하는 이유는 무엇이니?	오류 찾기 개념이나 사물을 그 속성이나 요소로 분석하기

활동의 유의점	• 유아들이 자신의 느낌과 생각을 자유롭게 펼쳐낼 수 있도록 판단 또는 평가하지 않고 수용해 준다. • 낱말을 범주화하는 과정에서 유아의 생각과 근거가 되는 아이디어를 수용적으로 잘 들어주되, 다른 유아들과 함께 그 적절성에 대하여 검토하기 위한 토의를 충분히 거친 후 합의를 통해서 결과를 결정하도록 한다.
확장활동	• 다른 준거를 중심으로 한 낱말 범주화 활동을 한다.

(2) 상상하며 읽기

동화(동시)의 제목이나 그림과 같은 단서를 기초로 다음에 어떤 일이 벌어질지 상상해 보는 활동을 통해 유아는 논리적 사고의 기본인 예측하기를 경험할 수 있다. 또한 동화 속 주인공이 왜 그런 행동을 했는지 생각해 보고 유아 자신이 그런 비슷한 일을 겪은 적이 있는지 경험을 떠올려 보거나 동시의 내용을 듣고 제목을 상상해 보는 것은 추론을 연습하는 좋은 기회가 된다. 상상하며 읽기를 위한 구체적인 전략은 다음과 같다.

① 동화(동시)의 제목이나 표지 그림을 보고 상상하기

동화를 듣기 전에 먼저 제목과 삽화를 보고 어떤 이야기일지 상상해 보는 것은 주어진 상황을 단서로 가능한 한 많은 것을 연상해 보는 경험이 되어 유아의 창의적 사고 영역 중 유창성 증진에 도움이 된다. 또한 동화의 제목을 보면서 자신이 겪었던 비슷한 경험을 떠올려 보는 것은 특정의 대상을 기존의 것과 연결지어 생각하는 능력인 유추성의 증진에 긍정적인 영향을 미친다. 표지 그림과 제목의 일부만을 보여주고 가려진 부분에 어떤 글자가 숨어 있을지 생각하는 활동 또한 주어진 단서를 활용하여 보이지 않는 내용을 유추해 보는 연습으로 의미가 있다. 이때 유아들이 유추해 낸 아이디어들에 대해서 가장 적합한 아이디어를 선정해 보는 과정은 아이디어의 실제적 가치를 고려하여 발전시키는 창의적 사고의 정교성 증진에 도움이 될 수 있다.

》》 활동의 예

활동명	동화의 제목은 무엇일까요?	생활주제	우리나라
활동유형	대 · 소집단 활동 – 동화	활동연령	만 5세
활동목표	• 표지 그림을 보고 어떤 이야기인지 상상하여 말한다. • 다양한 맥락을 참고하여 동화의 제목이 무엇인지 유추할 수 있다.		
누리과정 관련 요소	• 의사소통 : 말하기 – 느낌 · 생각 · 경험 말하기 듣 기 – 이야기 듣고 이해하기, 동요 · 동시 · 동화듣고 이해하기		
활동자료	동화자료 : 「어디 어디 숨었니?」 – (김향금 글, 곧은 나무), 동화 제목 부분 카드		
사전활동	• 전통놀이를 한다.		

활동내용	논리 · 창의 관련 요소
● 동화의 표지 그림(제목은 가려놓은 상태)을 보면서 관찰한 내용을 이야기 나눈다. – 여기는 어디일까? 이런 집을 본 적이 있니? 어디에서 보았니? – 그래, 요즈음에는 많이 볼 수 없지만 우리 선조들께서는 오랜 옛날부터 이러한 모양의 집을 짓고 살았대. 이렇게 생긴 집을 우리의 전통 '한옥' 이라고 부른단다. – 그림 속에 누가 있니? 이 아이들은 지금 무엇을 하고 있는 것일까? – 나무에 이마를 대고 돌아서 있는 아이는 뭘 하고 있는 것 같니? – 너희들도 이 아이들처럼 해 본 적이 있었니? – 어디 어디에 숨어보았니? 술래를 할 때는 어떻게 했었니? – 이 놀이의 이름을 알고 있니? – 지금까지 너희들이 발견한 것들을 정리하여 말해 볼게. 잘 들어보고 빠진 내용이 있으면 이야기해 주렴. 여러 명의 아이들이 옛날 집(한옥)에 모여 숨바꼭질 놀이를 하고 있구나. 혹시 더해야 할 이야기가 있니?	주어진 정보, 경험, 지식을 근거로 상상하기 나열되어 있는 정보들을 요약하기
● 다양한 정보를 활용하여 어떤 이야기인지 상상해 본다. – 이 동화 속에는 어떤 이야기가 들어 있을 것 같니? – 무엇을 보고 그렇게 생각했니? – 이 동화의 제목을 알 수 있을까? – 동화의 제목을 알아보는 방법에는 어떤 것이 있을까? 먼저 우리는 동화의 표지 그림을 관찰하여 어떤 이야기인지 상상해 봤어. – 동화의 제목을 알아볼 수 있는 나만의 방법이 있다면 소개해 보자. – ○○는 동화의 그림만 빨리 보여주면 알아맞힐 수 있을 것 같대. 너희들도 ○○의 방법에 찬성하니? – ○○는 동화 제목의 글자 수를 알면 더 쉽게 맞힐 수 있을 것 같다는데, 너희들 생각은 어떠니? – 좋아, 동화의 제목에 있는 글자 수 만큼 손뼉을 쳐줄게. 잘 세어 보자. – 동화의 제목은 모두 몇 글자인 것 같니? – 그래, 모두 일곱 글자야. 그런데 제목에 같은 말이 두 번 반복된단다. – 조금씩 차례대로 보여줄 테니까 어떤 제목인지 생각해보자. 어○ ○○ ○○○? – '어' 자로 시작하는 제목이구나. 어떤 제목인지 알 수 있겠니?	다양한 해결책 찾아내기 참신한 아이디어나 해결책 산출하기 문제 해결을 위한 정보 수집하기 주어진 정보를 기초로 새로운 아이디어 산출하기

어디 ○○ ○○○? – '어디' 라는 말이 들어가는 제목은 무엇일까? 어디 어디 ○○○? – 예상한 글자가 나왔니? 같은 말이 두 번 반복되었네. – ('?'을 보며) 이런 표시를 본 적이 있니? 어떤 때 사용하는 표시일까? 그래, 이것은 뭔가를 물어보는 말 뒤에 붙여 준다고 해서 물음표라고 한단다. 어디 어디 숨었○? – 자, '어디 어디 숨었' 다음에 올 마지막 한 글자는 무엇일까? – 술래인 친구가 숨어있는 친구들에게 이렇게 물어볼 것 같은데…. 어디 어디 숨었니? – 예상했던 제목이니? 동화의 제목을 함께 소리내어 말해보자. ● **동화를 듣는다.** ● **동화의 장면을 넘겨가며 다시 본다.**	결과 예측하기 최선의 해결방안 선정하기 적용하고 평가하기
● **동화의 장면 중에서 재미있는 부분을 찾아본다.** – 동화 중에서 어느 부분이 가장 재미있었니? – 아이들이 숨은 장소를 모두 말해 보자. – 용이가 마루 밑에 숨은 것은 잘 한 일인 것 같니? – 왜 그렇게 생각하니? – 만약 내가 용이였다면 한옥의 어디에 숨고 싶니? – 왜 그곳을 선택했는지 이야기해 보자.	순서화하기 다양한 해결 방법을 비교·분류·대조하기 다양한 시각으로 상황과 문제 조망하기 기존의 사고에서 벗어나 참신한 아이디어 산출하기
활동의 유의점	• 유아들이 자신들이 발견한 단서를 근거로 생각을 말할 때 수용적으로 들어주고 평가하지 않으며, 다른 유아들의 생각이 어떤지를 비교하여 들어보도록 안내한다.
확장활동	• 친구들과 숨바꼭질 놀이를 했던 경험을 그림으로 그린다. • 동화에서 소리(모양)를 나타내는 말들을 찾아서 낱말 책에 적는다.

② 동화 재구성하기

㉠ 뒷이야기 상상하기

동화(동시)를 들려주는 중간에 결과를 상상해 보거나 마지막 장면에서의 결말을 상상해 보는 활동은 유아로 하여금 현재 이야기의 맥락을 바탕으로 관련성 있는 결과를 예측해 보는 기회가 된다. 또한 정답이 주어지지 않은 상황에서 자신만의 독특하고 자유로운 상상을 마음껏 펼쳐 볼 수 있기 때문에 논리를 바탕으로 한 창의적 사고 연습의 기회로 적절하다.

이때 유아는 현재 없는(있는) 것에 대해 마치 있는(없는) 것처럼 상상해 보거나 존재하는 것의 위치를 바꿔 생각해 보면서 자신만의 독특한 상상의 세계를 만끽할 수 있게 된다. 유아들은 서로 상상의 세계를 공유하면서 앞의 유아가 제안한 아이디어에 자신의 아이디어를 더하여 연결짓거나 여러 개의 아이디어들을 서로 연합하여 새로운 결말을 만들어 내는 등 융통적이면서도 연결성 있는 사고를 발달시켜 간다.

이와 같이 동화를 통해 이야기를 구성해 보는 경험은 유아가 자신의 생각을 언어화하는 과정에서 생각을 논리적으로 연결하고 적절한 어휘를 선택하여 재구성하고 배열해야 하는 매우 능동적인 역할을 통해 확산적 사고를 키워 갈 수 있도록 돕는다(김수영, 정정희, 김경미, 2008).

》》 활동의 예

활동명	다음에 어떤 일이 일어날까?	생활주제	가을
활동유형	대 · 소집단 활동 – 동화	활동연령	만 4세
활동목표	• 이야기 맥락을 바탕으로 다음 이야기를 상상할 수 있다. • 새로운 이야기를 지어 보는 과정에 즐겁게 참여한다.		
누리과정 관련 요소	• 의사소통 : 듣 기 – 동요 · 동시 · 동화 듣고 이해하기 말하기 – 느낌 · 생각 · 경험 말하기		

활동자료	동화 자료 : 「커다란 무」 (이모토 요코 글, 삼성당), 동화 장면 낱장 그림(주요 장면 4~5장)
사전활동	• 고구마 캐기 체험 활동을 한다.

활동내용	논리 · 창의 관련 요소
● **동화의 표지 그림을 보면서 동화의 제목을 알아보고 어떤 이야기일지 상상해 본다.** – 그림 속에 무엇이 보이니? – 동화의 제목이 무엇인지 말해 보자. – 그래, 그림 속에 고양이보다 강아지보다 사람보다도 큰 무가 있구나. – 이렇게 큰 무를 본 적이 있니? – 어떻게 이렇게 큰 무가 생겨난 걸까?	문제 파악하기
● **동화를 들으면서 각 장면의 뒷이야기를 상상하여 말한다.** – 할아버지 혼자의 힘으로는 커다란 무를 뽑을 수 없었대. 할아버지는 커다란 무를 뽑기 위해 어떻게 했을까? – 할아버지와 할머니가 힘을 합쳤는데도 커다란 무를 뽑을 수 없었대. 할아버지와 할머니는 커다란 무를 뽑기 위해 또 어떻게 했을까? – 힘껏 무를 뽑기 위해 할아버지의 가족 모두는 또 뭐라고 외쳤을까? – 드디어 커다란 무가 쑤욱 하고 뽑혔네. – 가족들은 커다란 무를 어떻게 했을 것 같니? – 만약에 너희들이었다면 어떻게 하고 싶니? ● **동화의 장면을 넘겨가며 다시 본다.**	주어진 정보를 기초로 상상하기 다양한 아이디어 산출하기 참신하고 독특한 아이디어 산출하기
● **동화에 대한 느낌과 생각에 대해 이야기 나눈다.** – 동화 중에서 어느 부분이 가장 재미있었니? – 무를 뽑기 위해 할아버지 다음으로 온 사람은 누구였니? 그 다음엔? – 커다란 무를 뽑으면서 가족들은 어떤 생각을 했을 것 같니? – 만약 너희들이 할아버지의 손자(손녀)였다면 커다란 무를 뽑으면서 어떤 생각을 했을 것 같니? – 혹시 무가 너무 큰 것이 좋지 않다는 생각도 했을까? 왜 그렇게 생각했을까? – 가족들은 힘을 합쳐 뽑은 무로 무엇을 했니? – 모두 모여 맛있게 무국을 나눠먹는 모습을 보고 어떤 생각이 들었니?	문제를 다양한 관점에서 조망하기 반대되는 주장이 있을 가능성 따져보기

● 동화의 특정 장면을 중심으로 다음 이야기를 상상하여 이야기한다. – 할아버지와 가족들이 커다란 무를 뽑아낸 후 커다란 구멍이 단들어졌네. 그래서 가족들이 그 안을 들여다보았는데… 바로 그때, 엄청나게 신기한 일이 일어났대. 어떤 일이 일어났을까? 왜 그렇게 생각하니?		참신한 아이디어 산출하기
활동의 유의점	• 유아들의 재미있는 상상을 격려해 주되, 확산적 사고와 비판적 사고가 번갈아가면서 일어날 수 있도록 알맞게 발문한다.	
확장활동	• 커다란 무가 뽑힌 구멍에서 어떤 일이 일어났을지를 상상해 보고 그림으로 그린다. • '커다란 무' 동극 활동을 한다.	

㉡ 상상 이어 이야기 꾸미기

동화(동시)의 표지와 제목에서 시작하여 이야기의 처음부터 새로운 이야기를 꾸며가는 활동으로 유아가 혼자 전체 이야기를 꾸미는 것이 아니라 또래들끼리 돌아가며 한 장면씩 이야기를 만들어 가는 방법이다. 친구들과의 협동적인 이야기 꾸미기(동시 짓기)를 통해 유아는 다른 친구의 생각을 엿볼 수 있으며, 우리가 함께 지은 세상에 하나밖에 없는 동화(동시)라는 즐거움과 성취감을 맛볼 수 있다. 특히 릴레이로 상상하기는 유아가 앞 친구의 이야기를 잘 듣고 흐름을 놓치지 않아야 하기 때문에 유아가 논리적인 사고의 흐름을 유지하는 힘을 키울 수 있다. 연령이 어린 유아의 경우에는 이야기의 흐름을 이어가기 어려울 수 있으므로 '○○' 하면 떠오르는 여러 단어를 생각 그물로 연결해 보는 활동으르 대신할 수 있다.

》》 활동의 예

활동명	이야기 릴레이	생활주제	우리나라
활동유형	대 · 소집단 활동 – 언어	활동연령	만 5서
활동목표	• '꼬부랑' 이란 단어를 중심으로 반복적으로 이어지는 이야기를 지을 수 있다. • 협동적인 이야기 꾸미기 활동에 즐겁게 참여한다. • 다른 사람의 재미있는 생각과 말의 표현에 주의를 기울여 듣는다.		

<table>
<tr><td>누리과정 관련 요소</td><td colspan="2">• 의사소통 : 듣 기 – 이야기 듣고 이해하기
말하기 – 느낌 · 생각 · 경험 말하기</td></tr>
<tr><td>활동자료</td><td colspan="2">동화 자료 : 「꼬부랑 할머니」(권정생 글, 한울림 어린이), 꼬부랑 그림 낱말카드(예 : 꼬부랑 애벌레, 꼬부랑 아이스크림), 화이트보드, 쓰기도구</td></tr>
<tr><td>사전활동</td><td colspan="2">• 동화 「꼬부랑 할머니」를 감상한다.
• 주변 환경에서 꼬부랑 모양을 한 것을 사진 찍거나 그림낱말 카드를 만든다.</td></tr>
<tr><td colspan="2">활동내용</td><td>논리 · 창의 관련 요소</td></tr>
<tr><td colspan="2">● 동화 「꼬부랑 할머니」의 그림을 보면서 각 장면이 어떤 이야기인지 회상하여 말해본다.

● 사전에 유아들이 만들어 놓은 '꼬부랑' 그림 낱말 카드를 보면서 유아들이 찾은 '꼬부랑'에는 어떤 것들이 있는지 알아본다.
– 카드에 있는 꼬부랑의 주인공은 무엇이니?
– '꼬부랑 애벌레'가 있구나. 애벌레의 어느 부분이 꼬부랑 모양이니?
– '꼬부랑 바닷물'의 어디에서 꼬부랑한 모양을 볼 수 있니?</td><td>분명하고 설득력 있게 표현하기</td></tr>
<tr><td colspan="2">● 꼬부랑 낱말을 반복하면서 이야기를 이어 짓는다. 유아들이 지은 노래를 화이트보드에 기록한다.
– 우리가 새로운 꼬부랑 이야기를 지어 보면 어떨까?
– 꼬부랑 할머니 이야기처럼 이야기할 때마다 꼬부랑이라는 말이 반복되면서 계속 이어지는 이야기를 지어 보자.
– 누가 처음으로 이야기를 시작해 보겠니? 그림카드에 있는 것 중에서 이야기의 주인공을 선택해 보자.
– ○○는 꼬부랑 할미꽃 이란 말이 쓰여진 카드를 선택했구나.
– 그러면 '꼬부랑 할미꽃'이 주인공인 이야기를 만들어 볼까?
– '꼬부랑 할미꽃'은 어디에 피어 있었을까?
– 그래, '꼬부랑 길' 옆에 피어 있었구나.
– 그러면 두 친구의 이야기를 이어보자.
'꼬부랑 길 옆에 꼬부랑 할미꽃이 피어 있었어요.'
– 그 다음에 무슨 일이 일어났을까?
'꼬부랑 머리 아줌마가 꼬부랑길을 지나가다가 꼬부랑 할미꽃을 발견했어요.'….</td><td>생각한 아이디어를 다듬어 발전시키기

순서화하기

주어진 정보를 기초로 상상하기</td></tr>
</table>

<table>
<tr><td colspan="2">

● **완성된 이야기를 들어(읽어)보고 이야기에 어울리는 제목을 짓는다.**
- 새로 지은 꼬부랑 이야기를 들어보니까 느낌이 어떠니?
어떤 부분이 가장 재미있니
- 바꾸고 싶은 부분이 있니? 어느 부분을 바꿨으면 좋겠니?
- 왜 바꾸고 싶니? 어떻게 바꿔 보면 좋을까?
- 우리가 만든 이야기의 제목을 뭐라고 지으면 좋을까?
- 너희들이 생각한 여러 제목들 중에서 한 개만 선택해 보자.
가장 좋은 제목을 결정하기 위해서는 어떤 방법으로 하면 좋을까?
왜 그 방법이 좋다고 생각하니?

● **완성된 동화를 한 사람이 한 부분씩 이어 읽으면서 다음 활동 장소로 이동한다.**

</td><td>생각한 아이디어를 다듬기
나열되어 있는 개념을 하나의 의미로 종합하기

최선의 해결방안 선정하기</td></tr>
<tr><td>활동의 유의점</td><td colspan="2">• 유아들의 재미있는 상상을 격려해 주되, 확산적 사고와 비판적 사고가 번갈아가면서 일어날 수 있도록 알맞게 발문한다.</td></tr>
<tr><td>확장활동</td><td colspan="2">• 새로운 꼬부랑 이야기에 어울리는 장면 그림을 그려서 그림동화를 만든다.
• 사물이나 환경에서 찾아낸 '꼬부랑' 한 모양을 신체로 표현한다.
• '꼬부랑 할머니' 이야기를 동극으로 표현한다.</td></tr>
</table>

(3) 궁금한 것을 질문하고 탐구하기

동화(동시) 내용뿐 아니라 제목이나 앞 뒤 표지, 삽화 등을 보며 궁금한 점이 있는지 생각해 보고 그것에 대해 탐구하는 방법이다. 유아는 동화 내용이나 경험, 동화와 관련하여 이루어지는 다양한 활동 경험을 바탕으로 생각하고 상상하면서 자신이 궁금해 하는 것에 대한 탐색을 지속할 수 있다. 이러한 활동을 통해 교사는 유아가 현재 지니고 있는 흥미가 무엇인지를 파악할 수 있으며, 질문에 대한 탐구 과정이 있을 때 유아는 동화나 동시에 대한 보다 높은 집중력을 유지할 수 있다. 정보나 지식 전달이 주가 되는 동화가 아니라 할지라도 그 속에 녹아들어 있는 주제를 중심으로 궁금한 것을 탐구해 보는 경험으로 연결될 수 있으며, 이러한 경험을 통해 다양한 개념에 대한 학습이 이루어질 수 있다.

》》 활동의 예

활동명	책에서 궁금한 것을 알아보아요	생활주제	겨울
활동유형	대 · 소집단 활동 – 동화	활동연령	만 5세
활동목표	• 동화 내용과 관련하여 궁금한 것을 질문으로 구성할 수 있다. • 책 읽기와 일상에서의 경험을 통해 알고 싶었던 문제를 해결한다.		
누리과정 관련 요소	• 의사소통 : 말하기 – 느낌 · 생각 · 경험 말하기, 낱말과 문장으로 말하기, 상황에 맞게 바른 태도로 말하기		
활동자료	동화 자료 : 「오늘은 우리 집 김장하는 날」 (채인선 글, 솔거나라), 질문 카드, 쓰기 도구		
사전활동	• 겨울을 건강하게 보내기 위해서 준비해야 할 것(일)에 대해 알아보고 이야기 나눈다. • 김치 공장(김치 박물관)에 견학을 다녀온다.		

활동내용	논리 · 창의 관련 요소
● **견학 갔었던 경험을 회상하면서 이야기 나눈다.** – 견학 가서 무엇을 보았니? – 가장 기억에 남는 것은 어떤 것이니? – 어떤 김치를 가장 좋아하니? 그 이유는 무엇이니?	분명하고 설득력 있게 표현하기
● **동화의 표지(삽화)와 동화 제목을 보면서 궁금한 것을 질문한다.** – 그림 속에 누가 있니? – 무엇을 하고 있는 것일까? – 그림만 보면서 어떤 이야기일지 생각하면서 보자. – 동화의 표지와 동화 속 장면 그림들을 보니까 어떤 이야기인 것 같니? – 그래, 김치를 만드는 과정에 대한 이야기인 것 같구나. – 책을 읽기 전에 먼저 김장(김치)에 대해 알고 싶은 것이 있는지 생각해 보자. – 어떤 것들이 궁금하니? 〈질문 예〉 – 김장이란 무엇일까요? – 김장을 왜 하나요? – 김장은 언제 하나요? – 김장을 하려면 무엇이 필요할까요? – 김장을 어떻게 할까요? 제일 먼저 해야 할 일은 무엇인가요? – 왜 여러 사람이 함께 모여 김장을 담그나요?	주어진 정보를 근거로 추론하기 주제에 대해 스스로 문제 제기하기 가능한 많은 아이디어 산출하기

<table>
<tr><td colspan="2">- 생쥐네 가족도 정말 김장을 담그나요?
- 김장은 원래 그렇게 많이 하는 건가요?
- 김장을 담그지 않는 집은 어떻게 할까요?
- 김치를 안 먹으면 안 되나요?
- 김치를 먹으면 어떤 점이 좋은가요?
- 다른 나라 사람들도 김치를 먹나요?

● 동화를 듣는다.</td><td></td></tr>
<tr><td colspan="2">● 동화를 들으면서 새롭게 알게 된 내용에 대해 이야기 나눈다.
- 궁금했던 문제가 해결된 것이 있니?
- 잘 몰랐는데 새롭게 알게 된 것은 무엇이니?
- 궁금했는데 아직 해결되지 못한 문제가 있니?
- 왜 해결되지 못한 것일까?
- 또 어떻게 알아보면 좋을까?

● 질문을 해결하기 위해 약속한 방법에 따라서 다음 활동을 시작한다.</td><td>개선안 제시하기</td></tr>
<tr><td>활동의 유의점</td><td colspan="2">• 유아들의 재미있는 상상을 격려해주되, 확산적 사고와 비판적 사고가 번갈아가면서 일어날 수 있도록 알맞게 발문한다.</td></tr>
<tr><td>확장활동</td><td colspan="2">• 김장 담그기 활동을 한다.
• 각 가정으로부터 김치를 조금씩 가져와 김치 품평회를 한다.</td></tr>
</table>

(4) 등장인물에 대한 생각 모으기

이 활동은 유아가 동화 속 등장인물의 특징과 그가 처한 상황에 대해 좀 더 정확한 이해를 하도록 도와주기 때문에 이야기의 구성이나 갈등 상황을 좀 더 생동감 있게 느낄 수 있다. 구체적인 활동으로는 등장인물과 비슷한 사람, 정반대의 사람을 비교하기, 등장인물에게 상주기, 등장인물에게 편지쓰기, 등장인물의 장 · 단점을 찾아서 말이나 글로 나타내기, 인물의 성격을 알아보기 등이 있다.

이 모든 활동들은 유아가 등장인물의 특징을 파악하기 위해 등장인물의 말이나 행동을 자세히 관찰해 보거나 무슨 생각을 하고 있는지 짐작해 볼 수 있는 기회를 제공해 줌으로써 사고의 깊이를 더 할 수 있게 해준다. 인물의 성격을 알아보기 위해서는 동화 속에서 등장인물의 성격을 나타내는 말이나 행동 등을 찾아보거나 '○○는 어떻다' 라는 형식에 맞추어 말 또는 글로 표현하고 그 이유(근거)를 제시하는 것과 같이 등장인물에 대한 단평을 해보는 것이 도움이 된다.

》》 활동의 예

활동명	데이빗에 대한 생각 모으기	생활주제	나와 가족
활동유형	대 · 소집단 활동 – 동화	활동연령	만 5세
활동목표	• 등장인물의 특징과 그가 처한 상황에 관심을 가지고 이해한다. • 등장인물의 말이나 행동에 대해 관찰한 내용을 바탕으로 등장인물 단평을 할 수 있다.		
누리과정 관련 요소	• 의사소통 : 말하기 – 느낌 · 생각 · 경험 말하기, 낱말과 문장으로 말하기, 상황에 맞게 바른 태도로 말하기 읽 기 – 책에 관심 가지기		
활동자료	동화 자료 : 「안돼, 데이빗」 (데이빗 섀넌 글, 지경사), 등장인물 단평 카드, 쓰기 도구		

활동내용	논리 · 창의 관련 요소
● **동화의 표지 그림을 보면서 관찰한 주인공의 특징을 말하거나 다른 특성을 예상해 본다.** – 그림 속에 있는 이 아이는 누굴까? – 아이의 모습을 잘 관찰해 보자. – 몇 살쯤 되어 보이니? 너희들보다 나이가 많을까(적을까)? – 왜 그렇게 생각하니? 무엇을 보니까 그런 것 같니? – 아이의 이름은 무엇일까? – (동화의 제목을 확인하며) 동화의 제목을 보니까 아이의 이름이 무엇인 것 같니? – 데이빗은 지금 무엇을 하고 있는 것 같니? ● **동화를 듣는다.** ● **동화의 그림만 보면서 이야기 줄거리를 회상한다.**	주어진 정보를 기초로 상상하기

● **동화 속 등장인물(데이빗, 엄마)에 대한 단평을 한다.** – 동화 속에 누가 나왔니? – 데이빗은 어떤 아이라고 생각하니? 왜 그렇게 생각하니? – 데이빗의 엄마는 어떤 사람이라고 생각하니? 그렇게 생각하는 이유는 무엇이니? – 데이빗(엄마)에 대해 잘 생각해보고, '데이빗(데이빗의 엄마)은 ________하다.' 라는 문장을 완성해 보자.	논리적 근거 찾기 분명하고 설득력 있게 주장하기 다양한 표현하기
● **등장인물 단평 활동 결과를 소개한다.** – 데이빗(엄마)에 대해 너희들이 어떤 생각을 가지고 있는지 친구들에게 소개해 보자. – ○○는 '데이빗은 목욕을 싫어한다' 라고 했구나. 왜 그렇게 생각했니? – 아! 목욕을 하다가 도망을 갔기 때문에 그렇게 생각했구나. – ○○는 '데이빗의 엄마는 화를 잘 낸다' 고 생각했대. 왜 그렇게 생각했을까? – 데이빗에게 '안 돼, 데이빗!' 이라고 소리 질러서 그런 생각이 들었구나. 혹시 동화 속 장면에서 엄마의 화내는 모습을 찾아볼 수 있겠니? – (동화의 첫 장면을 보며) 왜 이 장면을 보고 엄마가 화났다고 생각했니? – 그렇구나. 양쪽 손을 허리에 받치고 있는 모습을 보니까 엄마가 화를 내고 있는 것 같네. – 엄마의 얼굴 표정이 보이지 않는데, 실제로 어떤 모습일까?	논리를 근거로 추론하기 문제 해결을 위한 정보 찾기 원인과 결과 관계 분석하기 주어진 정보를 기초로 상상하기
● **관련 활동을 소개한다.** – 동화 속 등장인물들에게 우리가 편지를 써주면 어떨까? – 데이빗에게는 어떤 이야기를 하고 싶니? – 데이빗의 엄마에게는 어떤 이야기를 하고 싶니?	다양한 해결책 찾기 문제를 다양한 관점에서 조망하기

활동의 유의점	• 유아들이 제시된 여러 가지 단서를 근거로 삼아 자신의 의견을 논리적으로 주장할 수 있도록 안내한다.
확장활동	• 등장인물들에게 편지를 쓴다. • 동화의 앞장과 뒷장에 있는 데이빗 엄마 모습의 빠진 부분을 그려서 완성한다.

(5) 흉내 내는 말과 비유적인 표현을 찾아보고 활용하기

흉내 내는 말이란 '푸드덕', '살금살금', '쌩쌩', '흔들흔들', '반짝반짝' 과 같이 어떤 것의 움직임이나 소리를 흉내 낸 말을 의미한다. 비유적 표현이란 대상을 더욱 생생하고 분명하게 그려내고 싶을 때 그것을 다른 사물에 빗대어 표현하는 방법이다. 동화나 동시 속에 들어 있는 다양한 비유적 표현을 통해 무엇을 무엇에 비유했는지 그것들의 공통점을 찾아보고 서로 관련지어 보는 활동은 논리적 사고 증진에 도움이 된다. 또한 동화나 동시 속에 있는 흉내 내는 말이나 비유적 표현을 중심으로 다양한 사물이나 상황 등을 상상해 보고 이야기의 일부분을 재구성해 보는 활동을 통해 유아는 자신의 생각을 더 재미있고 독특하게 표현하는 방법을 익힐 수 있게 된다.

》》 활동의 예

가을이 왔어요

가을이 왔어요 소리도 없이
산마다 빨간 손 들마다 노란 손
울긋불긋 아름다운 가을이 왔어요

〈동시의 특성〉

가을이 되어 아름다운 색으로 물든 산과 들 의 모습을 노래한 동시이다. 나뭇잎이나 벼와 같은 자연물을 사람의 손에 비유하여 표현한 점이 재미있다.

활동명	비유적인 표현을 찾아보세요	생활주제	가을
활동유형	대 · 소집단 활동 – 동시 감상	활동연령	만 5세
활동목표	• 가을의 변화를 관찰하여 말로 표현할 수 있다. • 동시에서 비유적인 표현을 찾아보고 그것이 무엇을 뜻하는지를 이해한다.		
누리과정 관련 요소	• 의사소통 : 듣 기 – 동요 · 동시 · 동화 듣고 이해하기 말하기 – 느낌 · 생각 · 경험 말하기		
활동자료	동시자료 : '가을이 왔어요', 화이트보드, 보드마카		
사전활동	• 가을동산 산책을 한다.		

활동내용	논리 · 창의 관련 요소
● **가을 동산을 산책했던 경험에 대해서 회상하여 이야기 나눈다.** – 우리가 가을 동산을 산책할 때 보았던 것들을 기억해 보자. – 가을이 되어 달라진 점이 있었니? 나무들에서도 변화된 점을 발견했니?	개념이나 사물을 그 속성이나 요소로 분석하기

– 나무의 어떤 점이 달라졌니? – 그래, 나뭇잎들의 색깔이 빨간색, 노란색, 갈색 등 여러 가지 색깔로 변화된 것을 보았구나. – 울긋불긋한 나뭇잎들을 보니까 어떤 느낌이었니?	분명하게 표현하기
● **동시를 듣는다.** – 동시를 들어 보니까 어떤 느낌이 드니? – 동시 내용 중에서 기억나는 말이 있니? – 이 동시의 제목은 무엇일까?	주어진 정보를 기초로 상상하기 다양한 아이디어를 산출하기
● **동시 자료를 보면서 비유적인 표현과 그 의미를 알아본다.** – 동시에서 '빨간 손'은 무엇을 말하는 것일까? – 빨간색이고 '손 모양인 것' 하면 무엇이 떠오르니?(유아들이 말한 것을 모두가 볼 수 있도록 글자로 적어 준다.) 예 불가사리, 고무장갑… – 아주 많은 것들을 생각해 냈구나. 여기 있는 것들은 모두 빨간색이면서 손을 닮은 모양이 맞니? 혹시 그렇지 않은 것이 있는지 다시 한 번 살펴보자. – 동시에서 산마다 빨간 손이라고 하였는데, 산에 정말 빨간 손이 있다는 말일까? – 가을 동산을 산책할 때 '빨간 손'과 닮은 어떤 것을 본 적이 있니? – 그래, 빨갛게 물든 단풍잎이 정말 '빨간 손'처럼 보일 수도 있겠다. – 왜 '나뭇잎(단풍잎)'이라고 하지 않고 '빨간 손'이라는 말로 표현한 걸까? – 동시에서 '산마다 빨간 손'이라는 부분을 들을 때 어떤 느낌이 들었니? – 그래, 시인도 나무마다 빨간색으로 물든 나뭇잎들의 모양이 마치 '빨간 손'이 나무에 걸려 있는 것 같은 느낌이 들어서 재미있게 표현했대. – 혹시 나뭇잎 말고 '빨간 손' 하면 떠오르는 것이 또 있니? – 동시에서 '들마다 노란 손'이라고 표현된 부분을 찾아보자. – '들마다 노란 손'은 무엇을 뜻하는 말인 것 같니? ● **동시의 느낌을 살려 유아들과 함께 낭송한다.**	개념이나 사물을 속성이나 요소로 분석하기 논리적 근거 찾기 아이디어를 정교하게 다듬어 발전시키기

활동의 유의점	• 가을이 되어 자연이 변화된 모습을 충분히 관찰하고 새롭게 발견하고 알게 된 내용이 충분할 때 동시를 감상하도록 한다.
확장활동	• 가을의 변화를 표현하는 내용을 구성하여 새로운 연을 추가해 본다. • 동시에 어울리는 그림을 그리고 동시를 적어 시화를 만든다.

활동의 예

바사삭 바사삭	〈동시의 특성〉
바사삭 바사삭 "누가 오나보지요?" "아뇨, 낙엽 사이로 가을바람이 지나갔어요." 바사삭 바사삭 "누가 오나보지요?" "아뇨, 낙엽 사이로 다람쥐가 지나갔어요."	낙엽을 밟을 때 나는 소리를 흉내 낸 말('바사삭 바사삭')을 중심으로 묻고 답하는 부분이 댓구를 이루는 대화체 형식의 동시로, 일부 내용을 변형하거나 뒷부분의 내용을 이어서 확장하기에 쉽고 자연스러운 구조를 지니고 있다.

활동명	나뭇잎을 밟을 때 나는 소리가 있어요	생활주제	가을의 변화(가을 나무)
활동유형	대 · 소집단 활동 – 동시 감상 및 동시 재구성	활동연령	만 5세
활동목표	• 낙엽을 밟을 때 나는 소리들을 흉내 낸 다양한 어휘들을 찾아본다. • 상황에 어울리도록 흉내 내는 말을 넣어 동시를 재구성한다.		
누리과정 관련 요소	• 의사소통 : 말하기 – 느낌 · 생각 · 경험 말하기 듣 기 – 동요 · 동시 · 동화 듣고 이해하기, 바른 태도로 듣기 • 자연탐구 : 탐구하는 태도 기르기 – 호기심을 유지하고 확장하기		
활동자료	동시 내용을 소개하는 그림 자료, 소리 수수께끼 놀이에 필요한 사물들(신문지, 비닐봉지, 기로 등), 크기가 다른 동물 그림(예 : 코끼리, 얼룩말, 뱀, 개미— 동시 자료에 탈 · 부착 가능한 형태)		
사전활동	• 가을 동산 산책(낙엽 밟기) 낙엽이 쌓여 있는 길을 걸으면서 어떤 소리가 나는지 귀 기울여 들어보고 말로 표현해보며, 느낌을 이야기 나눈다.		

활동내용	논리 · 창의 관련 요소
● **소리를 듣고 무슨 소리인지 알아맞힌다.** (신문지를 구기기, 비닐봉지를 쥐었다 폈다 하기, 귀로를 긁어서 소리내기) – 어떤 소리가 들리니? 들리는 소리를 말로 표현해 보자. – 그 소리를 내는 주인공은 누구일까? 왜 그렇게 생각하니? – 정말 개구리가 내는 소리였을까? 아니면 다른 어떤 것의 소리일 수도 있을까?	원인과 결과 관계 분석하기 주어진 정보를 기초로 상상하기 판단 유보하기
● **감상할 동시의 제목을 알아본다.** – 오늘 우리는 '바사삭 바사삭'이라는 제목의 동시를 감상해 보자.	

● **동시의 제목을 보고 어떤 내용의 시일지 상상하여 말해 본다.** – '바사삭 바사삭' 하는 소리를 들어 본 적이 있니? – 무엇을 할 때 나는 소리일까? '바사삭 바사삭' 소리가 났던 적이 있었는지 생각해 보고 말해 보자. – 제목을 보니까 이 동시는 어떤 이야기일 것 같니? – 동시를 들으면서 무엇이 '바사삭 바사삭' 소리 냈는지 잘 들어보자.	주어진 정보를 기초로 상상하기 효과적인 표현에 주의를 기울이기
● **동시를 들은 후 동시 내용에 대해 이야기 나눈다.** – 동시 속에 누가 나왔니? – 그들 중에서 '바사삭 바사삭'이란 소리를 낸 주인공이 있었니? 누구였을까? – 무엇을 할 때 '바사삭 바사삭' 하고 소리가 났니? ● **유아들과 함께 동시를 소리내어 읽는다.**	다양한 해결 방법을 비교하기
● **낙엽을 밟으면서 소리를 들어 보았던 경험을 회상하여 이야기 나눈다.** – 동시에서는 낙엽을 밟을 때 '바사삭 바사삭' 하는 소리가 난다고 표현했구나. – 우리가 산책 활동에서 낙엽을 밟으며 걸었을 때에도 같은 소리가 났었니? – 또 어떤 소리가 났었지? 그 소리들을 모두 말해보자. – 낙엽을 살살 밟았을 때 어떤 소리가 들렸니? – 낙엽을 세게 밟았을 때에는 또 어떤 소리가 났었니?	유사한 상황에서의 경험을 비교하기
● **동시 내용 중 '가을 바람', '다람쥐' 부분에 다른 대상을 넣어 동시 내용을 추가한다.** – 만약에 낙엽 사이로 다람쥐보다 몸집이 큰 코끼리가 지나간다면 낙엽 밟을 때 나는 소리의 크기가 달라질까? – 어떤 소리가 날 것 같니? 왜 그렇게 생각하니? – 만약에 낙엽 사이로 개미가 지나간다면 소리가 달라질까? – 왜 그렇게 생각하니? – 만약에 뱀이 나뭇잎 위로 지나간다면 어떤 소리가 날 것 같니? – 왜 그렇게 생각하니?	주어진 정보를 기초로 상상하기 희귀하고 참신한 아이디어 산출하기
● **유아들과 함께 완성된 동시를 소리내어 읽어본 후 느낌을 이야기 나눈다.** – 너희들이 함께 완성한 동시가 마음에 드니? – 어느 부분이 가장 마음에 드니? 그 이유는 무엇이니? – 우리가 지은 동시에 알맞게 동시의 제목을 다시 지어 본다면 어떤 제목이 어울릴까?	주장의 단서가 되는 논리적 근거 제시하기

<table>
<tr><td colspan="2">● 유아들이 지은 동시의 제목들 중 가장 잘 어울리는 제목을 뽑아 본다.
- 어떤 제목이 새로 지은 동시에 가장 어울린다고 생각하니?
- 왜 그렇게 생각하니?

● 완성된 전체 동시를 소리내어 읽어 본다.</td><td></td></tr>
<tr><td>활동의 유의점</td><td colspan="2">• 유아들에게 동시를 읽어 줄 때 교사는 소리를 흉내 낸 말에 유아들이 집중하여 볼 수 있도록 그 부분을 손가락으로 가리키며 읽어준다.
• 유아들과 함께 동시를 소리내어 읽을 때 '바사삭 바사삭' 또는 '누가 오나 보지요?' 와 같이 쉽게 읽을 수 있는 부분을 유아들이 읽고 나머지 부분을 교사가 읽으면서 대화하듯이 읽는다.
• 동물의 크기(무게)에 따른 흉내말의 크기 변화를 유아들이 민감하게 인식할 수 있도록 안내한다(예 : 바스락 바스락? 부스럭 부스럭)
• 유아들이 새로 짓는 동시의 내용을 바로 알아볼 수 있게 교사가 적어 준다.</td></tr>
<tr><td>확장활동</td><td colspan="2">• 교실에 있는 사물들을 이용하여 낙엽 밟을 때 나는 소리들을 만들어 보고 소개한다.
• '바사삭 바사삭' 소리에서 연상되는 다양한 상황을 바탕으로 새로운 동시를 지어 본다.
예 바사삭 바사삭 무엇을 먹나보지요. 네 동생이 맛있는 과자를 먹고 있어요.</td></tr>
</table>

(6) 근거와 해결 방법의 적절성 따져 보기

문제 해결을 위한 가장 적합한 방법이란 실현 가능성이 있으며 그 문제에 관련된 사람들 모두가 동의할 수 있는 방법을 의미한다. 따라서 교사는 해결 방법이 문제와 서로 밀접한 관련이 있는지, 그러한 방법이 어느 정도의 실현 가능성이 있는지, 누구나 동의할 수 있는 바람직한 방법인지를 묻는 질문을 유아들에게 제공해 주어 동화 속 등장인물의 문제 해결 방법이 적절한지의 여부에 대해 유아들이 숙고할 수 있도록 격려함으로써 유아의 논리적 사고가 증진될 수 있도록 도울 수 있다.

또한 문제 해결 방법의 적절성에 대한 의견들을 주고받는 과정에서 유아가 남의 의견을 들을 때 사실과 의견을 구분하여 듣고, 남의 의견을 그대로 따르기보다는 주체적으로 생각하고 판단하도록 도와주어야 한다. 또한 유아가 근거로 제시한 자료가 이 의견을 뒷받침하기에 타당한지 아닌지를 따져볼 수 있도록 그때그때 알맞은 질문을 주어 진실을 바탕으로 듣는 사람들이 공감할 수 있는 주장을 하는 능력을 키워갈 수 있도록 안내해 주어야 할 것이다.

》 활동의 예

동화 '난 토마토 절대 안 먹어'

특정 대상에 붙여진 새롭고 재미있는 이름들에 유아의 관심과 흥미가 집중될 수 있으며, 일상에서의 편식 경험이 있는 대다수 유아들이 주인공의 감정과 상황에 자연스럽게 감정이입함으로써 몰입이 이루어지고 유지될 수 있는 이야기다.

활동명	음식의 새 이름을 지어 주세요	생활주제	음식(과일)
활동유형	대 · 소집단 활동 – 동화감상	활등연령	만 5세
활동목표	• 어떤 대상에 붙여진 이름의 의미를 이해한다. • 주어진 대상에 어울리는 새로운 이름을 짓고 그 이유(근거)를 말할 수 있다. • 우리 몸의 건강에 좋은 음식에 대해 긍정적인 태도를 갖는다.		
누리과정 관련 요소	• 신체운동 · 건강 : 건강하게 생활하기– 바른 식생활 하기 • 의사소통 : 듣기 – 동요 · 동시 · 동화 듣고 이해하기 바른 태도로 듣기		
활동자료	동화 자료 : 「난 토마토 절대 안 먹어」 (로렌 차일드 글, 국민서관), 여러 가지 음식에 대한 그림(사진) 자료, 포스트 잇(넉넉한 크기)		
사전활동	• 토마토 주스 만들기 토마토의 모양, 냄새, 촉감, 맛을 탐색한 느낌에 대해 이야기 나눈다.		

활동내용	논리 · 창의 관련 요소
● **토마토 주스를 누구에게 선물하고 싶은지 말해 본다.** – 우리가 만든 토마토 주스를 선물한다면 누구에게 주고 싶니? – 왜 그 사람(다른 대상)에게 주스 선물을 주고 싶니? – 만약 토마토를 싫어하는 사람이라면 어떻게 하면 좋을까?	

● **동화의 제목을 보고 그렇게 말한 이유를 상상하여 말한다.** – 제목을 보니까 이 동화는 어떤 이야기일 것 같니? – 주인공은 왜 토마토를 절대로 안 먹는다고 했을까? – 왜 그렇게 생각하니?	주어진 정보를 기초로 상상하기
● **동화를 들은 후 등장인물의 특성 및 편식 관련 경험에 대해 이야기 나눈다.** – 로라는 어떤 아이라고 생각하니? – 왜 그렇게 생각하니? – 너희들도 절대로 안 먹고 싶은 음식이 있니? – 그 이유는 무엇이니? – 로라는 싫어하던 음식들을 어떻게 먹게 되었을까? – 너희들도 처음에는 먹고 싶지 않았는데 점차로 먹게 된 음식도 있니? – 어떻게 그 음식을 먹게 되었니? – 그 음식을 먹은 것을 잘했다고 생각하니? – 그 이유는 무엇이니?	동화 속 주인공의 경험과 자신의 경험을 비교하여 생각하기
● **동화에서 나온 음식들의 새 이름에 대한 느낌을 이야기 나눈다.** – 음식들의 새로운 이름들 중 가장 마음에 드는 것은 어떤 것이니? – '콩'에 '초록 방울'이라는 새 이름을 붙여 준 것이 어떠니? 콩의 또 다른 이름으로 잘 어울린다고 생각하니? – 콩의 어떤 점을 보고 '초록 방울'이라는 이름을 붙였을까? – 만약에 우리가 로라의 오빠라면 '콩'에 어울리는 또 다른 이름을 어떻게 지었을까? – 왜 그런 이름을 지어 주었니? ● **몇 가지 음식 그림(사진) 카드를 추가적으로 제시하여 각 음식에 어울리는 이름을 짓고 그 이유를 말해 본다.** ● **유아들이 새로 지은 음식의 이름들을 소리내어 읽어 본다.** ● **만약 로라처럼 싫어하는 음식을 절대로 먹지 않겠다고 하는 동생이 있다면 어떤 말을 해 주고 싶은지 생각하여 말하고 다음 활동으로 이동한다.**	판단에 대한 논리적 근거 제시하기 참신한 아이디어 산출하기 주장의 논리적 근거 찾기 근거와 해결 방법의 적절성 따져보기

활동의 유의점	• 교사는 유아들이 새로운 이름을 지을 때마다 유아들이 그 내용을 기록할 수 있도록 도와주거나 쓰기를 어려워하는 유아의 경우 교사가 기록하여 해당 음식 그림 주변에 배치하여 붙인다.

확장활동	• 유아들이 새로 지은 음식 그림카드를 이용하여 음식점 놀이를 한다. • 로라가 싫어하는 음식들을 먹을 수 있도록 돕는 또 다른 방법을 생각해 보고 그림이나 글로 표현한다. • 유아들에게 급식으로 제공된 음식들 중 잘 안 먹는 음식이 있다면 유아들과 함께 음식의 특성에 어울리는 새롭고 재미있는 이름을 지어 본다. – 이 음식의 원래 이름은 무엇이니? – 로라의 오빠가 한 것처럼 배추김치에게도 꼭 어울리는 새 이름을 지어 주자. – 가장 어울리는 이름을 짓기 위해서 먼저 무엇을 하면 좋을까? • 유아들과 함께 학급 유아들의 새로운 이름을 지어 본 후 그 이름을 읽어 주고 유아들이 누구인지 알아맞혀 본다. – (그 이름을 지어 준 유아에게) 왜 이 친구의 이름을 ○○라고 지었니? – 친구의 특징을 가장 잘 표현한 이름을 찾아보고 말해 보자. – 친구들의 새 이름을 들려주면 잘 듣고 누군지 알아맞혀 보자.

》》 활동의 예

동화 '쏘피가 화나면 정말 정말 화나면'

유아가 부정적 정서에 대처하는 다양한 전략들과 감정의 해소 과정이 세밀하게 묘사되어 있는 동화이다. 모든 유아들이 일상에서 자주 경험하게 되는 상황이므로 감정이입이 자연스럽게 이루어질 수 있다. 분노 정서와 관련된 유아 자신의 경험과 주인공의 상황을 견주어 사고할 수 있는 기회가 되며, 문제해결을 위한 다양한 아이디어에 대한 의견 나누기와 공유가 이루어질 수 있다.

활동명	내 마음을 조절하는 방법은?	생활주제	나와 가족
활동유형	대 · 소집단 활동 – 동화감상 · 동극	활동연령	만 5세
활동목표	• 화가 났을 때 마음을 가라앉히는 다양한 방법을 생각하여 말한다. • 문제 해결을 위한 가장 적합한 아이디어를 찾고 그 이유를 말한다.		
누리과정 관련 요소	• 사회관계 : 나와 다른 사람의 감정 알고 조절하기 – 나의 감정 조절하기 가족을 소중히 여기기– 가족과 화목하게 지내기 • 의사소통 : 듣기 – 동요 · 동시 · 동화 듣고 이해하기, 바른 태도로 듣기		
활동자료	동화 자료 : 「쏘피가 화나면 정말 정말 화나면」 (몰리 뱅 글, 케이유니버스)		
사전활동	• 오늘 나의 기분을 색깔로 표현해 본다. – 나의 기분을 색깔로 말해 보자. – 너의 기분을 왜 노란색이라고 표현했니?		

활동내용	논리 · 창의 관련 요소
● **동화의 표지 그림을 보면서 느낌이나 생각을 말한다.** – (제목을 가리고 그림만 보며) 그림 속에 누가 있니? – 이 친구의 기분은 어떤 것 같니? – 무엇을 보고 그렇게 생각했니?	주어진 정보를 기초로 상상하기 주장의 근거 제시하기
● **동화의 제목을 보고 어떤 이야기일지 상상하여 말한다.** – 제목을 보니까 이 동화는 어떤 이야기일 것 같니? – 쏘피는 무엇 때문에 화가 났을까? – 잔뜩 화가 난 쏘피가 어떻게 했을 것 같니?	이전 경험을 토대로 상상하기
● **동화를 들은 후 등장인물의 특성 및 편식 관련 경험에 대해 이야기 나눈다.** – 쏘피가 왜 화가 났었니? – 그래서 어떻게 했니? – 화가 났을 때 쏘피의 행동이 마음에 드니? – 그 이유는 무엇이니? – 쏘피처럼 화가 난 적이 있었니? – 그래서 어떻게 했니? – 다시 또 화가 난다면 어떻게 하고 싶니? – 화를 풀기 위해서 쏘피가 한 행동 중에서 마음에 드는 것이 있니? – 그 이유는 무엇이니?	동화 속 주인공의 경험과 자신의 경험을 비교하여 생각하기 문제 해결의 적절성 평가하기
● **화가 났을 때 마음을 가라앉힐 수 있는 방법들을 생각해 보고 이야기 나눈다.** – 화난 마음을 가라앉힐 수 있는 방법들을 생각하여 이야기해 보자. – 여러 가지 좋은 방법들을 생각했구나.	문제 해결을 위한 다양한 아이디어 모으기
● **각 해결방안에 대해서 평가한다.** – 화가 나서 소리를 크게 지른다면 다른 사람들의 기분은 어떨까? – 왜 그 방법이 좋다고(좋지 않다고) 생각하니?	생각의 근거 제시하기 논리를 바탕으로 주장하기
● **화난 마음을 가라앉히기 위해 사용할 수 있는 적절한 방법들 중에서 가장 마음에 드는 아이디어를 선택하여 소개한다.** – 만약 쏘피처럼 화가 난다면 어떻게 하고 싶니? 한 가지 방법만 선택하여 친구들에게 소개해 보자. – 왜 그 방법이 가장 마음에 들었니?	근거와 해결 방법의 적절성 따져 보기

활동의 유의점	• 유아들이 자신의 경험을 바탕으로 화가 났을 때 문제를 해결할 수 있는 다양한 방법들에 대한 아이디어를 있는 대로 모두 쏟아놓을 수 있도록 충분히 격려해 준다.
확장활동	• 화난 감정에 대한 바람직한 해결 방법을 선별하여 역할극으로 표현한다. • 기타 부정적 정서에 적합하게 대처하기 위한 활동으로 확장한다. • 릴레이식 이야기 꾸미기 활동을 한다. 즉 화가 난 쏘피가 문제를 해결하는 바람직한 과정에 대한 이야기로 재구성해 본다.

4. 논리와 창의성 발달을 위한 수학 활동의 실제

일찍 수학을 포기한 일부의 성인들도 아이들에게만큼은 수학 교육을 강조하고 있는데 그 이유는 대부분 대학 진학할 때 좋은 성적을 받게 하기 위한 것일 경우가 많다. 그러나 현대 사회에서 수학 교육에서 논리적 사고력과 창의적 사고력이 강조되고 있는 이유는 정보화 사회의 특성과 관련이 있다. 정보화 사회에서 다양한 정보를 논리적으로 조직 · 분석할 수 있는 능력을 요구하기 때문이며, 이전 산업사회의 방식으로는 해결되지 않는 문제를 다양한 방법으로 해결할 수 있는 사람이 경쟁력을 가질 수 있기 때문이다.

수학 교육을 통해 수학적 개념을 이해하고, 수학적 사고를 발달시키는 것도 중요하지만, 수학 교육이 필요한 진정한 이유는 수학 학습 과정에서 길러진 사고 능력이 다른 분야에도 긍정적인 기여를 하기 때문이다. 즉 유아가 수학 지식을 학습하는 과정에서 얻게 되는 논리적 사고력과 비판적 사고력, 창의적 사고력 등은 생활의 매 순간마다 요긴하게 쓰이는 자산이 된다(박경미, 2006). 특히 수학 교육은 논리, 창의성과 매우 관련이 높은 영역으로 Mann(2005)은 수학의 본질이 창의성이라고 주장하였고, Poincare(2007)도 수학을 하는 데 서로 상반되는 직관적인 사고와 논리적 사고가 필수적이라고 하였다. 남캘리포니아 대학교(University of Southern California USC) 홍영권 교수는 최근 어릴 때의 수학 교육이 뇌의 작동 구조를 체계적으로 만들어 주어서, 논리적이고 창의적으로 사고하는 법을 훈련시켜 준다고 하였다(이충국, 2008). 이와 같이 유아는 수학 학습을 통하여 기본적인 개념, 원리, 법칙들을 이해하고 이를 토대로 탐구하고 예측하며 논리적으로 추론하는 능력을 습득한다.

1) 수학과 논리 · 창의적 사고의 관계

과거 수학 교육의 목표는 유아들이 수학적 지식을 습득하는 것이었다. 그러나 최근에는 유아들이 수학적 사실을 일상생활에 적용할 수 있는 능력까지 요구하고 있다.

따라서 최근 수학 교육은 유아들이 현실에서 벌어지는 상황에 대해 논리적으로 판단하고 수학적으로 문제를 해결하기 위한 창의적인 탐구 태도를 포함하는 방향으로 변화하고 있다. Gardner(1983)는 지능을 문화적으로 가치 있는 물건을 창조하거나 문제를 해결하기 위해 그 문화에서 유용하게 쓰일 수 있는 정보를 처리할 수 있는 잠재력이라고 정의하면서 아홉 가지 분류된 지능 중에 하나로 논리 · 수학적 사고를 제시하였다. 논리 · 수학적 사고란 숫자를 효과적으로 사용할 수 있는 능력과 추론을 잘하는 능력을 의미한다. 즉, 사물과 현상들의 관계를 이해하고 자료의 분류와 통합 능력이 있으며, 주어진 사실과 현상을 통해 추론할 수 있는 능력을 갖춘 유아가 논리 · 수학적 능력이 발달한 유아라고 할 수 있을 것이다. 논리 · 수학적 사고는 수학적 문제를 해결할 수 있는 다양한 방법을 창조해 낼 수 있기 때문에 창의성과도 밀접한 관련을 갖는다. 창의적이면서도 논리적인 유아는 주어진 사실과 사물을 다양한 시각에서 해석할 수 있으며 문제를 해결할 수 있는 논리적으로 타당한 방법을 찾아갈 수 있다. 이는 수학자가 생각하는 방법과 유사하다. 수학자는 숫자에 대한 관심이 다른 사람들보다 높을 뿐 아니라 사실들 간의 연계성을 이해하는 능력과 발견된 사실을 응용하여 그려내는 능력이 높은 사람들이다. 즉 논리적으로 사고하고 발견된 사실을 창의적으로 적용하는 사람들이라고 할 수 있다.

논리 · 창의적 수학 교육이 유아기에 어려울 수도 있으나, 유아들은 이미 수학적 흥미를 가지고 있으며 일상생활의 경험 속에서 숫자, 형태, 양, 자료에 대한 비형식적 생각들을 점진적으로 변화시켜 가고 있다. 유아들은 일상생활과 관련된 수학 경험을 하면서 수학의 추상적 개념들을 실물과 일반적 상황에 연결할 수 있게 되고, 문제 해결 능력을 개발하게 된다.

2) 수학을 통한 논리 · 창의 교수 방법 및 실제

(1) 분류와 통합하기

논리적 사고를 잘하기 위해서는 개념의 분류와 통합을 잘해야 한다(김영아, 2006). 분류는 주변의 사물들, 사건들의 특성을 파악하여, 유사점과 차이점에 따라 나누는 활동이고, 통합은 같은 차원으로 모으는 것이다. 유아가 분류와 통합을 잘하기 위해서는 기준을 세워야 한다. 기준이란 다른 것과 구별되는 특징으로 사물, 사건의 특징에 따라 나누고 모으는 것은 정보를 체계화하는 과정이다.

››› 활동의 예

활동명	줄 분류, 통합하기	생활주제	운동
활동유형	대 · 소집단 활동 – 수	활동연령	만 5세
활동목표	• 줄의 특성을 파악하고 유사점과 차이점에 따라 분류하고 통합할 수 있다. • 자신의 생각을 분명하게 표현하고, 다른 사람의 의견을 주의 깊게 듣는다.		
누리과정 관련 요소	• 의사소통 : 말하기 – 느낌 · 생각 · 경험 말하기 • 자연탐구 : 수학적 탐구하기 – 기초적인 자료수집과 결과 나타내기		

활동자료	바구니 4~5개. 여러 길이와 굵기의 고무줄, 머리 장식용 끈과 고무줄, 허리벨트, 천으로 된 허리띠, 다양한 소재의 목걸이, 밧줄, 줄넘기 줄, 리본 테이프, 빨랫줄 등

활동내용	논리 · 창의 관련 요소
● **준비된 줄을 다양한 방법으로 탐색하며, 줄에 대한 경험을 이야기한다.** – 이 바구니 너희들이 집에서 가지고 온 줄과 선생님이 가지고 온 줄을 담아 두었어. 어떤 줄들이 있는지 알아보자. : 선생님 이거(쇠 구슬 벨트를 목에 두르며) 목걸이지요? – 왜 목걸이라고 생각했어? : 길잖아요. – 긴 것은 목걸이만 있을까? : 허리 벨트도 길지. : 그것은 허리에 묶는 벨트라고 해. 또 다른 벨트가 있는지 찾아보자. : 이거는 머리에 이렇게 (머리를 들어 묶는 흉내를 내며) 하는 거지요? : 우리 엄마도 이거 있어. 그거 머리 고무줄이야. : (긴 리본 테이프를 흔들며) 이봐라. 뱀이다. : (진주 구슬이 꿰인 목걸이를 들고 목에 걸면서) 이거는 목걸이야. 우리 엄마도 이거 있어.	문제 해결을 위한 정보 수집하기
● **사물의 용도에 대해 이야기 나눈다.** – (3㎝ 두께의 길이가 긴 리본 테이프를 보며) 이런 줄을 본 적이 있니? : 케이크 싸는 줄이에요. 선생님이 아까 가져왔잖아요. : 맞아 저기 케이크 있다. 선물 쌀 때도 써. : 묶을 때 쓰는 거 같아요.	사물의 속성 분석하기
● **동일한 용도로 사용되는 또 다른 사물들을 찾아본다.** – 묶을 때 사용하는 줄이 또 있는지 찾아볼까? : (두께가 가는 짧은 줄과, 긴 줄을 집으며) 이것도요. : (반짝이는 리본 테이프를 집으며) 이거는 예쁜 거예요. – 그래 모두 물건을 쌀 때나 선물 포장할 때 사용하는 줄이구나. (고무줄을 보며) 이런 줄을 본 적이 있니? 무엇을 할 때 사용하는 거니? : 고무줄 놀이할 때 써요. 아까 내가 사진 보여줬지? : 림보 놀이도 할 수 있어. 림보 놀이 해 봤어요. – 놀이할 때 사용할 수 있는 줄이 또 있니?	사물의 속성 분석하기

● 줄의 외형적인 특성이나 속성을 관찰하고 이야기한다. – 이 고무줄에 대해 이야기해 보자. 색은 어떠니? : 검은색이요. – 색 말고 또 어떤 것을 이야기해 볼 수 있을까? : 길이가 길어요. : 아주 길어요. 제일 길어 : 아니야. (빨랫줄을 집으며) 이게 더 길어. 봐. (두 개의 줄을 책상 위에 놓는다) : 이것(리본테이프)도 길어. 다 길어 – 정말 길이가 긴 줄이 많네. 이 고무줄을 두 사람이 잡아당겨 보자. 어떤 일이 생겼니? : 완전 길어졌어. 제일 길어. : 마술을 보시죠. : 마술 아니야. 늘어나서 그래. – 늘어나는 성질이 있는 줄이 또 있니?	사물의 속성 분석하기
● 사물들의 유사점과 차이점을 찾아본다. – 리본 테이프와 고무줄의 비슷한 점은 무엇이니? : 크기가 같아요. : 같지는 않아. 이게 더 길어 : 그래도 둘 다 커. – 길이가 길다는 이야기니? : 길이가 길어요. 진짜 뱀 같아요. – 다른 점은 무엇일까? : 색이 달라요, 하나(리본 테이프)는 더 뚱뚱해요. : 이거(고무줄)는 고무줄 할 때 써요. 림보 놀이도 하고요. : 이거(리본 테이프)는 안 늘어나요. – (동그란 모양의 막힌 머리 고무줄을 보며) 이런 줄은 무엇을 하는 줄이니? : 머리 묶을 때 써요 : 이것도 (또 다른 머리 고무줄– 곱창이라고 부르는 머리끈) 머리 묶어요. 우리 엄마 이거 있어요. – 그럼 이 머리 고무줄의 같은 점과 다른 점은 무엇일까? : 머리 묶을 때 써요. : 이거는 고무줄이고, 이거는 헝겊이라 달라요. : 이게 더 커. 이거는 작아. : 이거는 잘 늘어나요? : (큰 머리 고무줄을 잡아당기며) 이거 봐. 이게 더 잘 늘어나. 야! 봐 커졌어.	비교, 분류하기 문제를 다양한 관점에서 조망하기 요점과 요지 및 의도 파악하기

– (막힌 고무줄과 일자형의 고무줄을 보며) 이 두 줄은 무엇이 비슷한 것 같니? : 색이 비슷해요. 이거(보라색의 줄)는 보라색, 이건(진분홍색의 줄) 보라색인가? 그런데 움직여요. – 어떻게 움직인다는 것이니? : (전선줄을 흔들면서) 이렇게요 왔다 갔다 할 수 있어요. – 전선줄과 고무줄은 무엇이 같고, 무엇이 다르니? : 긴 것은 같아요. 색도 비슷하고요. : 이것(고무줄)은 안 아프고, 이것(전선줄)은 아파요. – 이거는 왜 아파? : 쎄요. – 쎄? 쎄다는 것은 무슨 뜻이니? : 더 단단하니까? 쎄다고요. – 전선줄이 고무줄보다 단단해서 손에 닿았을 때 세게 부딪쳤다는 뜻이구나. 둘 중에 어느 것이 더 잘 움직이니? : (실을 가리키며) 이거요. 이거는 딱딱해요. : 이것은 딱딱하고, 이것은 부드러워요.	
● **사물의 특성을 근거로 분류, 통합한다.** – 부드럽게 움직이는 것도 있지만 딱딱하게 움직이는 것도 있네. 비슷한 것끼리 모아 볼 수 있겠구나. 여러 가지 방법으로 모아 보자. : 비슷한 색들도 모아요? : 이거는 동그란 모양, 이거는 긴 모양. – 그래 이거는 동그란 모양처럼 고무줄이 막혀 있고, 이거는 막혀 있지 않은 줄이구나. 이것처럼 막힌 줄을 찾아보세요. 막혀있지 않은 긴 줄도 찾아보자. – (매듭의 꼬임이 굵은 은색 줄을 보며)이 줄에 이야기해 줄 수 있니? : 금색이다. : 반짝거려요. : (금색 줄의 목걸이를 가리키며) 이것도 반짝거려요. 근데 이거는 황금색이야. : (진주 목걸이를 가리키며) 이것도 반짝 거려, 근데 이거는 동그란 것들로 만들어졌어. : 구슬이야. – 또 어떤 것을 발견할 수 있었니? : 뭐요? 느낌이요? – 그래 느낌이 어떠니? : 이거는 맨들 맨들. 이거는 꺼끌꺼끌. : 이것 봐. 털실이 나와 있어	비교, 분류, 대조하기

<table>
<tr><td colspan="2">

: 이거(털실로 된 허리 묶는 끈을 가리키며)는 어디에 하는 거여요?
: 추울 때 목에다 하는 거야.
: 우리 아빠도 목에다 하는 거 있어.
– 여기에 있는 줄들을 비슷한 것끼리 모아 보자. 어떻게 모을 수 있을까? 비슷한 색끼리 모아 보자.
– 또 어떻게 모아 볼 수 있을까?
: 반짝이는 것과 반짝이지 않는 것이요.
: 나는 동그란 모양하고 동그랗지 않은 모양이요.
– 이번엔 너희들이 생각한 방법대로, 비슷한 것끼리 분류 해보자.

</td><td></td></tr>
<tr><td colspan="2">

● **각자 자신의 분류 기준을 친구들에게 이야기한다.**
– ○○야, 왜 그렇게 모았는지 이야기해 보자.
: 나는 길이가 같은 것끼리 모았어요.
: 나는 색깔끼리 모았어요.
: 나는 허리에 멋 내는 것과 목걸이로 멋 내는 것을 모았어요.

</td><td>논리를 근거로 추론하기</td></tr>
<tr><td>활동의 유의점</td><td colspan="2">

• 줄의 용도나 특성에 대해 유아들이 경험과 관찰한 정보를 기초로 이야기 나누어 본다.
• 유아들이 자신의 기준을 근거로 줄을 분류하고, 기준을 바꾸어 다른 방식으로 분류할 수 있도록 한다.

</td></tr>
<tr><td>확장활동</td><td colspan="2">

• '사람들은 어느 줄을 많이 사용할까?'를 알아보기 위해 줄의 용도에 따라 분류 활동을 하고 이를 그래프로 나타낸다. 가장 많이 사용하는 줄과 그렇지 않은 줄을 비교하고, 만약 줄을 만드는 사장이라면 어떤 종류의 줄을 많이 만드는 것이 좋을지 예측해 본다.
• 우리 주변에서 줄이 많이 사용된 장소를 조사하는 활동을 한다. 이 활동을 하기 위해 사전에 무엇을 줄이라고 할 것인지에 대한 정의내리기를 하고, 줄의 수량을 어떻게 표현할 것인가에 대한 약속을 정한 후 활동에 들어간다.

</td></tr>
</table>

위 활동에서 유아들은 줄을 다양한 방법으로 탐색하고 분류하기 위해 줄의 외현적 특성과 용도에 대한 이야기를 나누었다. 교사는 유아들의 줄의 용도를 말할 때 왜 그렇게 생각했는지 유아들의 판단 근거를 알아보기 위한 질문을 하였으며, 한 유아가 길어서 목걸이 같다고 한 답에 대해 "긴 것은 모두 목걸이일까?"라는 질문을 하여 유아가 논리적인 판단을 해보도록 돕고 있다.

줄에 대한 이야기 나누기가 끝난 후 유아들은 줄의 유사점과 차이점을 발견하여 분류활동을 해보았다. 이 과정에서 유아가 줄이 "쎄다"는 말을 했을 때 교사는 "줄이 쎄다"는 것의 의미가 무엇인지 명확하게 표현할 수 있도록 하고 있으며, 마찬가지로 줄이 크다고 했을 때 유아가 말한 의미를 분명하게 하기 위한 질문을 사용하였다. 위 활동에서 유아들은 한 가지 기준 외에도 다양한 관점에서 사물을 탐색하고 분류하였으며, 수업의 마무리 부분에서는 다른 사람이 분류해 놓은 결과를 보고 분류 기분을 유추해 볼 수 있는 경험을 하였다.

(2) 재분류하기

정보를 논리적으로 조직하여 답을 찾기 위해서는 분류된 정보를 재분류하여 커다란 개념을 세분화할 수 있어야 한다. 예를 들어 유아들은 먼저 동물과 동물이 아닌 것으로 분류한 다음, 동물들이 사는 곳이라는 기준을 가지고 재분류하여 물에 사는 동물과 들에 사는 동물, 하늘을 나는 동물로 나눌 수 있다. 들에 사는 동물은 다시 먹이를 기준으로 육식동물, 초식동물이라는 범주로 재분류된다.

최근 학생들의 인지적 능력을 평가하기 위해 개념도 작성하기를 하고 있는데, 개념도 작성하기는 바로 개념의 분류와 재분류의 과정을 통해서 큰 범주와 그 아래의 하위 항목을 세분화시켜 나누는 과정으로 단계의 세분화가 많이 될수록 인지적 사고 능력이 높은 것으로 평가될 수 있다.

물론 유아들도 개념도(개념망) 작성하기를 할 수 있다. 학급에서 주제 중심의 통합교육과정이나 프로젝트 접근법을 운영하는 교사는 유아들과 새로운 주제를 시작하는 단계에서 유아들의 이전 경험을 알아보기 위해 사전 개념망 그리기를 하며, 주제의 마무리 단계에서 유아들이 기존에 알고 있는 지식과 새롭게 발견한 지식을 비교해 보기 위해 사후 개념망 그리기를 하고 있다.

〉〉〉 활동의 예

활동명	개념망 그리기	생활주제	유치원과 친구
활동유형	대 · 소집단 활동 – 언어	활동연령	만 5세
활동목표	• 친구 하면 생각나는 단어들을 말할 수 있다. • 친구와 관련된 단어들을 비슷한 것끼리 분류하고, 분류한 단어들을 공통점에 따라 재분류한다.		
누리과정 관련 요소	• 사회관계 : 다른 사람 더불어 생활하기 – 사회적 가치를 알고 지키기 • 의사소통 : 말하기 – 느낌 · 생각 · 경험 말하기 • 자연탐구 : 수학적 탐구하기 – 기초적인 자료수집과 결과 나타내기		
활동자료	4절 크기의 도화지, 매직펜, 포스트 잇, 사인펜		

활동내용	논리 · 창의 관련 요소
● **유아의 친구에 대해 이야기한다.** – 너희들이 좋아하는 친구가 있니? – 친구들과 어떤 놀이를 하니? – 친구하고 놀면 기분이 어떠니? – 친구하고 할 수 있는 놀이는 무엇이 있을까? – 네 친구가 제일 잘하는 것은 무엇이니? – 네 친구의 별명이 있니? – 네 친구와 너와 비슷한 점이 있니?	문제 해결을 위한 정보수집하기
● **친구와 관련하여 연상되는 단어를 말한다.** – 친구하면 어떤 말이 생각나는지 이야기해 보자. – 친구와 함께할 수 있는 놀이에 대해 이야기해 볼 수 있니? – 친구와 나의 비슷한 점은 무엇이 있을까? – 친구와 나의 다른 점은 무엇이 있을까? ● **친구 하면 떠오르는 단어를 종이에 적거나 그림을 그린다.**	가능한 많은 양의 아이디어 산출하기
● **종이에 적힌 단어와 그림을 보고, 비슷한 단어들을 분류한다.** – 여기 있는 단어 중에 비슷한 말이 있니? – 왜 비슷하다고 생각했니? – 비슷하다고 생각하는 카드를 한 바구니에 담을 수 있니?	비교, 분류, 대조하기

● **단어들의 공통점을 나타낼 수 있는 주제어를 만든다.** – 블록놀이, 소꿉놀이, 게임, 공놀이는 왜 같은 바구니에 담은 것 같으니? – 바구니에 이름카드를 붙이고 싶은데, 무엇이라고 정했으면 좋겠니? – '싸워요, 사이좋게 지내요, 화해해요, 양보해요'는 무엇이라고 제목을 붙일까?	나열되어 있는 개념을 하나의 의미로 종합하기
● **비슷한 개념끼리 범주화한 것을 다시 재분류한다.** – 바구니에 있는 단어 카드와 비슷한 카드가 있는 바구니가 또 있니? – 합칠 수 있는 바구니가 있는지 찾아보자. – 놀이할 때 지킬 일과 친구와 함께 할 수 있는 놀이를 합친다면 무엇이라고 제목을 정할 수 있을까?	비교, 분류, 대조하기
● **커다란 종이에 개념망을 그린다.** – 종이의 가운에 동그라미를 그리자. 우리가 무엇에 대해 이야기하고 있니? – 제일 큰 제목은 무엇일까? – 바구니에 붙은 이름 카드를 이 종이에 붙여 보자. – '친구와 함께 놀아요'를 먼저 붙여야 할까? 아니면 '친구와 함께 할 수 있는 놀이'를 먼저 붙여야 할까? – '친구와 함께 놀아요' 아래 붙여야 할 이름 카드는 무엇일까?	결정된 입장 시각화하기
● **큰 주제와 그 안에 포함되는 주제와의 관계에 대해 생각해 본다.** – 가장 큰 제목은 무엇이니? – '친구와 함께 놀아요'에 속하는 바구니의 이름 카드는 무엇이니? – '친구와 같은 점이 있어요'에 포함되는 단어들은 무엇이니?	적용하고 평가하기

활동의 유의점	• 유아들이 브레인스토밍을 잘하기 위해서 교사는 유아들의 다양한 경험을 이끌어 낼 수 있는 질문을 할 수 있어야 한다. • 단어들을 범주화하고, 주제어를 추출하는 것이 유아들에게 어려울 수 있으므로 교사의 구체적인 안내가 있어야 한다.
확장활동	• 친구 하면 생각하는 단어 책 만들기를 한다. 종이에 생각하는 단어를 적고, 그 이유를 그림으로 그리거나 글로 적는다.

위 활동과 같이 친구에 대한 가능한 한 많은 단어들을 말하는 경험을 통해서도 유아들의 창의적 사고가 자랄 수 있다. 이때 교사는 유아들이 친구에 대한 많은 단어들을 산출할 수 있도록 친구와 관련된 다양한 경험을 회상할 수 있는 기회를 제공해 줄 수 있다. 예를 들어 교사는 유아들에게 '친구와의 놀이', '친구의 장점', '친구의 좋은 점' 등에 대한 질문을 하여 생각할 거리를 제공해 줄 수 있다. 유아들이 친구와 관련된 많은 단어들을 생각해 낸 다음에는 유사한 단어들끼리 분류해 보도록 한다. 이는 단편적인 개념들이 지난 공통성을 발견하여 범주화하는 과정이다. 유아와 교사는 범주화된 단어들의 묶음을 보고, 공통성을 하나로 표현할 수 있는 주제어를 정하여 기록한다. 분류와 통합을 하기 위해 유아는 범주화된 묶음들을 보고 유사한 것들끼리 한 번 더 묶어 분류한다. 활동을 마무리하는 단계에서는 큰 범주는 무엇이며, 큰 범주에 포함된 작은 범주들은 무엇이 있는지 포함관계를 평가해 본다.

(3) 유추하기

유추란 외형적으로 같거나 다른 사물들을 자세히 관찰하고 사물의 비슷한 속성을 발견하는 것을 의미한다. 이는 창의성 교육에서 강조되는 있는 부분으로 유아들은 두 개 이상의 대상을 관찰하면서 두 사물의 본질적인 공통성을 찾아서 결론을 이끌어 낼 수 있다. 예를 들어, 양초와 성냥은 외형적으로 다르게 생겼지만 기능적으로 불을 켤 수 있는 사물이라는 공통점이 있고, 우유와 백설 공주는 흰색의 공통점이 있다. 아래의 활동은 유아들이 동물과 음식 그림을 색과 크기, 먹을 수 있고 없고의 차이에 따라 분류한 후 그 사물들의 공통적 속성이 무엇인지 발견하는 활동이다. 직관적 사고를 하는 유아들의 경우 눈에 드러나는 속성 이면의 또 다른 공통성을 발견하는 것이 어려울 수 있으나 반복적인 경험과 교사의 구체적 안내가 있다면 유아들의 유추 능력도 발달할 수 있을 것이다.

>>> 활동의 예

활동명	누구일까?	생활주제	음식
활동유형	대 · 소집단 활동 – 언어	활동연령	만 5세
활동목표	• 지시어를 주의 깊게 듣고, 해당하는 동물을 분류할 수 있다. • '~인 것'과 '~이 아닌 것'을 판단하여 동물을 분류할 수 있다.		
누리과정 관련 요소	• 의사소통 : 말하기 – 느낌 · 생각 · 경험 말하기 • 자연탐구 : 수학적 탐구하기 – 기초적인 자료수집과 결과 나타내기		
활동자료	그림 자료, 은박접시, 도화지, 채색 도구, 5카드(큰 동그라미 스티커), 숫자 카드, 동물, 음식 그림		

활동내용	논리 · 창의 관련 요소
1. **동물, 음식 그림을 보며 어떤 그림들이 있는지 이야기한다.** – 어떤 그림들을 볼 수 있니? : 사과요. 토끼도 있어요. : 과자랑, 아이스크림 있어요. 아이스크림은 많이 먹으면 배탈이 나요.	
2. **그림 자료의 동물과 음식에 대한 경험을 이야기한다.** – 네가 들고 있는 그림카드에 대해 설명해 주겠니? : 커다란 코끼리예요. 코가 길어요. : 우유 그림인데 우유를 많이 먹어야 키가 커요. : 앵두예요. – 어디에서 볼 수 있는 거니? : 아이스크림은 마트에 가면 있어요. : 사과도 마트에 가면 있어요. 슈퍼에도 팔아요. 우유도 마트에도 있고, 슈퍼에도 팔아요. : 토끼는 동물원이나 풀밭에 있어요.	다양한 시각으로 상황과 문제 조망하기
3. **사물의 특성을 관찰하고 비교하여 말한다.** – 과일들의 크기가 모두 같니? : 수박은 아주 크고, 앵두는 아주 작아요. – 이 과일과 비슷한 그림이 동물이나 야채 그림 중에도 있니? : 개미는 아주 작아요. 앵두보다 더 작아요. 사탕도 어쩌면 작을 수 있어요.	사물을 속성이나 요소로 분석하기

– 그림 카드의 색이나 모양들은 어떠니?
: 사과는 빨간 사과도 있지만 파란 사과도 있어요.
: 앵두는 빨간색이요.
: 수박은 초록색인데 검정도 있어요. 속 안에는 빨간색이에요.
: 사과는 맛있어. 맛있는 것은 과자. 과자는 달아. 단것은 아이스크림.
– 아이스크림처럼 단맛이 나는 것들은 무엇이 있을까?
: 사탕이요. 귤은 시지만 달기도 해요.
: 과자도 꿀이 묻어 있으면 달아요.
– 가지고 있는 카드 중에 먹을 수 있는 것은 무엇이니?
: 사탕, 우유, 사과, 과자, 아이스크림, 앵두, 수박…
– 먹을 수 없는 것은 무엇이니?
: 코끼리, 개미…
: 어떤 형은 개미도 먹어요.
: 그건 원래 먹으면 안돼요.
– 왜 먹을 수 없을까?
: 코끼리는 너무 커요.
: 개미는 부지런하니까요.
: 원래 소고기하고 닭고기하고 돼지고기만 먹는 거니까요.
: 오리고기도 먹어요.

4. 같은 것끼리 모아 본다.
– 여기 있는 그림 중에 비슷한 것들은 무엇이니?
: 사과하고 앵두하고 수박하고.
– 어떤 점이 비슷하니?
: 다 먹을 수 있어요.
– 과자와 아이스크림은 먹을 수 있는 것이 아니니?
: 그런데 이것은 과일로 먹을 수 없어요.
– 모두 과일이라는 거구나. 또 다른 공통점이 있니?
: 다 맛있어요.
: 마트에 가서 사야 해요.
: 과일을 많이 먹어야 얼굴이 예뻐져요.
– 또 다르게 모을 수 있니?
: 과자하고, 아이스크림하고, 사과하고 앵두하고 수박하고, 우유하고, 사탕은 다 마트에 가서 사야 해요.
: 몸을 튼튼히 해주는 거예요.
: 사탕은 아니에요
– 작다고 생각되는 모든 것을 같은 바구니에 담을 수 있니?

사물의 속성이나 요소로 분석하기

– 이 바구니에는 무엇을 함께 담아 볼까? : 개미. : 앵두. : 사탕.	적용하고 평가하기
5. 분류 준거를 이야기한다. – 여기 있는 그림들을 네가 마음대로 모아 보자. – 이 그림들은 어떤 점들이 비슷해서 이렇게 모았니?	
6. 각각 분류된 그릇에 분류 준거를 적어서 붙인다. – 이 바구니 안에 있는 그림 카드들의 공통점은 무엇이니? : 모두 빨간색이에요. – 바구니에 '빨강' 이라는 이름카드를 붙여 놓을게. – 이 바구니 안에 있는 그림 카드들의 공통점은 무엇이니? : 모두 노란색이에요. – 바구니 앞에 '노랑' 이라는 이름카드를 붙여 주자. – 이 바구니 안에 있는 그림카드를 잘 보자. 앵두, 사과, 과자, 치킨, 우유, 아이스크림의 공통점은 무엇일까? : 빨간색이요. – 우유의 색은 어떠니? : 흰색인데 – 그럼, 빨강은 아닌 것 같구나. : 큰 것들이요. – 모두 큰 것들이니? 혹시 크기가 작은 것은 없니? : 앵두가 작아요. – (유아들이 공통점을 찾지 못할 때) 이 바구니 안에는 먹을 수 있는 것들만 모아놓았어. 여기에는 '먹을 수 있는' 이라고 이름 카드를 적어놓자.	
7. 교사가 분류한 상태(노랑, 빨강, 큰, 작은, 먹을 수 있는)를 보고 분류 준거를 추측하여 말한다. – 선생님은 왜 이렇게 모아 놓은 것 같니? : 마트에 가서 살 수 있는 것하고 살 수 없는 것 하고 – (한 바구니를 가리키며) 코끼리는 마트에 가서 살 수 있는 거니? : (웃음) – 수박은 마트에 가서 살 수 있는 거니? : 그것은 살 수 있어요. – 그럼 코끼리와 수박의 공통점은 무엇일까? – 같은 색깔? : 색은 달라요.	

: 다 커요. 수박은 과일 중에 제일 커요. - 이 바구니 안에는 어떤 그림들만 모아 놓았니? - 이 바구니 안에 있는 것들은 색깔이 모두 같니?	논리를 근거로 추론하기
8. 그릇의 이름 카드 중에서 하나의 카드를 유아가 감추고 나머지 이름 카드들을 떼어서 뒤집어 놓는다. - 이 그릇의 이름 중에서 하나만 선생님 몰래 감춰 봐. 선생님은 눈을 감고 있을게. - 나머지 이름 카드는 선생님이 안 보고 있을 때 모두 모아서 카드를 뒤집어 놓자. **9. 그릇 안에 있던 그림 카드를 한 곳에 모은다.**	
10. 그림 카드에 대한 질문에 '예' / '아니오.'로 답한다. - 네가 가지고 있는 그림은 이 그릇 안에 있던 거니? - 노랗고, 큰, 먹을 수 있는 이 그림을 그릇 안에 넣어도 되니? : 예 - 노랗고, 작은, 먹을 수 있는 그림도 이 그릇 안에 넣어도 되니? : 예 - 노랗고, 크고, 먹을 수 있는 그림을 이 그릇 안에 넣어도 되니? : 예 - 빨강에 크고, 먹을 수 있는 이 그림을 넣어도 되니? : (아니오 - 그릇 밖에 놓는다) - 빨강에 작고, 먹을 수 있는 그림이네. 이 안에 넣어도 되니? : (아니오 - 그릇 밖에 놓는다)	
11. 그릇 안에 있는 것과 그릇 밖에 있는 그림들의 공통성을 찾아서 감춘 그림 카드와 이름 카드를 찾는다. - 난 '큰 것'인 줄 알았어. 그런데 그릇 안에 큰 것도 있고, 작은 것도 다 섞여 있잖아. 그러니까 이 그릇의 이름이 큰 것의 그림은 아닌 것 같아. - 난 먹을 수 있는 그림인 줄 알았는데, 여기 보니까 먹을 수 없는 나비도 있잖아. 그러니까, '먹을 수 있어요.' 그림도 아니지? - 그럼, 뭘까? 아! 그릇 밖에 있는 것들이 다 노랑으로 되어 있잖아. 네가 감춘 것이 '노랑' 이름카드니? **12. 유아가 교사가 맞추는 과정을 한 번 더 반복한다.**	

	13. 교사가 감추고 유아가 바구니의 이름을 맞혀 본다. – 네가 들고 있는 그림은 무슨 색이니? 먹을 수 있는 것이니? 크기가 크니? 작니? – 빨강이고 크고 먹을 수 있는 그 그림은 이 그릇에 넣을 수 있어. – 또 다른 그림 카드 하나를 집어서 선생님한테 물어 봐. **14.** 도화지에 4개의 동그라미를 그리고, 각각의 동그라미에 이름 카드를 적는다. **15.** 이름 카드에 해당하는 그림 카드를 붙여 넣는다.
활동의 유의점	• 유아 스스로 분류 준거를 발견할 수 있는 충분한 시간을 주되, 유아가 쉽게 분류 준거를 찾지 못할 때는 "어떤 색으로 되어 있는지 자세히 보자."라고 이야기하여 공통된 특성을 발견할 수 있도록 도와준다. • 유아가 스스로 질문을 만들어 낼 수 있도록 시간을 준다. 쉽게 질문을 못 만들 때는 위와 단계적으로 질문을 하여 :가가 조합할 수 있도록 돕는다.
확장활동	• '과일을 찾아요' 라는 활동을 한다. ① 과일을 특성에 대해 유아들과 이야기 나눈 후 과일의 특성을 한 종이에 하나씩 기록한다. ② 종이의 내용이 보이지 않도록 접는다. ③ 접은 종이들을 바구니에 접는다. ⑤ 술래 한 명을 정한다. ⑥ 종이를 하나 선택하여, 과일의 특성을 친구들에게 말한다. "신맛이 나고, 모양은 긴 동그라미인 과일을 찾아요." ⑦ 다른 유아들에게 질문을 받는다. 이때 '예' 또는 '아니오' 의 대답만 할 수 있다. "그것은 빨간색이니?" "아니오." "그것은 노란색이니?" "예." ⑧ 유아들이 과일의 이름을 맞춘다. 술래를 바꾸어 계속 진행한다.

위 활동은 다른 사람이 분류한 상태를 관찰하고 분류 준거를 유추하는 활동이다. 활동내용 '6' 번과 '7' 번은 유아들이 교사가 그림 카드를 분류한 결과를 보고 분류 준거를 추측하여 말한다. 이때 교사는 유아들의 추측이 논리적으로 합당한지

를 판단할 수 있도록 돕기 위해서 "코끼리도 마트에 가서 살 수 있는 것이니?", "코끼리와 수박의 공통점은 무엇이니?"와 같은 질문을 한다. 교사는 유아들이 분류 준거를 기록한 카드를 감추게 하고 교사 자신이 유추하는 과정을 보여준다. 교사는 유아들에게 논리적으로 사고하는 과정을 시범으로 보여주기 위해서 질문을 하고 이에 대해 유아들이 "예", "아니오"로 답하도록 한다. 유추하기는 사고의 과정이므로 유아들에게 설명으로 전달할 수는 없다. 교사는 활동내용 '10' 번에서와 같이 교사가 생각한 내용을 유아들에게 들려주면서 생각의 순서와 방법을 간접적으로 지도할 수 있다.

(4) 문제 해결하기

교육의 목적은 유아가 단순히 지식을 습득하는 것이 아니라 문제 상황에서 자신이 지니고 있는 수학적 지식을 활용하여 창의적으로 문제를 해결하는 능력을 신장시키는 것이다. 수학의 진정한 힘은 단순 계산 능력이 아닌 사고력을 바탕으로 주어진 상황을 해결하는 능력에 있기 때문에 수학의 궁극적인 목적은 수학적 지식을 바탕으로 문제 해결력과 논리적 사고력, 창의적 사고력을 육성하는 것이다.

Polya(2004)는 수학 교육은 수학적으로 사고하는 능력을 키우는 교육으로, 수학적으로 사고한다는 것은 문제를 해결하는 것이라고 하였다. 문제 해결은 유아가 지닌 수학적 지식과 경험 등을 이용하여 주어진 문제를 해결하는 과정이다. 미국수학교육협의회인 NCTM(National Council of Teachers of Mathematics, 2000)은 수학교육에서 강조해야 할 중요한 부분이 문제 해결력이라고 하였다. NCTM(2000)은 유아들이 수학에서 문제 해결을 학습하면 논리적으로 사고하는 방법과 교실 밖의 문제 상황에서 합리적으로 문제를 해결할 수 있기 때문에 유익함이 있다고 하였다. 문제 해결을 발달시키기 위해 Polya(2004)는 문제 해결의 과정을 4단계로 제시하였다. 첫째는 문제를 이해하는 단계이며, 둘째는 문제를 풀기 위한 계획을 세우는 단계이고, 셋째는 계획을 실행하는 단계, 넷째는 점검의 단계라고 하였다.

문제 해결 능력을 발달시키기 위해서는 유아들이 기본적으로 수학적 개념을 이해하고, 그 다음으로 수학적 사고를 발달시켜야 한다. 박만구(2002)는 수학 학습의 성공을 위해서는 학생들과의 상호작용을 통해 수학 문제 해결 과정에서 나타나는 학습자의 수학적 사고 과정을 이해해야 한다고 하였다. 유아들의 사고가 고정된 방식에 고착화되어 있다면 창의적인 문제 해결은 어려울 것이다. 학습자가 자신의 생각에 지나치게 집착하거나 한 가지 방법에만 주의력을 집중하는 것은 새로운 사실을 발견하는 데 적합하지 않다(도종훈, 2009). Haylock(1987)과 이강섭 · 황동주(2003)는 사고를 유연하게 했을 때 수학적 창의성이 발달한다고 주장하였다. 이는 수학적 문제 상황에서 고정된 방식의 사고를 피하고 다른 사람들과는 다른 독창적인 방법으로 문제를 해결하려는 노력을 말한다. 교사는 유아들에게 문제 상황을 제시하고 다양한 방법으로 논리적 단계에 따라 주어진 문제를 해결해 보도록 함으로써 문제 해결력과 함께 논리적 · 창의적 사고 능력을 발달시킬 수 있다.

》》 활동의 예

활동명	토끼의 꽃집	생활주제	동물
활동유형	대 · 소집단 활동 – 수	활동연령	만 5세
활동목표	• 지시어를 주의 깊게 듣고, 해당하는 동물을 분류할 수 있다. • '~인 것'과 '~이 아닌 것'을 판단하여 동물을 분류할 수 있다.		
누리과정 관련 요소	• 자연탐구 : 수학적 탐구하기 – 수와 연산의 기초개념 알아보기		
활동자료	종이, 꽃잎의 수가 다른 꽃 12종류, 주사위 두 개, 펜, 숫자 스티커		

활동내용	논리 · 창의 관련 요소
● 토끼들의 꽃집 이야기를 듣는다. 토끼는 꽃집의 주인이에요. 그런데 토끼는 꽃 파는 것보다 게임을 더 좋아해요. 토끼는 꽃집에 꽃을 사러 오는 손님들에게도 문제를 내서 맞혀야만 꽃을 팔아요.	이야기의 내용을 회상하면서 주어진 문제가 무엇인지 파악하기

"장미꽃 주세요." 하하 아주머니가 오셨어요.
"나와 게임을 해서 맞추면 꽃을 가져가세요, 돈은 안 내도 됩니다."
"정말, 게임만 잘 하면 돈 안 내고 가져갈 수 있는 거지요?" 하하 아주머니는 신이 났어요.
"주사위 두 개를 던져서 나온 수만큼 꽃잎이 달린 꽃을 찾으세요?"
"주사의 두 개를 던지면 아! 3 하고 2가 나왔네. 어떤 꽃을 가져가야 하지?",
"알 수가 없네."
"답을 알 수 없다면 꽃을 가져갈 수 없어요."
하하 아주머니는 꽃을 살 수가 없었어요. 이때 토끼의 꽃집에 게임 여왕 수리가 왔어요.
"오늘의 게임은 무엇입니까?"
"오늘은 주사위 두 개를 던져서 나온 숫자가 있는 꽃을 가져가는 게임입니다."
"그거야 쉽지. 머릿속을 잘 생각하며 되니까? 아니면 손가락으로 계산해도 되고… 주사위를 던지자. 어! 4 하고 4네. 그럼, 4에다가 5, 6, 7, 8. 8이잖아. 그러니까 꽃잎이 8개인 것을 찾아가면 되겠군."

- 동화 내용을 회상하여 동물들이 해결해야 할 과제가 무엇인지 생각해 본다.
  - 토끼가 하하 아주머니에게 낸 문제는 무엇이었니?
  - 하하 아주머니는 꽃잎이 몇 개인 꽃을 가져가면 되는 거였니?
  - 수리가 주사위를 던졌을 때 어떤 숫자가 나왔니?
  - 수리는 어떻게 계산해서 8인 것을 알았니?

- 꽃잎의 수를 세어서 가운데 숫자를 적는다.

- 두 개의 주사위를 던져서 합한 수만큼의 꽃잎이 있는 꽃을 찾는다.
  - 우리도 수리처럼 해보자. 주사위 두 개를 던져 보자. 4 하고 2가 나왔네. 4 하고 5, 6 모두 합치면 몇이니?
  - 꽃잎이 6개인 꽃을 찾아보자.

- 교사와 유아가 주사위를 던져서 꽃을 가져가는 게임의 방법을 정한다.
  - 이 주사위와 꽃으로 꽃 가져가기 게임을 하려고 해. 어떻게 할 수 있을까?

다양한 시각으로 상황과 문제 조망하기

- 주사위 두 개를 던져서 나온 수 두 개를 합한다.
- 주사의 두 개의 수와 동일한 꽃잎이 달린 꽃을 가져간다.
- 만약 주사위의 수만큼 꽃잎이 달린 꽃이 없으면 가져갈 수 없다.
- 꽃이 모두 없어지면 게임이 끝난다.
- 서로가 가진 꽃의 수를 센다.

<table>
<tr><td colspan="2">● 꽃잎이 가장 많이 달린 꽃을 찾아본다.

● 꽃잎에 제일 적게 달린 꽃을 찾아본다.</td><td>문제와 개념 명료화하기(문제 파악하기)</td></tr>
<tr><td colspan="2">● 주사위 두 개로 꽃잎의 수만큼을 만들어 본다.
– 꽃잎이 6개야. 선생님 주사위는 3이야. 수연이의 주사위는 동그라미가 몇 개 있어야 하니?
– 꽃잎이 몇 개니? 7개. 내 주사위의 동그라미는 4야. 네 주사위는 동그라미가 몇 개여야 할까?
– 내 주사위가 3이라면 네 주사위의 동그라미는 몇 개여야 할까?</td><td>문제 해결을 위한 정보 수집하기</td></tr>
<tr><td colspan="2">● 유아가 문제를 내고 교사가 맞힌다.
– '토끼들의 꽃 집' 이야기와 비슷한 내용의 동화를 만들 수 있니?
– 오늘 한 활동과 비슷한 활동을 새로 만들어서 동생들에게 알려주려고 해. 놀이 방법을 어떻게 정하면 좋을까?</td><td>적용하고 평가하기</td></tr>
<tr><td colspan="2">● 오늘의 활동을 평가한다.
– 오늘 무엇을 했니?
– 제일 재미있었던 것이 무엇이니?</td><td></td></tr>
<tr><td>활동의 유의점</td><td colspan="2">• 유아들이 문제를 단계적으로 해결할 수 있도록 상호작용한다.
• 문제해결 방법이나 게임의 방법은 유아들이 다양한 방법으로 생각할 수 있는 기회를 제공한다.
• 유아들이 논리적이지 않는 대답을 하거나 틀린 대답을 하였을 때 왜 그렇게 생각했는지 그 이유를 말해 보도록 하고, 엉뚱한 문제 해결 방법일지라도 다양한 문제 해결 방법을 격려해 준다.</td></tr>
<tr><td>확장활동</td><td colspan="2">• 꽃 가게 놀이를 한다.
• '무엇이든지 열 개씩' 가게에 손님이 물건을 ○개 사갔다고 할 때 주인이 물건을 채워 놓으려면 어떻게 해야 할지 문제 해결하기 활동을 한다.</td></tr>
</table>

NAEYC와 NCTM(2002)에서는 유아들의 문제 해결력을 기르기 위해서 유아들이 문제를 해결할 수 있는 다양한 방법을 생각해 보고, 답을 찾기 위해 사용한 전략을 다른 유아들과 토론해 볼 것을 제안한다. 덧붙여서 활동의 마지막에 유아들이 사용한 문제 해결 과정을 평가해 보고, 그 문제를 다른 방식을 다시 풀어 보거

나 문제를 새로 내 볼 것을 권한다. 위 활동은 논리 · 창의적인 문제 해결 능력을 기를 수 있는 활동으로 활동 내용을 전반부에는 교사가 들려주는 이야기의 내용을 회상하면서 주어진 문제가 무엇인지를 파악한다. 유아들은 문제를 해결할 수 있는 다양한 방법을 창의적으로 생각할 수 있지만 수학적 개념을 활용하여 이 문제를 해결할 수 있는 방법을 찾는다. 유아들이 지니고 있는 수학적 개념을 사용하여 주어진 문제를 해결했다면, 유아들이 이해한 내용이나 사용한 전략을 평가해 보고, 수학적 개념을 적용할 수 있는 새로운 문제를 내 본다.

〉〉〉 활동의 예

<table>
<tr><th>활동명</th><td>암호 풀이</td><th>생활주제</th><td>유치원과 친구</td></tr>
<tr><th>활동유형</th><td>대 · 소집단 활동 – 수</td><th>활동연령</th><td>만 5세</td></tr>
<tr><th>활동목표</th><td colspan="3">• 정해진 규칙을 이해하고 수를 읽거나 적는다.
• 숫자를 색과 모양으로 나타내고, 정해진 약속에 따라 숫자로 나를 소개한다.</td></tr>
<tr><th>누리과정 관련 요소</th><td colspan="3">• 의사소통 : 말하기 – 느낌 · 생각 · 경험 말하기
• 자연탐구 : 수학적 탐구하기 – 수와 연산의 기초개념 알아보기</td></tr>
<tr><th>활동자료</th><td colspan="3">비밀 편지, 색 동그라미 스티커, 종이, 색연필 또는 사인펜</td></tr>
<tr><th colspan="3">활동내용</th><th>논리 · 창의 관련요소</th></tr>
<tr><td colspan="3">● 요정의 비밀 편지를 듣는다.

안녕! 혜준아
난 구름 나라 뭉게 요정이야.
어제 아이스크림을 ●개 먹었는데
딸기 아이스크림은 ●개 먹었고,
녹차 아이스크림은 ●개나 먹었어.
저녁에는 오이를 ●개 먹었고, 방울 토마토를 ●나 먹었단다.
넌 어제 무엇을 먹었니? 궁금하구나.</td><td></td></tr>
</table>

오늘 아침에는 구름 나라 비밀 상자를 정리했는데
그 비밀 상자 안에는

공주 인형이 ●개 있고

보석이 ●개 있고,

스티커가 ●개 있었어.

연필은 ●개가 있었단다.

상자 안에는 물건이 아주 많았어.
너도 비밀 상자가 있니? 네 상자 안에는 무엇이 있니?
네 비밀 상자 안에 있는 물건들을 선생님 전화로 알려 줄래?
선생님은 핸드폰 번호는

●●● - ●●● - ●●●●이란다. 안녕!

●●●●년 ●●월 ●●일 ●시
구름 나라 뭉게 요정이

- 이 편지는 아무도 보면 안 돼. 엄마도 보면 안 되는 비밀 편지야.
- 구름 나라 뭉게 요정이 너에게 무엇이라고 편지를 쓴 것 같니?

문제와 개념 명료화 하기

● **암호 해독 힌트를 보고, 비밀 편지를 읽는다.**
- 구름 나라 뭉게 요정에 이 비밀 편지를 읽을 수 있는 암호 힌트를 줬어.
- 암호 해독 힌트를 보고, 이 편지를 읽을 수 있을까?

암호 해독 힌트									
●	●	●	●	●	●	●	●	●	●
0	1	2	3	4	5	6	7	8	9

- 분홍 아래 칸에 어떤 숫자가 쓰여 있니?
- 4자는 무슨 색이니?

문제와 개념 명료화 하기

- 넌 어떤 숫자를 좋아해? 그 숫자는 어떤 색이니?
- 선생님은 파랑을 좋아하는데, 파랑은 숫자 몇이니?
- 뭉게 요정은 아이스크림을 모두 몇 개 먹었을까? 하늘색이니까, 모두 몇 개니?
- 그중에 딸기 아이스크림은 모두 몇 개일까?
- 녹차 아이스크림은 몇 개 먹었을까?

● **색 동그라미 안에 암호 해독 힌트에서 숫자를 찾아서 적는다.**

● **비밀 편지 종이에 숫자를 적어 나만의 비밀 편지를 적는다.**

난 혜준이야.
나에 대해 소개할게.
우리 가족은 엄마, 아빠, 나, 동생 모두 (　　　　　)명이야.
나는 (　　　　　)살이고
내 동생은 (　　　　　)살이야.
나는 키가 (　　　　　)cm야.
몸무게는 (　　　　　)kg이고
우집은 ○○아파트 (　　　　　)층 (　　　　　)호야.
나는 매일 아침 (　　　　　)시에 일어나.
우리집 전화번호는 (　　　　　) – (　　　　　)야. 전화해.

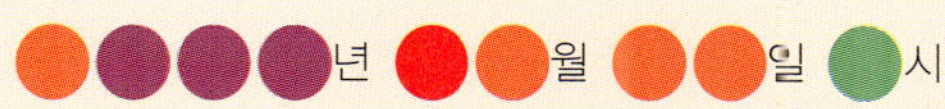

혜준이가

- 숫자에 맞는 동그라미 스티커를 붙여 보자.

● **나만의 비밀 편지를 읽는다.**
- 선생님은 네가 뭐라고 썼는지 모르니까, 선생님에게 읽어 줄래?

적용하고 평가하기

● **나만 알 수 있는 암호를 정하고, 암호 해독 힌트를 만든다.**
- 우리가 가지고 있는 암호 해독 힌트가 탄로났어. 모두가 알게 되었대.
- 뭉게 요정처럼 우리가 새로 암호 해독 힌트를 만들어야 해.
- 우리만의 약속을 정하자. 모양으로 할까? 색으로 할까? 과일은 어떠니? 좋아하는 그림으로 해도 좋겠다(동물이나 캐릭터 스티커로도 할 수 있음. 종류 통일).

- 숫자 1은 어떤 모양으로 할까?

암호 해독 힌트

0	1	2	3	4	5	6	7	8	9

- **비밀 편지를 색 동그라미에서 새로 만든 암호로 바꾼다.**
  - 뭉게 요정의 편지를 색 동그라미 대신 우리가 정한 약속으로 바꿔 보자.
  - 분홍 동그라미는 무엇으로 바꿀 수 있을까?
  - 보라색 동그라미는 숫자 7이었는데, 어떤 과일로 바꿀 수 있니?

- **유아가 쓴 편지도 새로 정한 암호로 바꾼다.**

- **암호 해독 힌트를 보고, 편지를 읽는다.**

- **두 개의 암호를 섞어서 아무도 풀 수 없는 비밀 편지를 만든다.**
  - 이 편지는 암호를 두 개씩 써야 하는 원칙이 정해져 있어. 만약 숫자 5를 편지에 쓰고 싶으면 5가 되는 과일 두 개를 함께 암호로 써야 해. 무엇과 무엇을 더하면 5가 되니?
  - 숫자 2와 무엇을 더하면 5가 되니?
  - 그럼, 배와 무엇을 함께 그려야(또는 스티커를 붙여야) 5가 되겠니?
  - 감은 무엇과 무엇을 함께 붙여야 감이 만들어 지니?

- **두 개의 숫자 카드를 합친 숫자에 해당하는 과일 그림을 찾는다.**
  - 암호 해독 힌트를 카드로 만들어 왔어. 사과와 포도는 어떤 과일일까?
  - 사과카드 뒷면의 동그라미 수를 세어 보자.
  - 포도카드 뒷면의 동그라미 수를 세어 보자.
  - 8인 카드는 무엇일까?

- **유아가 문제를 내고 교사가 맞힌다.**

- **오늘의 활동에 대해 평가한다.** (적용하고 평가하기)
  - 오늘 무엇을 하였니?
  - 제일 재미있었던 것은 무엇이니?
  - 오늘 만든 비밀 편지를 엄마, 아빠에게도 보여드려서 맞혀 보시라고 해보자.

활동의 유의점	• 유아의 수준을 고려하여 암호의 수를 조절한다. • 실제 생활의 수를 이용한 게임으로 응용한다.

위 활동은 숫자와 기호 또는 그림을 연결하여 주어진 문제를 해결하는 활동이다. 이 문제를 해결하기 위해서 유아는 암호 해독 힌트를 보고 기호가 어떤 숫자를 상징하는지를 이해해야 하며, 단서를 보고 문제를 하나 하나 단계적으로 해결해야 한다. 이 문제를 다 해결하고 난 뒤에 유아는 자신만의 기호를 창안하여 '암호 해독 힌트'를 만들 수 있다.

5. 논리와 창의성 발달을 위한 음악 활동의 실제

유아는 생활의 한 부분으로서 음악을 요구한다. 유아는 본능적이며 적극적으로 움직이고, 흥얼거리고, 노래하고, 음악을 듣고, 소리를 만들어 내는 것을 즐긴다. 이를 통해 유아기는 음악성 발달이 가장 활발하게 일어나는 시기임을 알 수 있다(정승은, 2001). 음악 수업은 노래만 부르는 시간이 아니다. 노래 부르기, 악기 연주, 신체표현, 음악창작 등의 음악표현 활동의 경험이 유아들의 창의성 발달과 연관이 많으며(Balkin, 1985; Flohr, 1981; Greenberg, 1979; Issacs, 1979), 유아 혼자 또는 여럿이서 음악 개념을 토대로 음을 비교 · 변별해 가며 곡을 창작하거나 연주를 할 때 논리적인 사고를 필요로 한다.

논리적 사고와 창의성을 함께 키울 수 있으려면 음악 교육 내용 중 어느 하나에만 국한되어서는 안 되며 다양한 교수방법으로 음악의 여러 내용을 통합하여 활동하도록 해야 한다. 따라서 유아의 논리 · 창의적 사고 발달을 돕는 음악 활동의 교수방법을 소개하고 이를 바탕으로 한 활동의 실제를 제시하고자 한다.

1) 음악과 논리 · 창의적 사고의 관계

음악은 유아의 발달 영역 전반의 진보를 돕는다. 창의성, 정서적 반응, 지적 성장, 언어발달, 신체발달, 사회성 발달, 자아개념 등에 큰 영향을 미친다(김혜경, 2001). 특히 음악 경험은 탐색, 실험, 새롭고 다른 아이디어의 표현이기 때문에 노래 만들기, 음악 만들기, 마음대로 노래하기, 소리 탐색하고 느낌 말하기 등을 통하여 창의성 발달에 중요한 영향을 미치며, 음악 활동에서 자신의 아이디어를 자주 말하고 자기 주도적으로 음악 표현 방법을 선정하고 음악 활동에 필요한 재료(악기 및 소품)를 선택하고 자신의 음악 활동을 스스로 계획하고 계획한 대로 수행할 때 창의성 발달을 더욱 이끌 수 있다(방은영, 2009). 음악적 표현 능력의 발달을 위해서는 거침없이 표현하는 음악적인 유창함과 음악적 상상력, 그리고 남과는 다르고 새롭게 음악을 표현하는 능력인 음악적 독창성을 최대한 발휘해 볼 수 있는 창조적인 음악적 표현의 기회를 제공해 주어야 한다.

한편, 음악 수업이라고 해서 논리와 창의 중 창의성에만 관련이 있는 것은 아니다. 듣고 감지하기, 즉흥 연주하기, 음색 비교하기, 대조적 음고 이해하기, 리듬/가락 패턴 변별하기, 음악 독보하기, 창작하기 등의 음악 활동은 유아의 논리적 사고, 문제 해결력, 소리에 대한 이해력을 개발하고, 관계, 비교, 개념을 통합할 수 있도록 자극하기 때문에 논리적 사고 향상에도 도움이 된다.

2) 음악을 통한 논리 · 창의 교수 방법 및 실제

방은영(2009)은 음악 활동의 교수-학습 방법으로 모델 제시, 함께 해보기, 모방하기, 칭찬하기, 반복하기, 감정이입, 정보의 공유, 느낌 말하기, 시각적 표현도구 사용, 신체를 이용한 대답, 배경음악 들려 주기 등을 제시한 바 있다.

유치원에서 상상력을 발휘하도록 자극하며 느끼는 것을 자유롭게 표현하도록 허용하고 다양한 음악 표현 기법을 길러 주어야 함에도 불구하고, 오늘날의 음악 교육은 그 음악 교육 활동내용과 교수방법이 획일화되어 있으며(구미란, 2006; 서영란, 2005), 유치원의 유아 음악 교육은 거의 대부분이 새노래 지도에 국한되어 운영되고 있다는 지적이 있다(장은주, 2007; 조형숙, 박수미, 2009).

그러나 유아 음악 교육의 주요 활동 유형인 음악 듣기, 노래 부르기, 악기 연주하기, 신체 표현하기, 음악 창작하기의 다섯 가지 측면이 수업에서 조화롭게 균형을 이루어 통합적으로 진행될 때 유아들은 보다 잘 배운다(Krough, 1990). 유아 음악 교육은 특정한 시간에 분리된 내용으로 가르쳐지는 것이 아니라 생활 속에서 지속적으로 학습되는 것이기 때문에 유아의 일상과 친숙한 교육 내용을 다룰 수 있는 교수-학습 방법을 모색하는 것이 중요하다.

논리 · 창의를 바탕으로 하는 음악 활동의 교수-학습은 유아의 적극적 참여를 유도하여 주도적인 역할을 경험하도록 하며(Hendrick, 1992; Hibrants, 1998), 유아 스스로 선택할 수 있는 다양한 기회를 제공하고, 또한 유아의 느낌을 자유롭게 말하고 여러 가지 방식으로 표현할 수 있는 개방적인 분위기를 제공하며(김명순, 조경자, 1998), 유아를 칭찬하고 격려함으로써 창조적 사고와 표현을 조장하는 데 초점을 두어야 한다(MaCracken, 1993).

(1) 음악 교육 내용에 따른 실제

위에서 언급한 바와 같이 음악 교육의 내용이 골고루 다루어지면서 보다 유아들이 하루 일과 내에서의 경험과 통합되면서 논리 · 창의를 기초로 이루어진 활동의 예는 다음과 같다.

- 노래의 음악과 노랫말과의 관계에 대한 토론하기(예 : 노랫말만 따로 읽어본 다음에 노래를 불러보자. 무엇이 다르니? 같은 노랫말에 다른 멜로디를 붙여보자. 느낌이 어떻게 달라졌니?)

- 음악의 표현적 질(셈 · 여림, 빠르기)에 변화를 주어 노래부르기

〉〉〉 활동의 예

활동명	【노래 부르기】 '꾹 참았네'	생활주제	유치원과 친구
활동유형	대 · 소집단 활동 – 음악	활동연령	만 5세
활동목표	• 친구와의 갈등 상황을 긍정적으로 해결하는 방법을 모색한다. • 노래 분위기에 알맞게 셈 · 여림에 변화를 주어 노래 부른다.		
누리과정 관련 요소	• 사회관계 : 다른 사람과 더불어 살기 – 사회적 가치를 알고 지키기 • 예술경험 : 예술적 표현하기 – 음악으로 표현하기		
활동자료	노랫말 자료, 친구와의 갈등 상황 그림 자료  		

활동내용	논리 · 창의 관련 요소
• 친구와의 갈등 상황 그림 자료를 보며 이야기 나눈다. – 이 그림은 어떤 상황일까? – 너희들도 이런 적 있니? – 이럴 때 어떤 마음이 드니?	주어진 정보를 기초로 상상하기 문제의 원인 인식하기

- 노랫말을 보며 친구와의 갈등이 있을 때 해결 방법에 대해 이야기한다.
  - 너희들도 친구 때문에 속상한 적 있었니? 언제? 또?
  - 친구 때문에 속상했을 때 어떻게 했니?
  - 속상하다고 해서 때린다면(운다면, 던진다면) 어떤 일이 벌어질까?
  - 노랫말에서처럼 '콩' 때리고 싶은 마음을 참아본 적이 있니? 그랬더니 어떻게 되었니?
  - 참으면 어떤 점이 좋을까?, 그런데 무조건 참는 건 좋은 걸까?
  - 노랫말에서는 '그러지 마라'라고 말했는데, 실제로 '그러지 마라'라고 말하면 친구가 그만 하니?
  - 친구가 '싫어!' 하면 어떡하지?
  - 내 마음이 속상할 때 빨리 속상한 마음을 풀어 버릴 수 있는 좋은 방법은 뭘까?

가능한 한 많은 양의 아이디어 산출하기

결과 예측하기

원인과 결과 관계 분석하기

오류 찾기

반대되는 주장이 있을 가능성 따져 보기

최선의 해결방안 선정하기

출처 : 김진영(2009). 김진영 동요집. 교문사.

● **피아노 음에 맞춰 교사의 노래를 들어 본다.** – 노래를 들으니 어떤 느낌이 드니? – 우리가 어떤 목소리로 부르는 게 이 노래와 어울릴까? ● **노랫말을 넣어 불러 본다.**	주어진 정보를 기초로 상상하기
● **노랫말의 분위기에 따라 셈여림에 변화를 주어 다시 불러 본다.** – 이 노래의 분위기는 어떤 것 같니? – 빠르기는 어때? – 이 노래에서 음이 제일 높은 부분은 어떤 부분이니? – 멜로디가 되풀이되는 부분을 찾을 수 있니? – 노랫말이 되풀이되는 부분을 찾을 수 있니? – 처음부터 끝까지 똑같은 목소리 크기로 부를까? 어느 부분에서 목소리 크기를 다르게 해서 부를까? – '꾹 참았네'('다음부터 그러지 마라') 부분은 어떤 목소리로 부르는 게 어울리니? – '다음부터 그러지 마라'는 어떤 목소리로 부를까? : 너무 작은 목소리로 말하면 못 알아들으니까 큰 소리로 불러요 : 큰 소리로 말하면 속상해할 수 있으니까 첫 번째는 크게, 마지막은 작은 소리로 불러요. – 너희들이 이야기한 방법대로 노래를 불러 볼까?  ● **활동을 한 후 그 느낌에 대해 이야기 나눈다.** – 우리가 노래 분위기를 생각하면서 느낌을 살려 불러 보니 어떤 느낌이 들었니?	개념이나 사물을 그 속성이나 요소로 분석하기 다양한 표현하기 아이디어를 정교하게 다듬어 발전시켜 표현하기 원인과 결과 관계 분석하기
확장활동	• 노래와 어울리는 노랫말 만들기, 멜로디 바꾸기 등 활동을 할 수 있다. • 친구와의 갈등을 주제로 '역할극 토론'으로 확장해 볼 수 있다.

- 동극에 어울리는 삽입곡 만들기(예 : 크리스마스'를 떠올리면 가장 먼저 어떤 생각이 드니? 우리들의 재미있는 생각을 모아 이야기를 만들어볼까? 지은 이야기에 어울리는 노래를 만들자. 음악극을 할 때 어떻게 몸짓을 해야 이야기가 잘 전달될까?)

- 노래에 어울리는 율동 만들기(예 : 우리 함께 노래에 어울리는 율동을 만들어볼까? 크게 부르기로 한 부분에서는 어떤 동작을 넣어 불러볼까? 작게 부르기로 한 부분은? 빠르기가 빨라질 땐 동작을 어떻게 하는 게 좋을까?)

- 유아들과 연주가 가능한 이야기 만들기

- 현장학습 후 동시를 함께 써보고 멜로디를 붙여 노래르 만들어보기(예 : 어제 현장학습을 다녀와 보니 기억에 남는 것은? 너희들이 말한 것들을 동시로 지어볼까? ~부분은 어떤 음으로 시작하는 게 어울릴까? 끝부분은 어떤 음으로 마무리 짓는 게 어울리니?)

- 노랫말을 짓거나 노래를 작곡하기

》》 활동의 예

활동명	우리 반 노래 작곡하기	생활주제	유치원과 친구
활동유형	대 · 소집단 활동 – 음악	활동연령	만 5세
활동목표	• 친구의 의견을 존중하여 노래를 만들어 봄으로써 성취감과 만족감을 느껴본다. • 우리 반만의 노래를 만듦으로써 소속감을 가진다. • 자신의 생각을 바르게 이야기한다.		
누리과정 관련요소	• 사회관계 : 다른 사람과 더불어 살기 – 사회적 가치를 갈고 지키기 • 예술경험 : 예술적 표현하기 – 음악으로 표현하기 : 예술 감상하기 – 다양한 예술 감상하기 • 의사소통 : 말하기 – 느낌 · 생각 · 경험 말하기		
활동자료	보드판, 보드마커, 녹음기, 피아노, 멜로디 악기(실로폰, 한드벨 등), 리듬 악기류		

활동내용	논리 · 창의 관련 요소
● 유치원에 오면 하는 활동들에 대해 이야기 나눈다. – 우리가 유치원에 오면 어떤 활동을 할 수 있니? – 너희들이 이야기한 것 중에서 매일 매일 하게 되는 활동은 무엇이니? 예 인사요. 친구들 다 왔나 이름 부르는 거요. 오늘 뭐 할 건지 알아보는 거요. 정리하는 거요. – 매일 매일 하게 되는 활동을 좀 더 재미있게 할 수 있는 방법은 뭘까?	순서화하기 기존의 사고에서 탈피하여 희귀하고 참신한 아이디어나 해결책을 산출하기
● 우리 반만의 노래를 만들어 보기로 한다. – 무엇을 하게 될지 말로 '~하자' 하기보다 노래로 부르면 어떤 점이 좋을까? – 어떤 상황일 때 부르는 노래를 만들면 좋을까? – 우리 반만의 노래를 어떻게 만들 수 있을까?	기존의 사고에서 탈피하여 희귀하고 참신한 아이디어나 해결책을 산출하기
● 보드판과 마커를 활용하여 유아들과 함께 노랫말을 만든다. – 노랫말의 길이는 어느 정도로 만드는 게 적당할까? – '모일 때(계획할 때, 정리할 때)' 부르는 노래에 꼭 필요한 말은 뭘까? – 너희들이 이야기한 단어를 합쳐서 하나의 문장으로 어떻게 만들 수 있을까? – 서로 다른 우리들의 생각이 더해져서 정말 멋진 노랫말이 완성되었구나!	요점과 요지 및 의도 파악하기
● 유아들과 함께 멜로디와 리듬을 만들고 녹음한다. – 어떤 분위기로 멜로디를 만들어볼까? – 어떤 빠르기로 멜로디를 만들면 노랫말과도 잘 어울릴까? – 노랫말을 보고 떠오르는 멜로디가 있니? – 어떤 음으로 시작하는 게 노랫말과도 잘 어울릴까? – 여기 있는 실로폰으로 생각나는 음을 연주해 볼까? – ○○와 △△가 연주한 음을 연결해 볼까? – ○○와 △△가 연주한 음을 연결하니 더 멋진 멜로디가 완성되었구나. – 리듬에 어떤 변화를 주면 더 좋을까? – 여기 있는 북으로 생각나는 리듬을 연주해 볼까? – 음의 길이가 더 짧아지면(길어지면) 어떤 느낌일까? – 서로 다른 길이의 음이 합쳐지면 어떤 느낌이 들까? – 우리가 만든 곡을 녹음할까?	가능한 한 많은 양의 아이디어 산출하기 주어진 정보를 기초로 상상하기 아이디어를 정교하게 다듬어 발전시켜 표현하기 기존의 사고에서 탈피하여 희귀하고 참신한 아이디어나 해결책을 산출하기

모일 때 부르는 노래

* '○○○'는 유아 이름을 넣고, '의젓한, 씩씩한' 부분은 다른 말로 바꿔서 부를 수 있다.

다양한 표현하기

'일과계획' 알아볼 때 부르는 노래

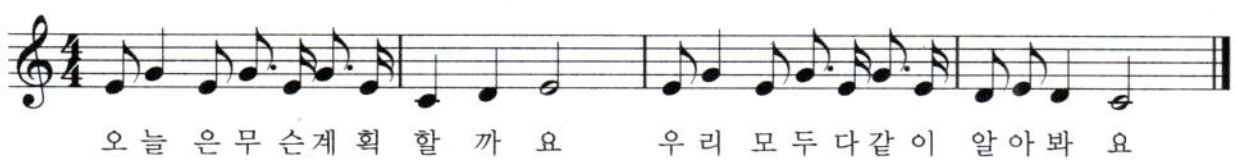

정리할 때 부르는 노래

- 녹음한 곡을 재생하여 들어 본다.

- **완성된 노래를 불러본다.**
  - 노래를 불러보니 어떤 느낌이 드니?
  - 노래 부르기 어렵고 힘든 부분이 있니?
  - 노래 중에서 다르게 바꾸고 싶은 부분이 있니? 어떻게 바꿀 수 있을까?

적용하고 평가하기
아이디어를 정교하게 다듬어 발전시켜 표현하기

- **우리 반만의 노래를 만들어본 느낌에 대해 이야기 나눈다.**
  - 너희들이 함께 노래를 만들어 보니까 어떠니?
  - 노래를 만들면서 어려운 점(재미있었던 점) 있었니?
  - 서로 협동해서 이렇게 멋진 노래를 만들어 내다니 정말 대단하구나!
  - 다음에 어떤 상황도 노래로 만들어볼까? 이미 우리가 불렀던 노래도 있는데(동화 듣기, 귀가, 점심식사 등) 다시 만들어 볼까?

적용하고 평가하기

고정적인 사고방식을 변화시켜 다양한 해결책 찾아내기

활동의 유의점	• 함께 만든 노래를 매일 활동 중에 불러서 유아들이 성취감과 만족감을 느끼고 적극적으로 활동할 수 있도록 돕는다.
확장활동	• 유아들과 함께 일상생활에서 간단한 '말 리듬 만들어 보기' 활동을 진행할 수 있다. 이때 복잡하지 않은 리듬, 유아의 정서와 일상적 경험이 일치되는 언어적 내용이 적당하다.

● 그림책을 감상한 후 특정 단어나 문장을 읽을 때마다 악기 연주하기(예 : 이 그림책에서 어떤 말이 반복되어 나오니? 그 말을 읽은 바로 다음에 악기로 연주할까? 그 말 대신 연주를 할까? 어떤 악기가 어울릴까? 몇 번을 어떻게 연주할까?)

● 가장 좋아하는 그림책의 배경음악 만들기

〉〉〉 활동의 예

활동명	동화의 배경음악 만들기	생활주제	유치원과 친구
활동유형	대 · 소집단 활동 – 음악	활동연령	만 5세
활동목표	• 문학 작품에 맞는 멜로디와 리듬으로 배경음악을 만든다. • 친구의 의견을 존중하여 배경음악을 만들어 봄으로써 성취감과 만족감을 느껴 본다.		
누리과정 관련요소	• 예술경험 : 예술적 표현하기– 음악으로 표현하기 : 예술 감상하기 – 다양한 예술 감상하기 • 의사소통 : 말하기 – 느낌 · 생각 · 경험 말하기		
활동자료	동화 자료: 「우리는 친구」(앤서니 브라운 글 · 그림, 웅진 주니어), 보드판, 보드마커, 녹음기, 피아노, 멜로디 악기(실로폰, 핸드벨 등), 리듬 악기류(북, 우드블록 등)		

활동내용	논리 · 창의 관련 요소
● 지난 시간에 '노란 우산' CD와 함께 동화를 들은 느낌에 대해 이야기 나눈다. – 어떤 점이 가장 기억에 남았니? – 다른 동화와 다른 점은 무엇이니? – 음악을 들으면서 책을 보니 어떤 느낌이 드니?	개념이나 사물을 그 속성이나 요소로 분석하기

● **동화를 더 재미있게 들을 수 있는 방법에 대해 생각해 본다.** – 동화를 들을 때 더 재밌게 들을 수 있는 방법은 뭘까? – '배경음악'이라는 말을 들어 본 적 있니? – '배경음악'이란 뭘까? 무슨 뜻일까? – 우리도 배경음악을 만들어 볼까?	고정적인 사고방식을 변화시켜 다양한 해결책 찾아내기
● **배경음악을 만들고 싶은 동화를 선정한다.** – 음악과 함께 듣고 싶은 동화가 있니? – 어떤 동화에 배경음악을 만들면 좋을까? 왜?	논리를 근거로 추론하기
● **배경음악을 만들기로 한 '우리는 친구' 동화를 듣고 느낌을 이야기 나눈다.** – 어떤 점(장면)이 가장 기억에 남니? – 왜 그렇게 생각해? – 너희가 주인공이라면 어떤 마음일 것 같니? – 주인공 표정이 점점 어떻게 변했니? – 이때 주인공은 어떤 마음이었을까? 	논리적 근거 찾기 다양한 시각으로 상황과 문제 조망하기 논리를 근거로 추론하기
● **동화의 장면을 보며 어울리는 배경 음악을 만들고 녹음한다.** – 이 장면에서는 어떤 분위기의 곡을 만드는 게 어울릴까? – 곡의 길이는 어느 정도로 하는 게 적당할까? – 이 장면을 보고 떠오르는 멜로디가 있니? – ○○가 말한 대로 선생님이 여기 있는 멜로디 악기로 생각나는 음을 연주해 볼까? – ○○와 △△가 연주한 음을 연결해 볼까? – ○○와 △△가 연주한 음을 연결하니 어때? – 리듬에 어떤 변화를 주면 더 좋을까? – 여기 있는 북으로 생각나는 리듬을 연주해 볼까? – 음의 길이가 더 짧아지면(길어지면) 어떤 느낌일까? – 서로 다른 길이의 음이 합쳐지면 어떤 느낌이 들까? – 우리가 만든 멜로디를 녹음해 볼까?	주어진 정보를 기초로 상상하기 아이디어를 정교하게 다듬어 발전시켜 표현하기

- 완성된 배경음악을 재생하여 들어 본다.
  - 음악을 들으니 어떤 느낌이 드니?
  - 듣기에 어색한 부분이 있니?
  - 그 부분을 바꾼다면 어떻게 바꾸는 게 좋을까?

〈친구가 없어서 슬픈 고릴라〉

〈예쁜이와 행복한 시간을 보내는 고릴라〉

〈화가 난 고릴라〉

적용하고 평가하기

아이디어를 정교하게 다듬어 발전시켜 표현하기

● 창작한 배경음악과 함께 동화를 들어 본다.	적용하고 평가하기
활동의 유의점	• 짧은 동시를 감상할 때 배경음악을 지어보는 것부터 시작해도 좋다. • 언어 영역에 유아들이 창작한 음악 CD와 동화책을 주어 유아들이 성취감과 만족감을 느낄 수 있도록 돕는다. 
확장활동	• 유아들과 함께 이야기를 만들어서 음악극 활동으로 진행할 수 있다. • 그림책을 감상하면서 특정 단어나 문장을 읽을 때마다 또는 말을 대신하여 연주할 악기와 연주방법을 정하여 그림책과 더불어 연주해도 좋다.

(2) 음악 수업의 활성화를 돕는 교사의 음악적 지식 · 기술

음악 수업 시 음악을 즐기는 교사의 태도와 음악적 지식을 배우고자 하는 교사의 의지가 중요하다. 음악 수업에 있어서 교사에게 요구되는 역할은 유아가 적극적이며 능동적으로 음악 활동에 참여하도록 하며 격려해 주고, 유아와 적극적으로 상호작용(음악 인사, 찬트, 말 리듬)을 함으로써 촉진해 주고, 수업에 필요한 좋은 음질의 감상곡, 동요, CD, DVD, 인터넷 사이트 등을 계속적으로 발굴해 내는 작업 등을 수행하는 일이다.

유아교육 현장에서 교사들이 자신의 음악 전문적 지식의 한계로 인하여 유아들로부터 흥미를 이끌어내기가 어렵다고 한다(방은영, 2009). 이에 대한 보완책으로 음악 수업을 보다 활성화하기 위해 교사가 유용하게 사용할 수 있는 음악적 지식 · 기술을 제안하고자 한다. 앞서 유아들은 본능적으로 흥얼거리고 소리 만들기를 즐거워한다고 언급하였다. 이러한 본능을 기반으로 음악 활동에 컴퓨터 사용을 도입하는 것으로, 유아들이 즉흥적으로 멜로디를 흥얼거릴 때 교사가 그 멜로디를 컴퓨터 음악프로그램(noteworthy composer)에 그대로 받아 적은 후 즉석에서 유아가 창작한 곡을 재생시켜 들어 보게 하는 것이다. 이 컴퓨터 음악프로그램을 활용하여 개별 유아 또는 집단으로도 즉석 음악 창작이 가능하다. 컴퓨터를 활용하여 악보를 그릴 때 곧바로 컴퓨터 입력을 할 수도 있으나, 때로는 유아들이 즉흥적인 멜로디를 교사가 디지털카메라로 녹화하여 컴퓨터 악보로 옮길 수도 있고, 유아들이 흥얼거리는 음과 리듬을 교사가 피아노로 연주하여 컴퓨터 악보로 옮긴 후 재생하여 들려 줄 수 있다.

또한 개개 유아의 창작물을 컴퓨터 바탕화면에 저장하여 자유선택활동시간에 서로의 창작곡을 클릭하여 들어 보도록 할 수 있다. 이와 같이 유아들이 리듬과 가락을 비교하며 이전과 다르게 음악 창작을 지속적으로 해나감으로써 논리 · 창의적 사고력 향상을 도모할 수 있는 것이다. 다음은 컴퓨터 음악프로그램을 활용하여 기존의 곡을 약간 다르게 편곡한 예이다.

활동명	【편곡하기】 '씨앗'	생활주제	동식물과 자연
활동유형	대 · 소집단 활동 – 음악	활동연령	만 5세
활동목표	• 음악적 요소의 변화에 따른 곡의 분위기를 비교하여 말한다. • 노래의 가사, 리듬, 멜로디를 창의적으로 바꾸어 노래 부르기와 연주를 한다.		
누리과정 관련 요소	• 예술경험 : 예술적 표현하기 – 음악으로 표현하기 : 아름다움 찾아보기 – 예술적 요소 찾아보기		
활동자료	노랫말 자료, 보드판, 보드마커, 녹음기, 멜로디 악기(피아노, 실로폰, 핸드벨 등), 리듬 악기류		

활동내용	논리 · 창의 관련요소
● **앞으로 다가올 식목일에 대해 이야기 나눈다.** – 4월 5일은 무슨 날일까? 식목일은 무엇을 하는 날일까?	
● **씨앗에서 꽃이 피기까지의 과정에 대해 이야기 나눈다.** – 씨앗은 어떻게 심는 걸까? – 씨앗을 심으면 어떻게 될까? – 씨앗이 자라서 싹이 나오려면(꽃이 피려면) 무엇이 필요할까? ● **노래 자료를 보며 노랫말을 알아본다. (중략)**	순서화하기
● **1, 2절의 흐름에 어울리도록 노랫말을 추가하여 만들어 본다.** – 꽃이 핀 다음엔 어떻게 될까? – 이 노래에서는 노랫말이 여기까지였는데 우리가 노랫말을 더 만들어볼까? – 만약 우리가 생각을 합쳐서 노랫말을 만들 때 서로 의견이 다르면 어떻게 하는 게 좋을까?	기존의 사고에서 탈피하여 희귀하고 참신한 아이디어나 해결책을 산출하기 결과 예측하기

출처 : 김성균 동요집. 국민서관.

● **노래의 빠르기와 음의 높낮이를 달리하여 불러 본다.** – ‘씨앗’ 노래를 빠르게 불러 보면 어떤 느낌이 들까? – ‘씨앗’ 노래를 느리게(빠르게) 불러보면 어떤 느낌이 들까? 예 느리게 불렀을 때 : 슬퍼졌어요. 자장가 같아서 편안해요. – 높은(낮은) 음으로 불러 보면 어떤 느낌이 들까? – 높낮이를 달리하여 불러 보니 어떤 느낌이 드니? 예 낮은 음으로 불렀을 때 : 좀 으스스한 것 같아요. 더 씩씩한 느낌이 들어요.	다양한 표현하기 원인과 결과 관계 분석하기
● **유아들과 함께 노래의 멜로디와 리듬을 바꿔 연주한다.** – 여기 있는 멜로디 악기(실로폰, 핸드벨 등)로 어울리는 음을 연주해 볼까? – ○○와 △△가 연주한 음을 연결해 볼까? – ○○와 △△가 연주한 서로 다른 음이 합쳐져서 더 멋진 멜로디가 완성되었구나. – 리듬에 어떤 변화를 주면 더 좋을까? – 원래의 노래보다 음의 길이가 더 짧아지면(길어지면) 어떤 느낌일까? – 우리 몸으로 그 리듬을 한번 표현해 볼까? – 우리가 함께 바꾼 멜로디에 맞춰 노래를 불러보자. 	아이디어를 정교하게 다듬어 발전시켜 표현하기

● 활동을 한 후 그 느낌에 대해 이야기 나눈다.	적용하고 평가하기
활동의 유의점	• '노래 바꾸기' 활동 전에 노래 부를 때마다 곡의 분위기, 리듬, 멜로디, 표현적 질(셈 · 여림, 빠르기) 등 음악적 요소에 대해 충분히 살펴본다. • 위의 활동을 2~3차시에 걸쳐서 진행할 수 있다.
확장활동	• 음악적 요소에 대해 충분히 찾아보고 탐색할 수 있도록 '자연과 주변 환경에서 들리는 소리에서 빠르기, 세기, 리듬, 음의 고 · 저 찾아보기', '악기를 만들어 연주해 보기', '악기 소리 분류해 보기' 등 다양한 활동을 마련해 줄 수 있다.

6. 논리와 창의성 발달을 위한 미술 활동의 실제

미술은 유아가 자신을 둘러싼 세계에 스며 있는 아름다움을 지각하고 탐색하고 분석하며, 즐겁게 표현하는 과정이다. 유아들은 미술 활동 안에서 저다다의 독특한 방법으로 지각하고 느끼며 생각한 것을 자유롭고 분명하게 드러낸다. 미술 활동을 통해 유아는 자연과 사물의 예술적 요소를 탐색하고 창의적 표현 능력과 심미감을 기르며 자신만의 독특하고 창의적인 표현 능력과 태도를 기른다. 또한 미술 활동에서의 상호작용은 유아가 다른 사람들과 서로 생각을 나누고 이해하며 결정을 내리는 기회가 된다. 요컨대 미술 활동은 유아가 전체와 부분, 다양한 형태 등에 대한 지식과 정보를 얻고, 의사소통 기술을 익히며, 주변 세계에 대한 관찰 및 이해력, 시각적 민감성을 기를 수 있는 기회가 될 수 있다.

1) 미술과 논리 · 창의적 사고의 관계

유아는 자신이 관찰하고 경험한 다양한 현상과 사건들에 대한 자신만의 독특한 아이디어들을 미술 작품으로 표현한다. 그러므로 작품에서 나타난 세부적 표현과 정확성 수준은 유아의 사고력을 반영하는 근거라고 할 수 있다. 이와 같이 미술은 개인의 내면이나 경험을 미적 요소가 반영된 형태로 전환시키는 작업으로써 개성 있고 독창적인 표현이 중시된다는 점에서 다른 어떤 교과보다도 창의적 사고의 발달과 밀접하게 관련된다(김윤정, 2004; 윤영란, 2003). 또한 미술은 시각적 경험이자 정신 활동의 일부로서 자연과학에서의 실험 계획과 동일한 탐구과정을 통해 지각하고 생각하는 과정이므로 유아가 추리하고 논리적으로 사고하며 문제 해결력을 기르는 데 효과적이다(김영숙, 신인숙, 2008).

미술 교육의 궁극적인 목표는 생활 속에서의 다양한 미적 체험을 통해 유아가 즐거움을 느끼고 창의적 표현력과 논리적 사고력 및 지각력, 미적 감수성을 지닌 조화로운 인간으로 자라도록 하는 데 있다(Dempsey, 1998; 김윤정, 2004). 토렌스(Torrance)는 창의적 사고가 문제 해결 훈련, 창의적 드라마나 언어적 훈련, 그리고 창작 활동을 통해서 가장 효과적으로 증진될 수 있다고 하였는데(홍은하, 2007), 특히 미술 영역의 활동은 시지각을 통해 대상을 분석하고 종합적으로 이해하며 느낀 것을 바탕으로 이루어지는 창작 활동이란 점에서 유아의 논리 · 창의 능력과 밀접하게 관련된다고 볼 수 있다.

2) 미술을 통한 논리 · 창의 교수 방법 및 실제

주변 세계의 아름다움을 향유하는 심미적인 태도와 창의적이고 비판적인 사고는 생활 속에서의 경험을 통해 어릴 때부터 서서히 길러지는 능력이므로 교사의 지도방법은 미술을 통한 유아의 사고력 발달에 중요한 관건이 된다. 로웬펠트(Lowenfeld)는 직접적인 감각 경험을 통하여 유아의 이미지 형성과 지각력이 발달한다고 하였다(장순미, 2002). 또한 지성애(2001)는 유아의 표상능력 발달을 돕는 미술 교수 방법으로 유아가 주변 세계의 사물이나 현상을 주의 깊게 관찰함으로써 시각적인 정보와 단서를 충분히 확보할 수 있도록 돕는 가운데, 유아의 기억을 상기시켜 주고 상상을 고무해 주는 교수 방법 등을 강조하였다. 따라서 유아교육기관에서는 유아가 자유롭게 자신의 생각을 표현할 수 있는 개방적인 분위기 속에서 다양한 미술 활동에 적극적으로 참여하여 자신의 경험을 깊이 있게 탐색하고 확장하는 기회를 충분히 가질 수 있도록 지도해 주어야 할 것이다. 또한 유아는 자신이 경험하는 모든 활동 속에서 자신에게 진정한 의미가 있는 것들을 재구성해 가므로 미술 활동이 미술 자체로 분리되는 교육보다는 음악, 동작, 동극 등 다양한 교과 영역과 통합될 수 있도록 지도하는 것이 바람직하다.

유아교육 현장에서 이루어지는 유아 미술 교육의 일반적인 형태는 미술 작품 속에서 미적 요소를 탐색하고 이해를 쌓는 감상 활동 및 유아가 미술 자료를 활용하여 자신의 내면을 창의적으로 표현하는 활동으로 구분되며, 이 두 유형이 조화를 이루는 상호 지원적이고 순환적인 경험이 필요하다. 따라서 이 장에서는 미술 감상 및 미술 표현 활동을 중심으로 유아의 논리 · 창의적 사고에 바탕을 둔 미술 활동의 교수 방법 및 실제를 소개하고자 한다.

(1) 미술 감상

미술 감상이란 미술 작품이 지니고 있는 미적 가치를 적극적으로 지각하고 인식하는 활동으로서 미적 감각과 창의적인 사고를 기를 수 있는 좋은 기회가 된다. 즉 유아는 미술 감상을 통해 색, 형태, 질감, 명암 등에 대한 민감한 지각과 사고를 통해 주변 세계의 아름다움을 인식하고 향유하는 태도를 기를 수 있다. 또한 작품을 감상하는 과정에서 유아는 다양한 미술 접근법에 대한 이해를 구축하고 미술 재료나 개념에 대한 지식과 기술을 습득하게 된다. 미술 감상 활동은 수동적으로 보기만 하는 것이 아니라 작품 속에 내재된 주제와 내용, 가치를 탐색하고 분석하며 해석하는 과정이므로 유아들은 다양한 정보들에 대한 비판적 판단 능력 및 통찰력과 분석력, 논리적 사고력을 발달시키는 기회를 갖게 된다.

미술 작품 감상은 유아들이 보고, 느끼고, 이해하고, 즐기는 경험을 통해 상상력을 발휘하고 독창적으로 이야기를 만들면서 사고의 융통성을 키우도록 돕는다. 작품을 감상하는 과정에서 유아는 다른 사람들과의 토의를 통해 자신의 생각과 느낌, 경험을 다양하게 독창적으로 표현하는 능력을 기를 수 있으며, 다양한 미술 용어(어휘)들을 습득할 수 있다. 또한 미술 감상은 지각적 즐거움에 대한 경험에 더하여 비판적 사고와 밀접한 관계를 가지는 시각적 사고를 증진시키며, 미(美)에 대한 판단과 가치 인식은 감상자의 느낌과 생각이 주체가 되기 때문에 정답이 없는 가운데 많은 아이디어의 가능성이 허용된다는 점에서 확산적 사고의 발달을 돕는다.

미술 작품을 감상하는 능력은 자연이나 주변 환경 및 사물에 대한 풍부한 탐색 경험으로부터 시작된다. 즉 감각적, 직접적 경험을 통해 주변의 예술적 요소를 찾고 느끼며, 다양한 재료와 도구들을 탐색하는 것은 자연과 주변 사물이 지니고 있는 예술적 요소들에 대한 유아들의 인식과 지각력을 높여 줄 뿐만 아니라 창의적인 표현 능력과 감상 능력을 발달시키도록 도와주고 촉진해 준다(이미영, 2008).

유아 교실에서 가장 보편적으로 수용되고 있는 미술 감상 방법으로는 펠트만(Feldman)의 미술 비평 단계를 들 수 있으며, 이를 바탕으로 유아의 논리 · 창의적 사고 발달을 돕는 미술 감상 활동을 다음과 같이 전개할 수 있다.

① 서술(묘사)하기

충분한 시간 동안 미술 작품을 자세히 살펴보고 관찰하면서 유아가 본 것을 그대로 모두 나열하여 말하도록 한다. 즉 유아가 작품을 본 대로, 느낀 대로 기술하도록 격려하는 단계이다. 감상의 초기 단계에서 유아들이 발견하고 찾아낸 모든 내용들은 이후 유아가 작품의 특징이나 의미를 분석하고 해석하는 근거가 될 수 있다는 점에서 유아들이 작품에 최대한 주의를 기울이고 민감성을 발휘할 수 있도록 돕는 교사의 역할이 요구된다. 따라서 교사는 유아들이 작품을 관찰하고 본 것들을 기술할 때, 이를 목록으로 만들어 기록하고 필요한 경우 확인하도록 해줌으로써 유아들의 흥미와 집중이 유지될 수 있도록 도와주어야 한다.

〉〉〉 상호작용의 예 – 김득신 '파적도'

- 그림을 처음 보았을 때 어떤 느낌이 들었니?
- 그림을 보니까 기분이 어떠니?
- 왜 그렇게 생각했니?
- 무엇이 보이니?
- 어디를 그린 것 같니?
- 작품을 자세히 살펴보자. 또 무엇이 보이니?
- 작품 속에서 네가 본 것들을 모두 말해 보자.

② 분석하기

유아들과 함께 작품의 조형적 특징에 대해 살펴보고 이야기 나누면서 작품이 내포하고 있는 형식적인 특성을 발견하는 단계이다. 즉 미술 작품 속에 내재되어 있는 선, 형, 색, 질감, 공간감 등 조형의 요소와 균형, 강조, 비례, 운동, 변화, 통일성 등 조형의 원리를 탐색하고 이들 사이의 관계를 살펴보는 것이다. 이때 교사는 상황에 적절한 발문을 통해 유아들이 미술 작품의 특성을 살펴보고 발견할 수 있도록 도울 수 있다. 또한 몇 편의 작품을 함께 모아놓고 선, 색, 명암, 형태, 질감, 주제, 재료 등에서 유사점이나 차이점을 비교하거나 특징을 찾아내어 공통점이 있는 것끼리 분류해 보는 방식의 감상을 통해 유아들의 창의적이고 능동적으로 탐구하는 태도의 발달을 도울 수 있다.

위의 김득신 '파적도'에서 가장 눈에 띄는 조형의 요소는 '선'이다. 곰방대와 남자 어른이 연결되어 만들어진 긴 사선은 그림 전체의 역동적인 느낌을 만들어 낸다. 또한 나뭇가지나 여자 어른의 치맛단에서는 부드러운 느낌의 구불구불한 곡선을 발견하게 된다. 따라서 교사는 이전 단계에서 보았던 작품의 모든 내용들 속에 반영되어 있는 다양한 선의 형태에 대해서 유아들이 집중하여 보고 그 특징을 민감하게 인식하며, 작품에 반영된 규칙이나 원리를 찾아낼 수 있도록 적절한 발문을 통해 자극해 주어야 한다.

>>> 상호작용의 예 – 김득신 '파적도'

- 그림에 어떤 선들이 있는지 찾아보자.
- 그림에서 쭉 곧게 뻗은 (직)선은 어디에 있니? 위에서부터 아래쪽까지 뻗은 선을 찾아보자.
- 왼쪽에서 오른쪽으로 쭉 뻗은 선은 어디에 있니? 오른쪽 아래에서 왼쪽 위쪽으로 뻗은 선은?
- 아저씨의 발끝에서부터 곰방대의 끝부분까지 손가락으로 따라서 그려 보자. 어떤 선이 만들어졌니? 이렇게 뻗은 선의 느낌이 어떠니?
- 그림 속에서 구부러진 (곡)선을 찾아볼 수 있니?
- 곰방대와 치마의 선 모양이 같아 보이니? 어떤 점이 같니? 어떤 점이 다르니?
- 나무 기둥과 나뭇가지의 선이 같아 보이니? 어떻게 다르니?
- 그림 속의 사람들은 어느 쪽을 보고 있니? 우리도 이 사람들이 보는 방향을 따라서 보자. 무엇이 보이니?
- 이 그림은 무엇으로 그린 것 같니? 왜 그렇게 생각하니?

③ 해석하기

이전 단계에서 관찰한 모든 것을 토대로 작품에 대한 감정, 느낌, 분위기 등에 대해서 유아들과 이야기 나누는 단계다. 즉 작품이 주는 메시지나 인상에 대해 이야기 나누면서 작품의 특성과 의미에 대한 유아 개인의 생각이나 느낌을 표현하는 과정이다. 작품에 담겨진 화가의 의도가 무엇인지, 그가 드러내고자 한 주제가 무엇인지, 작품을 감상하는 사람들에게 전달하고자 했던 메시지가 무엇인지를 해석하기 위해서 유아들은 자신의 감각과 경험, 지식 등을 모두 동원하여 반응하게 되며, 이러한 과정을 통해서 창의적이고 비판적인 사고력이 자라날 수 있다. 그러므로 교사는 유아들이 작품의 여러 요소들로부터 가능한 많은 정보들을 연상하고 원인과 결과를 추리하며, 자신의 생각이나 아이디어들을 상세하게 기술해 보는 연습을 할 수 있도록 상호작용해 주어야 한다.

>>> 상호작용의 예 – 김득신 '파적도'

- 여기는 어디일까? 무엇을 보고 그렇게 생각했니?
- 지금 날씨가 어떤 것 같니? 어느 계절인 것 같니? 왜 그림 속 계절이 봄이라고 생각하니?
- 그림 속에 누가 있니? 아저씨(아주머니, 어미닭, 병아리, 고양이)는 지금 무엇을 하고 있니?
- 아저씨는 왜 소리를 지르고 있을까? 뭐라고 소리치는 걸까?
- 이들에게 무슨 일이 일어난 것 같니? 왜 이런 일이 일어난 걸까?
- 이 작품의 제목은 무엇일 것 같니? 왜 화가는 작품의 제목을 '파적(고요함을 깨뜨리다)도' 라고 지었을까?
- 무엇 때문에 고요함이 깨졌을까? 그림 속에서 어떤 소리들이 날 것 같은지 상상해 보자.
- 이 다음에 어떻게 될 것 같니? 이런 일이 일어나기 전에 아저씨(아주머니, 어미닭과 병아리 고양이)는 어떤 모습이었을까?
- 작가는 왜 이 그림을 그렸을까?
- 만약 네가 이 작품을 그린 화가라면 이 그림에 어울리도록 어떤 제목을 붙여 주고 싶니?

④ 판단(평가)하기

이제까지의 과정에서 분석된 모든 정보를 종합하여 작품의 가치를 판단하고 결정하며 유아 개인의 선호 정도를 표현하는 단계다. 교사는 유아들이 단순히 '어떤 작품이 좋다, 나쁘다' 라고 표현하는 수준에서 감상이 끝나는 것이 아니라, 미술 작품의 장점을 확인하고 아름다움을 소중하게 여기며 존중하는 태도를 기를 수 있도록 지도한다. 또한 작품 감상과정에서 만들어진 다양한 아이디어들을 토대로 작품의 가치에 대한 개인적인 의견을 형성하고, 근거를 들어 그 이유를 구체적으로 설명하면서 다른 사람들과 다양한 의견을 나누는 경험들이 균형 있게 이루어질 수 있도록 상호작용하여야 하며 그 예는 다음과 같다.

상호작용의 예 – 김득신 '파적도'

- 이 작품이 마음에 드니? 어떤 점이 마음에 드니?
- 이 작품에서 특별히 좋은 점은 어떤 것이라고 생각하니?
- 이 그림을 어디에 걸어두면 좋을까? 그 이유는 무엇이니?
- 이 그림에서 바꾸었으면 좋겠다고 생각하는 부분이 있니?
- 만약 네가 화가라면 어느 부분을 바꾸고 싶니? 왜 그렇게 생각하니?

활동의 예

(1) 고흐 '해바라기'

〈감상 활동의 핵심〉

조형의 요소 : 색, 선, 형, 질감

조형의 원리 : 균형, 통일성

작품의 특징 : 따뜻하고 통일감 있는 색상과 위와 아래쪽의 균형감이 잘 살아 있으며, 해바라기의 변화롭고 생동감 있는 모양과 움직임이 느껴지는 작품으로 자연(식물)에 대한 유아의 경험과 다양한 정보를 나누는 활동으로 연계될 수 있다.

활동명	명화 '해바라기'를 감상해요	생활주제	동 · 식물과 자연/계절
활동유형	대 · 소집단 활동 – 미술 감상	활동연령	만 5세
활동목표	• 작품에 내재되어 있는 조형의 요소와 원리를 탐색하고 지각한다. • 미술 작품의 아름다움을 인식하고 즐거움을 느낀다.		
누리과정 관련 요소	• 예술경험 : 예술 감상하기 – 다양한 예술 감상하기 • 자연탐구 : 탐구하는 태도 기르기 – 호기심을 유지하고 확장하기		
활동자료	명화 패널(포스터) – 빈센트 반 고흐 '해바라기'		
사전활동	• 주변 산책 / 꽃집 견학 유아들과 함께 해바라기를 비롯하여 주변에 피어 있는 꽃을 관찰하고 그 특징에 대해서 이야기 나눈다.		

활동내용	논리 · 창의 관련 요소
● **산책(견학)을 가서 보았던 꽃(해바라기 포함)들에 대해서 기억하여 이야기한다.** – 산책을 갔을 때 어떤 꽃들을 보았니? – 우리가 본 꽃들 중에 해바라기가 있었니? – 어떤 모양이었는지 기억나니? 꽃에서 어떤 색깔을 찾았었지?	
● **유아들과 함께 미술 작품의 제목과 화가의 이름, 생애 등에 대해서 알아본다.** – 우리가 보았던 해바라기를 그림으로 그린 화가가 있는데, 그 사람의 이름은 '빈센트 반 고흐' 라고 해. 고흐는 네덜란드의 화가란다. – 오늘은 고흐의 작품 중에서 '해바라기' 라는 작품을 감상해 보자.	
● **유아들과 함께 작품을 본 대로, 느낀 대로 서술해 본다.** – 그림을 보니까 어떤 느낌이 드니? – 왜 그런 느낌이 들었을까? – 그림 속에 어떤 것들이 보이니? – 그 중에서 가장 눈에 띄는 것은 무엇이니?	분명하고 설득력 있게 표현하기 정보를 나열하기
● **유아들과 함께 작품의 미술적 특징에 대해서 이야기 나눈다.** – 그림에 어떤 색깔이 보이니? – 가장 많은 색깔은 어떤 색이니? – 그 색의 느낌이 어떠니? – 꽃의 색깔을 보자. 어떤 색이니? – 정말 모든 꽃들이 같은 색깔인지 자세히 보자. 모두 같은 색이니? – 가장 짙은 색깔이 어디에 있는지 찾아보자? – 가장 옅은 색깔은 어디에서 볼 수 있니? – 해바라기의 크기는 서로 어떠니? – 해바라기 꽃잎의 모양을 잘 살펴보자. 서로 다른 점이 있니? – 그림의 아래쪽은 어디니? 그곳에 무엇이 있니? – 그림의 위쪽에는 무엇이 보이니? – 만약 꽃병이 놓여 있는 바닥이 없다면 어떨까? – 꽃병이 놓인 탁자와 벽의 색이 바뀐다면 어떨까? – 해바라기들은 모두 같은 방향을 향하고 있니? – 그래, 위쪽을 보는 해바라기도 있고 옆을 보는 것도 있고, 아래쪽을 향하고 있는 것도 있구나. – 해바라기들이 서로 다른 방향을 향하고 있는 모습을 보니까 느낌이 어떠니? – 해바라기들이 모두 아래쪽(위쪽)을 향하는 모습이었다면 어땠을까?	당연하게 받아들였던 사실에 대해 의문품기 문제를 다양한 관점에서 조망하기 주어진 정보를 기초로 상상하기

● **작품의 의미와 메시지에 대해서 유아들이 해석한 내용에 대해서 이야기 나눈다.** – 꽃병에 해바라기가 가득 꽂혀 있는 모습을 보니까 어떤 생각이 드니? – 그림 속의 해바라기들은 모두 같은 생각을 하고 있을까? – 얼굴을 위쪽으로 향하고 있는 해바라기들은 어떤 생각을 할 것 같니? – 아래쪽을 향해 구부러져 있는 모습의 해바라기를 보니까 어떤 느낌이니? 무슨 생각을 하고 있을까? – 화가는 왜 이런 그림을 그렸을까? – 네가 화가라면 이 그림의 제목을 어떻게 붙여 보고 싶니?	아이디어를 정교하게 발전시켜 표현하기
● **작품의 가치에 대한 유아 나름의 판단이나 평가 내용에 대해서 이야기 나눈다.** – 고흐의 작품 '해바라기'가 마음에 드니? – 어떤 점이 마음에 드니? – 이 작품을 그린 고흐에게 칭찬을 해준다면 어떤 점을 칭찬해 주고 싶니? – 이 그림을 보지 못한 가족들에게 보여주고 싶은 마음이 드니? – 왜 그렇게 생각하니? – 만약에 이 작품이 우리 교실에 전시한다면 어디에 걸어두면 좋을까? – 왜 그렇게 생각하니? – 네가 만약 고흐라면 그림에서 바꾸고 싶은 부분이 있니? – 어느 부분을 어떻게 바꾸고 싶니? – 왜 꽃병을 더 크게 그리고 싶다는 생각을 했니? – 그래, 꽃은 큰데 그에 비해 꽃병이 작아서 넘어질 수도 있을 것 같은 느낌이 들었구나. – 꽃의 크기가 크니까 좀 더 큰 꽃병이 잘 어울릴 수 있겠구나.	논리를 근거로 추론하기 참신한 아이디어나 해결책 찾아내기 논리를 근거로 설득력 있게 주장하기

활동의 유의점	• 유아들이 자신의 느낌이나 생각, 경험 등을 바탕으로 사고를 확장할 수 있도록 개방적인 분위기를 조성해 준다.
확장활동	• 해바라기의 다양하고 역동적인 모습을 신체로 표현해 본다. • 그림의 배경색을 다른 색으로 바꾸었을 때 어떤 느낌인지에 대해 이야기해 본다. • 주변 환경에 피어있는 꽃들을 세심하게 관찰하고 이야기 나눈 후 꽃의 특징을 살려 그림 그린 후, 꽃 그림 전시회를 한다.

(2) 박수근의 '나무와 두 여인'

〈감상 활동의 핵심〉

조형의 요소 : 색, 선, 공간감, 질감

조형의 원리 : 강조, 균형, 비례

작품의 특징 : 따뜻한 색채와 곡선의 아름다움, 독특한 질감이 느껴지는 가운데, 큰 나무를 중심으로 양쪽의 공간 구성이 이루는 균형과 안정감이 인상적이다. 유아들과 함께 그림 속 이야기를 상상하거나 재구성해볼 수 있는 재미의 요소도 갖추고 있다.

활동명	명화감상 '나무와 두 여인'	생활주제	동 · 식물과 자연/계절
활동유형	대 · 소집단 활동 – 미술 감상	활동연령	만 5세
활동목표	• 작품에 내재되어 있는 조형의 요소와 원리를 탐색하고 지각한다. • 미술 작품의 아름다움을 인식하고 즐거움을 느낀다.		
누리과정 관련 요소	• 예술경험 : 예술 감상하기 – 다양한 예술 감상하기 • 자연탐구 : 탐구하는 태도 기르기 – 호기심을 유지하고 확장하기		
활동자료	명화 패널(포스터) – 박수근 '나무와 두 여인'		
사전활동	• 유치원 또는 가까운 공원이나 야산 산책을 하면서 주변 환경에 있는 나무들의 모습을 관찰하고 나무 주변에서 자유롭게 놀이한다.		

활동내용	논리 · 창의 관련요소
● **유아들과 함께 산책 경험에 대해 이야기 나눈다.** – 나무 주변에서 무엇을 하고 놀았는지 이야기해 보자.	
● **유아들과 함께 미술 작품의 제목과 화가의 이름, 생애 등에 대해서 알아본다.** – 오늘은 박수근의 화가의 작품을 감상해 볼 거야. – 박수근 화가는 우리나라 사람들이 가장 좋아하는 화가 중 한 분이란다.	

– 열두 살 때 프랑스 화가 밀레의 '저녁종'이란 작품을 본 뒤, 밀레와 같은 화가가 되게 해달라고 간절히 기도해서 마침내 꿈을 이루었대. – 많은 사람들은 박수근 선생님을 '나무가 되고 싶은 화가'라고 부르는데, 그 이유가 무엇일까? – 그림을 감상하면서 왜 사람들이 박수근 화가를 '나무가 되고 싶은 화가'라고 부르는지에 대해서도 잘 생각해 보자.	문제 명료화하기
● **유아들과 함께 작품을 보고 느낀 대로 서술해 본다.** – 그림을 보니까 어떤 느낌이 드니? – 왜 그런 느낌이 들었을까? – 그림 속에 무엇이 보이니? – 어디를 그린 것 같니?	주어진 정보를 근거로 주장하기
● **유아들과 함께 작품의 미술적 특징에 대해서 이야기 나눈다.** – 그림을 볼 때 가장 먼저 눈에 띈 것은 무엇이니? – 왜 그 부분이 두드러질까? – 그 부분이 더 크기 때문일까? – 그래, 색깔이 가장 짙어서 눈에 먼저 보일 수 있겠다. 또 크기가 커서 먼저 눈에 띄기도 하는구나. – 만약에 그림 속에 나무가 없다면 어떤 느낌일까? – 그래, 아래쪽에만 그림이 있고 윗부분은 비어 있어 허전해 보일 수도 있겠다. – 만약에 나무 왼쪽 오른쪽의 사람들이 없이 나무만 그려져 있다면 어떨 것 같니? – 그래, 윗부분의 나무 기둥에 비해 나뭇가지가 너무 많아서 무거워 보일 수도 있겠구나. – 나무의 오른쪽(왼쪽)의 사람이 없다면 어떨까? 왜 그렇게 생각하니? – 그림에서 어떤 선들을 볼 수 있니? – 똑바로 쭉 뻗은 선(직선)을 찾아보자. 손가락으로 선을 따라가 볼까? 느낌이 어떠니? – 구부러진 선을 찾아서 손가락으로 따라가 보자. – 가장 긴 선은 어디에 있니? – 이 그림을 실제로 만져 볼 수 있다면 만져 본 느낌이 어떨 것 같니? 왜 그렇게 생각했니?	논리적 근거 찾기 다양한 시각으로 문제 조망하기 당연하게 생각했던 사실에 대해 의문 품기 주어진 정보를 기초로 상상하기 결과 예측하기

● 작품의 의미와 메시지에 대해서 유아들이 해석한 내용에 대해서 이야기 나눈다. - 화가는 왜 나무가 있는 이 그림을 그렸을까? - 나무 옆에 사람들을 그려 넣은 이유는 무엇일까? - 그림 속의 사람들은 지금 무엇을 하고 있는 것 같니? - 그 사람들의 마음(기분)은 어떤 것 같니? 왜 그렇게 생각하니? - 화가는 하루 중 언제 이 그림을 그렸을까? 무엇을 보고 그렇게 생각했니? 혹시 다르게 생각하는 사람 있니? - 이 그림의 제목은 무엇일까? 왜 그렇게 생각하니? - 이 그림의 원래 제목은 '나무와 두 여인'이란다. 만약 내가 화가라면 그림에 어떤 제목을 붙이고 싶니? 어울린다고 생각하는 제목을 모두 말해 보자? - 너희들이 지은 제목들 중에서 이 그림의 새로운 제목으로 가장 어울리는 제목은 무엇이라고 생각하니? 왜 그렇게 생각하니?	주어진 정보를 기초로 상상하기 논리를 근거로 추론하기 의사결정의 적합성 평가하기
● 작품의 가치에 대한 유아 나름의 판단이나 평가 내용에 대해서 이야기 나눈다. - 이 그림 마음에 드니? - 특별히 어떤 점이 마음에 드니(잘 표현되었다고 생각하니)? - 그림에서 바꾸고 싶은 부분도 있니? - 어느 부분을 어떻게 바꾸고 싶니? - 왜 그렇게 생각했니? - 이 그림을 우리 집에 걸어둔다면 어느 장소가 가장 좋을까? 왜 그렇게 생각하니?	다양한 해결책 찾아내기

활동의 유의점	• 유아들이 작품의 미적인 구성 요소와 적용된 원리를 세심하게 관찰하고 이야기할 수 있도록 적합한 질문을 통해 생각을 격려해 준다.
확장활동	• 나무에 관한 그림책이나 과학 도서를 읽는다. 예 동화 '아낌없이 주는 나무 • 주변 환경에서 내가 좋아하는 나무를 찾아보고 내 나무 돌보기를 한다. • 나무 옆에서 할 수 있는 다양한 활동 (예 나뭇잎 주워 색환 만들기, 나무 아래 누워 나뭇잎 사이로 보이는 하늘 관찰하기, 바람에 나뭇잎이 움직일 때 나는 소리 듣고 언어로 표현하기 등)을 경험한다.

(3) 명화 '고흐의 방'과 '별이 빛나는 밤'의 비교 감상

같은 화가의 다른 작품을 비교 감상하는 활동은 유아들로 하여금 화가의 독특한 화풍(작품 특성)과 분위기를 느끼고 탐색할 수 있도록 해준다. 또한 같은 화가의 여러 작품들을 비교하고 분석해 보는 경험을 통해 유아들은 각각의 작품에 스며 있는 고유의 특성을 이해하고 관심을 가지고 세심히 살펴보는 태도를 기를 수 있다. 더욱이 작품에 대한 느낌과 생각을 다른 사람과 공유하는 과정에서 자신의 기존의 생각에 새로운 의문을 품거나 논리적인 근거를 찾고 이를 바탕으로 의사소통하고 문제를 해결해 가는 연습을 할 수 있다는 점에서 논리 · 창의적 사고의 발달에 유익한 활동이 될 수 있다.

'고흐의 방'

'고흐의 방'은 빨강, 노랑, 초록, 파랑, 보라, 주황 등 6가지 기본 색이 조화롭게 배치되어 만들어진 안정감과 쭉 뻗은 선의 사용 및 크고 작은 소품의 표현으로 공간감과 원근감이 잘 살아 있는 작품이다.

'별이 빛나는 밤'

'별이 빛나는 밤'은 조용하고 평화롭게 묘사되어 있는 마을 위쪽 별이 빛나는 하늘에서 소용돌이치는 곡선의 역동성이 잘 묘사되어 있는 점과 왼쪽의 사이프러스 나무와 마을의 모습이 대칭을 이루어 만들어 내는 균형감이 감상의 포인트가 될 수 있다.

활동명	같은 화가, 다른 작품	생활주제	나와 가족/우리 동네
활동유형	대 · 소집단 활동 – 미술 감상	활동연령	만 5세
활동목표	• 화가의 독특한 화풍과 분위기에 대해 관심을 가지고 주의 깊게 살펴본다. • 두 작품에 내재되어 있는 조형의 요소(선)를 탐색하고 비교 · 분석한다.		
누리과정 관련 요소	• 예술경험 : 예술 감상하기 – 다양한 예술 감상하기 • 자연탐구 : 탐구하는 태도 기르기 – 호기심을 유지하고 확장하기		
활동자료	명화 패널(포스터) : 고흐의 '고흐의 방', '별이 빛나는 밤'		
사전활동	• 명화 '고흐의 방'과 '별이 빛나는 밤'을 감상한다.		

활동내용	논리 · 창의 관련 요소
● **이젤 위에 전시되어 있는 두 미술 작품 패널을 보면서 보고 느낀 점을 이야기한다.** – 여기 이 그림들을 본 적이 있니? 언제 보았니? – 두 그림을 함께 놓고 보니까 어떤 느낌이 드니? – 두 작품을 본 느낌이 같니? – 어떤 점이 같니? 어떤 점이 다르니? – 이 작품을 그린 화가의 이름을 기억하니? – 그래, 네덜란드의 화가인 '빈센트 반 고흐'였지. – 두 그림의 제목이 무엇인지 기억하고 있니? – 그래, 잘 기억하고 있구나. 왼쪽에 있는 작품의 제목은 '고흐의 방'이고 오른쪽 작품의 제목은 '별이 빛나는 밤'이야.	다양한 시각으로 상황과 문제 조망하기
● **각 작품의 미술적 특징을 찾아보고 비슷한 점과 다른 점을 비교하여 이야기한다.** – 그림 속에 무엇이 있는지 다시 한 번 자세히 보자. – 두 그림 사이에 비슷한 점이 있는지 찾아보자. – 서로 아주 많이 달라 보이는 점이 있니? 무엇이 그러니? – ○○는 '별이 빛나는 밤' 그림에는 밤하늘이 소용돌이치는 것 같은 선이 있는데 '고흐의 방'에는 그런 모양의 선이 없다고 했어. 정말 그런 것 같니? – 작품 속 선의 모양이 다르다는 것을 어떻게 알 수 있니? – '고흐의 방' 그림에는 어떤 선들이 보이니? – 손가락으로 그림속의 선을 따라서 그려 보자. 느낌이 어떠니? – 우리 몸에서도 그림 속의 선처럼 쭉 뻗은 모양의 선을 찾아보자.	문제의 요지 파악하기 다양한 해결 방법을 비교, 분류, 대조하기

<table>
<tr><td colspan="2">- 쭉 뻗은 모양의 선은 두 그림 중에서 '고흐의 방'에서만 찾을 수 있을까? '별이 빛나는 밤'에서는 찾을 수 없는 걸까?
- 이번에는 '별이 빛나는 밤'에 있는 구부러진 선을 따라서 그려보자. 느낌이 어떠니?
- 우리 몸에도 이렇게 둥글고 구부러진 모양의 선이 있는지 찾아볼까?
⬇
● 두 작품의 가치에 대한 유아 나름의 판단이나 평가 내용에 대해서 이야기 나눈다.
- 두 작품 중 마음에 드는 한 작품을 선택해야 한다면 어떤 것으로 하겠니?
- 왜 그렇게 생각했니?
- 모든 사람들의 생각이 같은 그림을 선택할까?
- 다르게 생각하는 사람 있니?</td><td>반대 주장이 있을 가능성 따져보기

논리를 근거로 분명하게 의견 말하기</td></tr>
<tr><td>활동의 유의점</td><td colspan="2">• 유아들이 자신의 경험을 바탕으로 화가 났을 때 문제를 해결할 수 있는 다양한 방법들에 대한 아이디어를 있는 대로 모두 쏟아놓을 수 있도록 충분히 격려해 준다.</td></tr>
<tr><td>확장활동</td><td colspan="2">• 다양한 모양의 선이 그려져 있는 바닥 위를 음악을 들으면서 선을 따라 걸어본 후 느낀 점을 이야기 나눈다.</td></tr>
</table>

(2) 미술 표현 활동

유아들은 생활 속에서 보고, 느끼고, 생각하고 상상한 것을 자유롭고 창의적인 방법으로 표현한다. 즉 오감각을 통해 습득된 지각과 자기 생각을 미술 활동을 통해 표현하고자 하며, 이러한 활동은 다양한 미술 재료와 도구들의 특성을 중심으로 그리고, 찢고 자르고 붙이고 흙으로 주무르는 등의 활동으로 이루어진다.

일반적으로 미술 표현 활동은 크게 다양한 재료와 여러 기법을 사용한 그리기, 꾸미기, 찍기, 염색 등을 포함한 평면 미술활동과 조소, 공예, 각종 콜라주, 입체적인 만들기와 꾸미기, 쌓아서 구성하기, 종이 접기 등을 포함한 입체 미술활동으로 분류된다. 유아들은 평면 미술 활동만큼이나 공간감과 입체감을 경험할 수 있는 입체 미술 활동을 좋아한다. 따라서 유아교육기관의 미술 표현 활동은 평면 미술 활동에 치중되어 있는 현재에서 더 나아가 발달에 적합하면서도 다양한 유형의 미술 경험을 제공하는 균형 있는 미술 활동을 마련하여 제공해 줄 필요가 있다. 또한 유아는 자신이 경험하는 모든 활동 속에서 자신에게 진정한 의미가 있는 것들을 재구성해 가므로 미술적 경험은 음악, 동작, 동극 등 다양한 영역과의 통합적인 연계 속에서 이루어지는 것이 바람직하다.

창의성의 발달은 자유롭고 개방적인 분위기 속에서 유아가 느낀 것이나 경험한 것을 바탕으로 새로운 것을 발견하고 만들어 내면서 유연하고 기발한 사고과정을 자주 경험할 때 이루어질 수 있다. 따라서 유아의 자기 표현과 다양한 생각들을 수용하고 존중하는 열린 교육환경을 구성하여 제공해 주는 일이 중요하다. 유아 나름대로의 생각이나 느낌을 그들의 방법으로 표현할 수 있도록 유아의 선택과 결정을 존중해 주고 실수를 하더라도 부끄러워하지 않아도 되며, 유아가 여러 가지 방법과 가능성을 시도하고 이 모든 모험들이 수용되는 분위기여야 한다.

또한 적절한 흥미 유발과 다양한 매체 및 재료를 풍부하게 제공할 때 유아는 자기 표현에 대한 자신감을 가지고 창의적인 표현을 할 수 있다. 경험이나 배움 없이 잘 모르거나 익숙하지 않은 것을 생각하고 표현하도록 하는 것과 같은 무조건적인 표현 중심 수업은 유아가 성취감을 느끼지 못하게 하는 요인으로 작용할 수 있으므로 유아 발달에 적합한 미술 교육 내용을 체계적으로 가르쳐 주어야 한다.

유아가 미술 재료의 사용 방법과 표현 기법에 대한 기본적인 이해를 가질 수 있도록 미술 재료나 기법에 대해 자유롭고 자율적으로 다양하게 탐색할 수 있는 기회를 부여함으로써 자기만의 새로운 표현양식을 발견하고 자신의 표현 의도에 맞는 표현 방법을 모색하도록 도울 수 있다. 예를 들면 종이를 잘라 보고 찢어 보고 구겨 보고 구멍을 뚫어 보고 태워 보고 물에 적셔 보고 두드려 보고 비틀어 보고 입체화시켜 보는 등의 기본 활동을 통하여 다양한 기법을 탐색해 본 후에 자신의 표현 의도에 맞는 기법을 정하여 스스로의 표현과 연결지을 수 있다.

미술 활동의 동기 유발 단계에서 교사는 유아의 흥미를 고조시키고 문제 해결을 위해 안내자, 제안자가 되어야 한다(조경화, 2004). 잘 계획된 물리적 환경은 프로그램의 질에 기여하므로 교사가 개입하지 않아도 유아 스스로 자신의 느낌과 생각을 자유롭게 조형 작품으로 표현할 수 있는 분위기와 환경을 준비해 주는 것이 중요하다. 반즈(Barnes)는 유아의 창의적인 미술 활동을 위해 사물을 주의 깊게 다양한 각도에서 볼 수 있도록 그림, 사진, 실물 등의 자료들을 제공해 주는 것이 도움이 된다고 하였다(장순미, 2002). 즉 유아의 시각적 경험을 풍부하게 함으로써 자유롭고 창의적인 미술 표현을 도울 수 있다는 것이다.

미술 활동 과정에서의 토론은 유아가 미술에 대한 다양한 정보(선, 표현 방식, 질감, 색, 형태 등)들을 발견하고 이해하는 기회가 될 수 있으며, 유아가 진행하고 있는 과정에서 일어나는 일들에 대한 교사의 언어적 인정과 상황에 적합한 발문은 활동에 대한 유아의 흥미를 고조시키고 더 높은 수준의 사고로 향할 수 있도록 돕는다. 그러므로 교사는 또래 및 성인과의 상호작용 및 의사소통의 기회를 제공하고 필요한 상황에 개입하여 유아의 사고 및 표현과정을 지원해 주어야 한다.

다양한 미술 표현 활동 중 그리기, 꾸미기, 만들기를 통한 논리 · 창의교육의 실제는 다음과 같다.

〉〉〉 그리기 활동의 예

활동명	【그리기】 소리를 듣고 떠오르는 것을 선(점, 모양)으로 표현해요	생활주제	동 · 식물과 자연
활동유형	대 · 소집단 활동 – 조형	활동연령	만 4세
활동목표	• 소리를 듣고 상상하는 활동을 통해 사고의 유창성을 기른다. • 소리의 느낌을 다양한 상징 기호로 표현한다.		
누리과정 관련 요소	• 예술경험 : 예술적 표현하기 – 미술 활동으로 표현하기, 통합적으로 표현하기		
활동자료	물감(먹물), 붓, 여러 모양의 종이, 여러 가지 리듬악기(트라이앵글, 캐스터네츠, 에그쉐이커, 카바스, 코끼리 코, 윈드차임 등), 자연의 소리 녹음 자료(시냇물 소리, 바람소리, 천둥 소리 등)		
사전활동	• 점, 선, 모양 등 다양한 그림 상징(기호)에 대해서 알아본다. • 소리를 들으면서 그 느낌을 신체로 표현한다.		

활동내용	논리 · 창의 관련 요소
● 소리를 들으면서 신체로 표현해 본 경험에 대해서 이야기 나눈다 – 어떤 소리들을 들었었니? – 바람이 부는 소리를 표현하기 위해서 몸을 어떻게 움직였니? – 더 세게 부는 바람 소리였을 때는 몸을 어떻게 움직였니? – 큰 소리를 들을 때에는 우리 몸의 움직임도 더 커졌구나.	원인과 결과 관계 분석하기
● 소리를 들으면서 그림 상징(기호)으로 표현하는 활동에 대해서 소개한다. – 여기에 무엇이 준비되어 있는지 살펴보자. – (각각의 자료를 보며) 이것이 무엇인지 알고 있니? 이것을 본 적이 있니? 이름이 무엇일까? – 이것들을 가지고 어떤 활동을 할 수 있을까? – 그래, 우리가 소리의 느낌을 몸으로 표현했던 것처럼 이번에는 소리를 들 으면서 그 느낌을 그림으로 표현해 보는 놀이를 해볼 거야. – 뚝 뚝 끊어지는(끊어지지 않고 계속 이어지는) 소리를 들었을 때는 그림을 어떻게 그리면 좋을까? – 소리가 점점 커진다면 그 느낌을 어떻게 그림으로 표현해 볼 수 있을까? – 커졌다 작아졌다 커졌다 작아졌다 계속 소리의 크기가 바뀔 때에는 어떻게 표현해 볼 수 있을까?	가능한 아이디어 산출하기 주어진 정보를 기초로 상상하기
● 소리를 들으면서 종이 한 장에 한 가지 소리에 대한 느낌을 선으로 표현한다. – 어떤 소리가 들리니? – 그래, 소나기가 오기 전에 들려오는 천둥 소리 같구나. – 천둥 소리의 느낌이 어떠니? – 그 느낌을 그림으로 그려 보자.	다양한 표현하기
● 완성된 결과에 대해서 서로 소개하고 이야기 나눈다. – ○○의 그림을 보니까 느낌이 어떠니? – 어떤 소리를 듣고 이렇게 표현했을까? – ○○와 비슷하게 표현한 그림이 있니? – 천둥 소리를 다르게 표현한 사람이 있니? – 같은 소리를 들었는데 왜 다른 그림으로 표현했을까? – 소리를 듣고 그림을 그려 보니까 어떤 생각이 드니? – 오늘 활동을 통해서 새롭게 알게 된 점이 있니?	논리적 근거 찾기 논리를 근거로 추론하기

활동의 유의점	• 활동 전에 유아들이 다양한 유형의 그림 상징(기호)에 대해 충분히 경험할 수 있도록 관련 경험을 제공한다.
확장활동	• 유아들의 작품을 묶어서 소리그림책을 만든다(예 : 천둥 소리 그림책). • 소리 그림을 보고 상상 이야기를 지어 본다.

활동명	【그리기】 비오는 풍경 그리기	생활주제	계절
활동유형	대 · 소집단활동 – 조형	활동연령	만 4세
활동목표	• 비오는 풍경을 표현하기 위한 다양한 방법이나 아이디어를 생각한다. • 고정적인 방법에서 벗어나 새롭고 독특한 표현 방법을 창안한다.		
누리과정 관련 요소	• 예술경험 : 예술적 표현하기 – 미술 활동으로 표현하기		
활동자료	물감, 여러 모양의 종이, 붓, 크레파스		
사전활동	• 자유롭게 바깥 풍경 그림을 그린다. 이때 바탕색은 칠하지 않는다.		

활동내용	논리 · 창의 관련 요소
● **사전에 유아들이 그린 풍경 그림을 보면서 이야기 나눈다.** – 어떤 풍경을 그린 그림인지 이야기해 보자. – ○○는 유치원의 놀이터에서 친구들과 함께 노는 장면을 그렸구나. – 가족들과 함께 숲 속으로 소풍을 가서 즐겁게 지내는 장면을 그린 사람도 있네. – 바다에서 수영을 하고 있는 장면을 그린 친구도 있구나. – 이렇게 우리가 밖에서 여러 가지 활동을 하고 있는데 갑자기 비가 온다면 어떻게 하면 좋을까?	요점과 요지 및 의도 파악하기 주어진 정보를 기초로 상상하기
● **준비된 재료들을 소개하고 비오는 날 풍경을 표현하는 방법에 대해 알아본다.** – 너희들의 그림을 비오는 날의 풍경으로 바꿀 수 있을까? – 여기에 어떤 재료가 있니? – 물감을 이용하여 비오는 날을 표현하는 방법에는 어떤 것이 있을까? – 그래, 붓으로 비를 그려 넣는 방법이 있겠구나.	가능한 아이디어 산출하기

– 또 어떤 방법이 있을까? – 그래, 붓에 물감을 묻혀 뿌리면 정말 비가 오는 풍경 같겠다. – 그림 위에서 물감 물을 뚝 뚝 떨어뜨려서 빗방울을 표현할 수도 있겠구나.	다양하게 표현하기
● **비오는 날 풍경 그림을 완성한다.** – 그림이 그려진 종이를 비스듬히 세워 보자. 종이 위쪽에 물감 물을 떨어뜨리면 어떤 일이 일어날 것 같니? – 그래, 물감이 아래쪽으로 흘러서 빗줄기처럼 보일 수도 있겠다.	결과 예측하기
● **완성된 작품을 소개하고 평가한다.** – ○○의 그림을 보니까 느낌이 어떠니? – 무엇을 보고 그런 생각이 들었니?	논리적 근거 찾기

활동의 유의점	• 하늘을 관찰하기에 좋은 장소를 선택하여 표현할 수 있도록 안내한다. • 눈에 보이는 하늘의 모습을 제한된 공간에 담아내는 것을 유아들이 어려워할 수 있으므로 모형 카메라를 이용하여 한 장면을 표현할 수 있도록 돕는다.
확장활동	• 유아들이 표현한 하늘 작품을 이어 붙여 공동작품 '하늘'로 완성할 수 있다.

》》 꾸미기 활동의 예

활동명	【꾸미기】 한지 조각으로 하늘을 꾸며요	**생활주제**	계절
활동유형	대 · 소집단 활동 – 조형	**활동연령**	만 4세
활동목표	• 하늘 관찰을 통해 한 가지 색이 아니라 조금씩 차이가 있는 여러 색으로 이루어져 있다는 것을 발견한다. • 색의 조화에 대해서 관심을 가지고 표현한다.		
누리과정 관련 요소	• 예술경험 : 예술적 표현하기 – 조형 활동으로 표현하기, 통합적으로 표현하기 • 예술경험 : 아름다움 찾아보기 – 미술적 요소 찾아보기		
활동자료	한지(검정색, 회색, 파란색 계열의 여러 색 등), 풀, 켄트지(8절), 여러 가지 그리기 도구, 카메라 모형(테두리만 있는 것)		
사전활동	• 날씨의 변화가 있는 날(예 : 맑았다가 흐려지는 날) 바깥놀이에서 하늘을 관찰한다. • 카메라 모양 틀을 활용하여 가장 마음에 드는 하늘 장면을 사진 찍어 본다.		

활동내용	논리 · 창의 관련 요소
● **바깥놀이 시간에 하늘을 관찰하면서 사진 찍기 놀이를 했던 경험에 대해 이야기를 나눈다.**	
– 바깥놀이에서 무슨 활동을 했니? 무엇을 보았니?	
– 하늘을 보고 있으니까 느낌이 어땠니?	
– 하늘을 관찰하면서 새롭게 알게 된 점이 있니? – 오늘 바깥놀이 시간에 본 하늘의 색깔은 어땠었니? – 한 가지 색이었니? 아니면 다른 색도 발견했니?	당연하게 받아들여졌던 사실에 대해 의문 품기
– 우리가 본 하늘은 계속 같은 모습이었니? 아니면…	판단 유보하기
● **한지를 이용한 하늘 꾸미기 활동에 대해 알아본다.**	
– 우리가 오늘 바깥놀이에서 본 똑같은 하늘의 모습을 또 볼 수 있을까? – 어떻게 하면 보고 싶을 때마다 같은 모습의 하늘을 계속 볼 수 있을까?	문제 해결을 위한 정보 수집하기
– 그래, 사진을 찍어두는 방법이 있구나.	
– 그림을 그려놓고 보고 싶을 때마다 보면 되겠구나.	
– 이것(한지)이 무엇인지 알고 있니?	
– 이 종이의 이름은 한지라고 해. – 한지를 이용해서 하늘의 모습을 표현해 보면 어떨까?	다양한 해결책 찾아내기
– 어떤 방법으로 하늘을 표현하면 좋겠니?	
– 그래, 한지에 그림을 그리거나 색을 칠하는 방법도 있겠구나.	
– (크레파스, 색연필, 사인펜, 파스텔 등 그림 도구를 제시한다) 한지에 그림 을 그리는 도구로는 어떤 것이 적당할까?	논리적 근거 찾기
– 왜 그 도구가 알맞다고 생각하니?	
– 한지 위에 그림을 그릴 때 조심해야 할 점이 있을까? 생각한 것을 모두 말해 보자.	아이디어를 정교하게 다듬어 발전시키기
– 우리가 본 하늘은 모두 같은 색이 아니었는데, 조금씩 다른 하늘의 색깔을 표현하는 또 다른 방법이 있을까?	
– 한지를 조금씩 손으로 찢어서 붙이면서 꾸며 보면 어떨까?	
– 한지에 그림을 그리는 방법, 그리고 찢어 붙여 꾸몄을 때, 완성된 하늘의 모습이 같을까?	결과 예측하기
– 어떤 점이 다를 것이라고 생각하니?	
– 좋아, 그러면 오늘은 우리가 알아본 두 가지 꾸미는 방법 중에서 각자 마 음에 드는 한 가지 방법을 선택하여 하늘을 꾸며 보자.	
– 어떤 색깔의 한지가 필요하니?	
– 어디에서 이 활동을 하고 싶니?	
– 왜 그 장소가 좋다고 생각했니?	논리적 근거 찾기

– 하늘에 있는 조금씩 다른 색깔들이 잘 표현될 수 있도록 먼저 세심하게 관찰해 본 다음에 꾸며 보도록 하자. ● **선택한 장소에서 한지로 하늘 꾸미기 활동을 한다.**	
● **완성된 작품을 소개하고 각자의 느낌과 생각을 이야기한다.** – ○○가 꾸며 준 하늘 작품을 보니까 어떤 느낌이 드니? – ○○는 어느 쪽의 하늘을 바라보고 이 작품을 만들었을까? – ○○의 작품과 비슷한 모습의 하늘을 다른 친구의 작품에서도 찾아볼 수 있을까? – 작품의 제목을 무엇으로 정하면 좋겠니? – 왜 그 제목이 어울린다고 생각하니? – 어디에 이 작품을 전시하고 싶니?	논리적 근거를 바탕으로 추론하기 분명하고 설득력 있게 표현하기

활동의 유의점	• 하늘을 관찰하기에 좋은 장소를 선택하여 표현할 수 있도록 안내한다. • 눈에 보이는 하늘의 모습을 제한된 공간에 담아내는 것을 유아들이 어려워할 수 있으므로 모형 카메라를 이용하여 한 장면을 표현할 수 있도록 돕는다.
확장활동	• 유아들이 표현한 하늘 작품을 이어 붙여 공동 작품 '하늘'로 완성할 수 있다.

〉〉〉 만들기 활동의 예

활동명	【만들기】 생활용품으로 동화 속 등장인물 인형 만들기	**생활주제**	나와 가족
활동유형	대 · 소집단 활동 – 조형	**활동연령**	만 4세
활동목표	• 생활용품의 색다른 사용 경험을 통해 융통적인 사고력을 기른다. • 인형을 만드는 과정에서 자기만의 독특한 방법으로 표현한다.		
누리과정 관련 요소	• 예술경험 : 예술적 표현하기 – 미술 활동으로 표현하기, 통합적으로 표현하기		
활동자료	다양한 생활용품(빗, 물통, 구두주걱, 숟가락, 종이컵, CD 등), 풀, 테이프, 만들기 재료(끈, 털실, 색종이, 리본, 헝겊 등)		
사전활동	• 동화 「누가 내 머리에 똥 쌌어?」를 듣고 인형극을 계획한다.		

활동내용	논리 · 창의 관련 요소
● **동화를 보면서 인형극 놀이를 위해 필요한 동화 속 등장인물에 대해 확인한다.** – 동화 속에 누가 나왔었는지 기억하니? – 어떤 동물들이 나왔는지 말해 보자. 제일 처음에 누가 나왔지? 그 다음에는?	순서화하기
● **등장인물의 특징에 대해서 주의 깊게 살펴보고 이야기한다.** – 두더지는 어떻게 생겼니? 눈은? 꼬리는? 몸 색깔은? – 진짜 염소처럼 꾸미기 위해서는 무엇을 표현하면 좋겠니? – 그래, 머리 위에 뿔이 있구나. 뿔의 길이는 어떠니? 젖소의 뿔과 비교했을 때 다른 점이 있니? 어떤 점이 다르니? – 돼지를 인형으로 만들 때에는 어떤 점을 잘 표현해야 할까? – 그래, 꼬리의 모양이 다른 동물들에 비해서 아주 독특하게 생겼구나.	문제 해결을 위한 정보 수집하기 사물의 다양한 속성 비교하기
● **어떤 동물 인형을 만들 것인지 결정하고 재료를 준비한다.** – 어떤 동물을 만들 것인지 결정해 보자. – 왜 그 동물을 선택했니? – 어떤 재료를 사용해서 만들면 좋을까? – 더 필요한 재료가 있는지 생각해 보자. – 모루는 무엇을 표현할 때 사용하려고 하니? – 그래, 똘똘 말려 있는 돼지의 꼬리 모양을 표현하기에 좋겠구나.	분명하고 설득력 있게 표현하기 논리적 근거 찾기
● **등장인물 인형을 만든다.** – 솜을 동그랗게 뭉쳐서 토끼의 꼬리를 만들고 있구나. 정말 토끼의 꼬리처럼 하얗고 동그란 모양이 만들어졌네. – 말의 갈기를 표현하기 위해 노끈을 찢어서 사용했구나. 진짜 말의 갈기처럼 아주 섬세한 모습이 되었네. – 젖소의 몸에 무늬를 만들기 위해서 검정색 헝겊을 선택했구나. – 풀을 사용해서 헝겊을 붙이니까 자꾸 떨어져 버리는구나. 헝겊을 붙일 때에는 어떤 접착제를 사용하면 단단하게 잘 붙을까? 재료들 중에서 무엇을 쓰면 좋을지 다시 한 번 찾아서 붙여 보자.	참신한 아이디어나 해결책 산출하기 사물의 속성 분석하기

<table>
<tr><td colspan="2">● 완성된 작품을 소개하며 이야기 나눈다.
– 이것을 보니까 무엇이 생각나니?
– 어떤 동물을 표현한 작품인 것 같니?
– 그 동물의 울음 소리를 흉내 내어 소리내 보자.
– 작품에서 특별히 재미있게 표현된 부분이 있는지 찾아보고 이야기해 보자.
– 동화 속에 등장하지 않은 새로운 등장인물을 더하여 인형을 만든다면 어떤 인형을 만들어 보고 싶니?</td><td>다양하게 표현하기

주어진 정보를 기초로 상상하기</td></tr>
<tr><td>활동의 유의점</td><td colspan="2">• 유아들이 각 등장인물의 특징적인 모습을 충분히 탐색한 다음에 인형을 만들 수 있도록 안내한다.
• 틀에 박히지 않은 유아의 독특한 표현을 수용해 주고 격려한다.</td></tr>
<tr><td>확장활동</td><td colspan="2">• 유아들이 만든 동화 속 등장인물 인형들을 이용하여 인형극놀이를 한다.</td></tr>
</table>

Ⅲ

논리와 창의성에 기초한 문서 작성 및 면담

III 논리와 창의성에 기초한 문서 작성 및 면담

예비 유아교사나 현직 유아교사를 대상으로 하는 전공서적은 매우 방대하고 다양하다. 하지만 이들 대부분은 교육철학, 아동발달 등의 이론서거나, 언어 · 수 · 과학 등의 교과목에 관련된 내용으로, 이론이나 교과목에 집중된 내용임을 알 수 있다.

반면, 교사의 가장 기본적인 업무라고 할 수 있는 교육계획안 작성에서부터 각종 보고서 작성, 관찰기록, 수업 관련 저널, 학부모면담 등과 같은 실제적 업무에 관한 저서는 많지 않은 것이 현실이다. 이는 유아교육 현장에서는 '수업' 이 가장 중요한 것이며, 다양한 '문서 작성 능력' 이나 학부모를 대상으로 하는 '상담의 기술' 은 교사가 되면 자연스럽게 알게 되는 부분이라는 다소 안일하고 소극적인 생각 때문일 것이다.

하지만 수업 계획이나 그에 대한 평가, 가정통신문을 통해 유치원의 대소사를 전달하는 것, 유아에 대한 관찰기록, 관찰한 결과를 전문지식에 준하여 논리적으로 학부모에게 전달하는 것, 교육청과 같은 상부기관에 대해 사업 보고서를 작성하는 등의 업무 또한 교사가 수행해야 할 전문적 업무임에 분명하다. 이러한 작업을 통해 스스로의 수업에 대한 반성적 계획 및 평가가 가능해지며, 상부기관이나 가정과의 효율적 연계가 가능하게 된다. 따라서 다양한 사안에 대한 적절한 자료 제시를 위해서는 무엇보다도 교사의 논리적이고 창의적인 글쓰기 능력이 요구된다고 할 수 있다.

논리적으로 글을 쓴다고 하면 흔히 '논술'을 떠올리게 되는데, 유아교사의 경우는 여기에 '창의적인 글쓰기'가 함께 이뤄져야 한다. 논리적이면서 창의적으로 글을 쓴다는 것은 무엇일까?

우선 '논리적'이라는 것은 이유 혹은 근거가 분명하고 비약이 없으며, 사건(event)들 간의 관계를 타당성(validity)에 준거를 두고 검토하는 것(소홍렬, 2000)으로, 유아에 대한 충분한 관찰과 기록을 통해 발달을 평가하는 것을 그 예로 들 수 있다. 사업보고서의 경우 그 사업의 필요성이나 목적 그리고, 이를 가장 잘 구현할 수 있는 방법에 대해 일목요연하고 합리적으로 기술하는 것도 논리적인 글쓰기의 예가 될 것이다.

'창의적'이라는 것은 인간 삶의 질적 수준을 향상시키는 데 도움이 되고 가치 있는 문화 특성이나 문명이기를 창출하기 위해 자연현상이나 삶의 세계를 새로운 시각에서 통찰하는 것을 의미한다. 또한 융통성 있는 발상의 전환과 사고의 전환을 통하여 가치 있는 지적 · 과학적 · 문화적 아이디어와 산출물을 생산해 낼 수 있는 능력이라 할 수 있다(한국교육개발원, 2005). 따라서 반드시 포함되어야 할 가치가 바로 '새로움'과 '가치로움'임을 알 수 있다.

즉, 늘 하던 진부한 방식을 그대로 답습하는 것이 아니라 새로운 무언가를 시도하고 만들어 가는 것, 그러면서도 담겨야 할 내용을 잘 담고 있고, 결과적으로 이러한 시도가 유의미해야 한다는 의미일 것이다. 예를 든다면, 가정통신문의 경우 제목이나 날짜, 교육 주제 등의 기본적 양식은 그대로 유지하면서도, 전달해야 할 내용에 따라서 요리 활동의 사진을 첨부한다거나, 유아들과 함께 지은 동시로 맺음말을 하는 등 기존의 양식과는 다른 접근을 시도해 볼 수 있다는 것이다. 동시에 그러한 창의적 글쓰기로 인해 전달하고자 하는 내용이 더욱 효과적으로 전달될 수 있도록 해야 함을 의미한다.

유치원에서 유아교사들이 작성하는 문서와 학부모를 대상으로 하는 면담은 매우 중요하지만, 대부분의 교사들은 이런 내용을 기관 내 선배 교사들에게 비형식적으로 배우거나, 아니면 자기 스스로 방식을 터득하는 것이 일반적인 현실이다. 따라서 유치원에서 작성되는 많은 문서 중에는 내용이나 형식이 비논리적이거나 구태의연한 경우가 적지 않은 것이 사실이다. 그러나 앞의 Ⅰ, Ⅱ장에서 이미 강조되어 왔던 논리 및 창의성은 유치원의 문서 작성 및 면담에서도 반드시 발휘되어야 할 부분이다.

따라서 본 장에서는 실제 유치원에서 필요한 문서 작성 및 면담을 학부모 및 교사와 관련된 내용으로 나누어 자세히 알아보고자 한다. 특히, 각 문서를 작성할 때 유의해야 할 사항들을 제시하고, 적합하지 않은 예와 논리정연하고 참신하게 작성된 예를 비교하여 제시하였다. 또한, 유아교사들이 실제로 문서 작성 연습을 해보도록 하여 논리 · 창의적인 문서 작성 및 면담 수행에 실제적인 도움이 되도록 구성하였다.

근거에 따라 합리적으로 글을 전개하며, 새로우면서도 가치로운 글쓰기 즉, 논리적이고 창의적으로 글을 쓰기 위해서는 '글쓰기에 대한 기본적인 원리'를 이해할 필요가 있다.

일반적인 글쓰기 원칙 중에서 유아교육기관의 교사로서 알고 있어야 할 몇 가지 요소를 소개하면 다음과 같다.

첫째, 쉽고 간명하게 쓴다.
둘째, 글의 전체적인 구조를 먼저 생각하고 쓴다.
셋째, 어미를 일관되게 사용한다.
넷째, 어휘나 문장을 효율적으로 사용한다.
다섯째, 근거 없는 단정적인 표현은 하지 않는다.
여섯째, 이미지를 활용하여 내용 전달력을 높인다.

위에서 소개한 원리의 구체적인 내용을 실례를 통해 살펴보도록 한다.

첫째, 쉽고 간명하게 쓴다.

아무리 좋은 내용의 글이라고 하더라도 읽기 어렵거나 길면 좋은 글이라고 하기 어렵다. 어려운 단어를 쉬운 단어로 바꿔 주거나, 긴 문장을 간명하게 만들어 보도록 한다.

긴 문장 사용의 예 :

☹ 지영이는 자유선택시간에 역할 · 쌓기 · 조형 놀이를 즐겨하고 있는데, 이럴 때에 조형 영역에서 필요한 소품을 직접 만들어 쌓기나 역할 놀이에서 사용하는 모습을 보이기는 하지만, 또래와의 상호작용보다는 교사의 표정이나 말 등에 더 주목하는 경향이 있으며 주로 혼자서 노는 모습을 보입니다.

⬇

☺ 지영이는 자유선택시간에 역할 · 쌓기 · 조형 놀이를 즐겨합니다. 놀이 시 필요한 소품을 직접 만들어 사용하는 것을 관찰할 수 있습니다. 하지만 또래와의 상호작용보다는 교사의 표정이나 말 등에 더 주목하는 경향이 있습니다. 그리고 놀이 시 주로 혼자서 놀이하는 모습을 보입니다.

어려운 단어 사용의 예 :

(☹) 졸업식 행사 시 영유아들은 비치된 학사모를 착용하오니 두발을 단정하게 정돈시켜 주시기 바랍니다.

⬇

(☺) 졸업식 날 아이들은 준비된 학사모를 씁니다. 머리를 단정하게 해주세요.

둘째, 글의 전체적인 구조를 먼저 생각하고 쓴다.

건물을 지을 때 설계도가 없다면 어떻게 될까? 같은 원재료를 제공했다고 하더라도 설계도에 따라서 저마다 다른 골격과 느낌을 가진 건물이 완성될 것이다. 그리고 때로는 건물이 만들어지지 않는 경우도 있을 것이다.

글을 쓸 때에도 마찬가지다. 하나의 생각이나 이야기를 전달하기 위해서 어떤 순서대로 글을 풀어 갈 것인지 글의 구조 즉, 글의 골격에 대해 미리 생각해 볼 필요가 있다. 실제 글을 쓸 때 일반적으로 처음의 첫 줄 쓰는 것을 가장 어려워하는데, 이는 전체 글에 대한 설계가 없는 경우에 더욱 그러하다.

예를 들어 '3세대 하모니 사업'[1]에 대한 계획서를 작성하고자 한다면, '하모니의 정의 → 노인 관련 현황 → 유아교육과의 연계성 → 구체적인 실행방법' 등으로 문장의 전체적인 틀을 잡고 요지를 옆에 메모한 뒤에 관련된 문장을 모아서 작성한다면 도움이 될 것이다. 이때 한 문장 한 문장이 나름의 역할을 하고 있음을 염두에 두어야 한다. 그리고 문장과 문장 사이에 어떤 접속어(예 : 그리고, 그러나, 때문에, 즉 등)를 사용하는 것이 적합할 것인지도 중요한 요소라 할 수 있다. 이러한 능력을 기르기 위해서는 다른 사람의 글을 읽으며 문단에 따라서 그 문단의 내용을 요약해 보는 것이 도움이 된다.

셋째, 어미를 일관되게 사용한다.

문장의 마지막을 끝내는 말을 '어미'라고 하는데, '입니다, 습니다.'로 끝나는 문장과 '이다, 것이다.' 그리고, '요, 지요.' 등 어미에 따라서 문장의 느낌은 매우 달라진다. 따라서 하나의 글에서 이들 어미를 혼용하게 사용하게 된다면 그 글은 일관성이 없고 정돈되지 않은 느낌을 주게 되므로 주의해야 한다.

1) 중고령 여성의 일자리 창출을 통해 경제적 자립과 사회참여의 기회를 제공하며, 할머니의 정(精)을 통해 유아의 안정된 정서 함양을 지원함으로써, 육아지원인력 확충 및 맞벌이 부부의 육아부담 경감, 저출산 경향의 완화를 유도하는 것을 목적으로 하는 사업니다. 중고령 여성이 1일 4시간 정도 유치원에서 급식이나 간식, 배식, 유아의 신변 처리 등의 일에 참여하도록 하는 사업이다.

전체 구조를 먼저 생각하고 쓴 글쓰기의 예 :

하모니 사업의 정의	3세대 하모니 사업은 40대에서 60대 중고령 여성에게 사회 참여의 기회를 늘려주고, 아이들에게는 할머니의 정을 느끼게 해주며 교사의 업무 부담을 줄이기 위한 프로그램이다. 하모니는 아이들이 할머니를 발음하는 소리에서 따온 말이다. 하모니 사업은 할머니가 유아교육에 일부 참여하여 역할을 수행하도록 기회를 제공하고 이를 지원하는 사업이라 할 수 있다.
노인관련 현황	우리나라는 이미 지난 2000년 노령화 사회(Aging Society)에 진입하였다. 노령화사회는 고령화 사회라고도 하는데, 65세 이상의 인구가 총 인구의 7%를 넘어선 사회를 뜻하는 것이다. 고령화 사회에서 부각되는 사회문제로 노인의 빈곤문제를 빼놓을 수 없다. 60세 이상 노인 중 약 65.4%가 일자리를 원하고 있으며 IMF 사태 이전에는 노인이 일자를 원하는 주된 이유가 '소일거기를 갖기 위해서'였던 것이 IMF 사태 이후부터는 '생계를 위해' 일자리를 찾아 나서고 있는 것(경향신문, 2003, 8, 13)이 현실이라 할 수 있다. 통계청 발표에 따르면 우리나라의 평균 수명은 남자 72.8세, 여자 80세로 특히 할머니들의 사회활동 지원이 필요함을 알 수 있다.
유아교육과의 연계성	전통사회의 할머니들은 삶의 경험이 많은 노인으로 어린 손자녀의 대소변 가리기 훈련, 영양섭취, 노래와 이야기 들려주기, 놀이 함께 하기 등의 기본 생활습관에 대한 것과 정서교육에 대한 역할을 수행하여 왔다. 더불어 김민정(2007)은 '할머니'와 유아와의 친밀한 관계는 안정감과 소속감을 주고, 노화과정에 대한 사회화를 앞당겨 이생을 보는 관점을 성숙시키는 의미가 있다고 하였다. 할머니와의 잦은 접촉은 유아의 자존감, 사회성 발달 등에 긍정적인 영향을 준다고 보고하고 있다.
구체적인 실행 방법	따라서 급식이나 배식 또는, 유아의 신변 처리 등을 돕는 역할뿐 아니라, 하모니 인력의 개인적인 특성에 맞춰(예: 동화 들려주기, 전래동요 배우기, 가벼운 산책 함께 하기 등) 사업 운영을 하고자 한다.

일관된 어미 사용에 대한 예 :

☹ 부모들이 유치원 교육활동 전반에 보조교사로 참여함으로써 유치원 교육에 대한 이해를 높이도록 하는 것입니다. 또한 이를 통해 자녀와의 상호작용을 개선시킬 수 있어요. 또한 자원봉사로 참여하고 있는 학부모로부터 정기적으로 유치원 교육활동에 대한 의견을 개진함으로써 유치원과 학부모간의 의사소통을 증진함.

⬇

☺ 부모들이 유치원 교육활동 전반에 보조교사로 참여함으로써 유치원 교육에 대한 이해를 높이도록 한다. 또한 이를 통해 자녀와의 상호작용을 개선시킬 수 있을 것이다. 또한 자원봉사로 참여하고 있는 학부모로부터 정기적으로 유치원 교육활동에 대한 의견을 개진함으로써 유치원과 학부모간의 의사소통을 증진시킨다.

넷째, 어휘나 문장을 효율적으로 사용한다.

아무리 좋은 이야기도 같은 말을 너무 여러 번 반복적으로 듣게 된다면 좋은 느낌을 갖기 어려울 것이며, 산만한 느낌이 들게 마련이다. 이는 글에서도 마찬가지로, 같은 말을 의미 없이 반복하고 있지는 않은지 살펴보아야 한다. 또한 글의 의미를 살릴 수 있는 적절한 어휘를 선택했는지 검토해본다.

어휘나 문장의 효율적 사용의 예 :

☹ 참고사항 : 돌아가는 물레방아를 나만의 방식으로 멋지게 장식하고 꾸며 물레방아에 꼭 맞는 이름을 지어 붙여주도록 도와준다.

⬇

☺ 참고사항 : 물레방아를 나만의 방식으로 꾸미고 어울리는 이름을 붙여본다.

다섯째, 근거 없는 단정적인 표현은 하지 않는다.

하나의 결과에는 하나의 원인이 있기보다는 여러 가지 변인과 요소들이 복합적으로 상호작용해서 하나의 결과를 만들게 되는 것이 일반적이다. 특히 유아교육기관의 경우 다양한 배경을 가진 유아들이 다양하게 상호작용을 하면서 역동적으로 성장해 가는 공간이기 때문에, 하나의 현상에 대해 여러 가지 가능성이 존재할 수 있음을 교사 스스로가 먼저 인식할 필요가 있다. 또한, 유아가 언어적 표현능력이 발달하는 중에 있고 교사의 평가나 언어적 상호작용은 생각보다 큰 영향력을 발휘한다는 것을 고려할 때, 충분한 관찰과 자료 수집에 근거하지 않은 채로 단정적인 표현을 하는 것은 삼가야 할 것이다.

근거 없이 단정적인 표현을 사용한 예 :

☹ 재우는 사교성이 없고 매사에 의욕이 없다. 감정기복도 심해 전반적으로 활동에 참여도가 낮다.

⬇

☺ 재우는 엄마가 일찍 나가는 날인 수요일에는 할머니와 함께 평소보다 한 시간 정도 더 일찍 등원하게 된다. 이런 날이면 교실에 들어와서 간식시간(10시 정도)이 될 때까지 언어영역에 누워서 멍하게 시간을 보내는 모습이 자주 관찰된다. 이렇게 하루를 시작한 날은 대부분의 활동에 소극적인 모습을 보이며, 쌓기영역에서 자동차를 반복적으로 굴리거나 밀고 다니며 혼자서 기능놀이를 주로 하는 모습을 보인다. 이렇게 혼자서 자동차를 밀면서 놀이를 할 때 또래가 자신의 자동차를 만지거나, 말을 걸면 부정적인 반응을 할 때가 많다.

여섯째, 이미지를 활용하여 내용 전달력을 높인다.

글을 통해서도 물론 전달하고자 하는 의미를 전달할 수 있지만, 사진이나 도식, 그래프 등의 적절한 이미지를 사용하면 더욱 효과적으로 전달할 수 있다. 빽빽하게 글만으로 채워진 문서보다는 적절한 삽화나 도식, 사진들이 함께 있으면 독자의 명료한 이해를 도울 수 있고, 읽고 싶은 마음을 갖게 할 수 있다. 예를 들어 고구마 밭을 다녀온 느낌에 대해서 길게 쓰는 것보다는 아이들이 땀을 흘리며 고구마를 캐고 있는 활동사진이나 수확한 고구마를 들고 있는 사진을 제공한다면, 마치 함께 고구마 밭에 가서 아이들이 느꼈을 현장감을 느끼는 데 도움이 될 것이다.

내용을 명확하게 전달할 수 있는 이미지를 사용한 예 :

☹ 저희 다사랑 유치원의 만 3세반은 '다람쥐반, 토끼반'이 있으며, 만 4세반에는 '사슴반, 기린반'이, 만 5세반은 '코끼리반, 사자반'이 있습니다. 유아의 전인 발달을 위해 연령별 특성을 고려한 중점 활동을 진행하고 있습니다. 따라서 만 3세 반은 감각활동, 만 4세반은 정서활동, 만 5세반은 문제해결활동 중심으로 일련의 교육과정이 운영이 됩니다.

각각의 중점 활동들은 유아들이 흥미로워하는 주제를 중심으로 각 반별로 독자적으로 운영이 되게 됩니다. 4월 현재 3세반에서는 '따뜻한 봄, 반짝이는 옷'이라는 주제가 진행 중이며, 4세반은 '다정한 친구, 내 마음', 5세반은 '돌아가는 것, 표시'라는 주제가 진행되고 있습니다.

⬇

☺ 저희 다사랑 유치원은 유아의 전인발달을 위해 연령별 특성을 고려한 중점 사업을 주제 중심으로 진행하고 있습니다. 연령별 중점 과제와 4월 현재 진행 중인 반별 주제는 다음의 그림 1-1과 같습니다.

중점과제	연령	반명	주제
감각	만 3세	다람쥐반	따뜻한 봄
		토끼반	반짝이는 옷
정서	만 4세	사슴반	다정한 친구
		기린반	내 마음
문제해결력	만 5세	코끼리반	돌아가는 것
		사자반	표시

[그림 1-1] 다사랑 유치원의 연령별 중점 과제와 수업 주제(4월)

이외에도 잘 써진 좋은 글을 읽고, 자신이 쓴 글을 반복하여 읽고 수정하는 것도 글쓰기에 도움이 되는 방법이라 할 수 있다.

다음에서는 학부모를 대상으로 하는 문서 작성 및 면담과 교육과정 운영 및 행정 관련 글쓰기에 대해 구체적으로 살펴 보도록 하겠다.

1. 학부모를 대상으로 하는 문서 작성 및 면담

유치원과 가정의 연계는 필수 불가결한 것이며, 이를 통해 가정과 유치원의 일관성 있는 교육이 가능해질 수 있다. 또한 현대의 부모들은 자녀교육에 대한 관심이 지대하여, 올바른 부모 역할에 대한 정보 및 교육에 대한 많은 요구를 가지고 있으므로 유치원과 학부모의 긴밀한 연계는 더욱 중요하다.

교사와 학부모가 상호 교류하는 방법은 매우 다양하다. 등 · 하원 시의 비형식적인 만남, 참관 수업, 다양한 행사나 부모 교육을 통해 교사와 학부모는 대화 기회를 가질 수 있으며, 정기적인 면담이나 전화, 홈페이지 및 전자 메일, 가정통신을 활용한 형식적인 상호작용을 할 수도 있다. 그중에서도 가정통신과 면담은 가장 기본적이면서도 모든 학부모를 대상으로 하는 상호작용 방법이라고 할 수 있다. 특히, 유아의 연령적 특성 때문에 유아교사들은 학부모를 대상으로 문서를 발송하거나 직접 대면하여 의사소통하는 기회가 다른 연령을 지도하는 교사들에 비해 월등히 많은 편이다. 유치원에서 학부모를 대상으로 문서를 작성하고 면담을 실시하는 궁극적인 목적은 학부모와 교사간의 원활한 의사소통을 증진시킴으로써 유아에 대한 정보를 상호 교환하여 유아교육의 효율성을 극대화하는 데 있다. 따라서 학부모가 유아에 대한 정보나 유치원에서 이루어지는 교육과정에 대한 내용을 잘 이해할 수 있도록 제시해야 할 것이다. 이를 위해 유아교사는 논리적이고 창의적으로 문서를 작성하거나 면담하는 능력을 키워야 한다. 본 장에서는 학부모를 대상으로 하는 논리적이고 창의적인 문서 작성 방법과 면담 구술 방법을 구체적으로 소개하고자 한다.

1) 가정통신

가정통신이란 유아나 유치원에 관한 정보전달 및 의사소통을 위해 교육기관에서 가정으로 정기적 · 비정기적으로 보내는 문서를 말한다. 유치원에서 가정통신을 활용하는 목표는 현재의 학급 활동을 학부모에게 알리고, 학부모에게 교육 활동의 근거가 되는 교육목적에 대한 통찰력을 제공하며, 유치원에서의 학습을 가정 및 가족으로 확대 · 강화하는 데 있다(유안진 외, 1997). 또한 가정통신을 통해 학부모에게 일반적인 사항과 교육 내용을 전하고, 다양한 안건에 대한 학부모의 의견을 수렴할 뿐만 아니라 체계적인 부모 교육 내용을 담기도 한다. 무엇보다도 가장 이상적인 가정통신은 유치원에서 가정으로 발송되는 일방적인 문서가 아니라, 유치원과 가정이 연계되어 상호 의사소통이 이루어지는 통로로써의 역할을 담당하는 것이라 할 수 있다.

가정통신은 매주 금요일에 발송되는 것이 보편적이지만, 연간, 학기별, 분기, 매월, 매주 또는 수시로 발송해야 하는 가정통신도 있다. 이들이 엄격하게 서로 구분되어 별개로 가정에 제공되는 것은 아니지만, 그 내용의 맥락에 따라 구체적으로 분류해 보면 다음과 같다.

- **연간 가정통신** – 유치원에 관한 전반적인 소개 및 연간계획 및 일정, 재원 여부에 관한 학부모 의견 수렴, 입학식, 졸업식, 수료식 안내 등
- **학기 가정통신** – 학부모와의 집단 개별 상담, 방학 일정 안내 등
- **분기 가정통신** – 교육비, 교재비, 재료비 등과 같은 각종 납부에 관한 안내 등

- **매월 가정통신** – 월별 행사에 대한 세부적 안내 등
- **매주 가정통신** – 학급의 교육과정 계획 및 진행과정을 담은 내용, 주별 안내 등
- **수시 가정통신** – 긴급 사항 및 불가피한 변경사항 안내 등

가정통신은 안내문 형식, 보고서 형식, 편지 형식, 유아의 활동과정이나 결과물을 삽입하고 설명하는 형식 등으로 다양하며, 각 유치원마다 고유한 형식을 사용한다. 가정통신문은 목적 및 발송 시기에 따라 다르지만 가정통신에 포함될 수 있는 내용은 다음과 같다.

- 유치원의 전반적인 안내 및 교육 프로그램 소개
- 유아의 승 · 하차 장소와 정확한 시간
- 간식 및 급식 식단표, 식재료 사용 내역 및 열량 표시
- 교육비, 간식 · 급식비, 교재비 등의 금액 및 납부 일정
- 현장학습에 관한 자세한 안내 및 일정(견학, 소풍, 공연 및 박물관 관람 등의 장소, 시간, 요금 등)
- 가족이 참여하는 각종 행사에 관한 안내(입학식, 졸업식, 수료식, 부모참여수업, 부모교육, 체육대회, 연말 가족모임 등)
- 학급에서 진행되고 있는 활동과정 및 내용(주제 선정의 계기, 전개 과정, 앞으로의 예상 진행 방향 등)
- 가정에서 연계해서 할 수 있는 활동 안내(새롭게 배운 노래의 악보와 가사, 주제와 관련하여 유아가 가져올 수 있는 이야기거리, 연계 교육 활동안 등)
- 자녀교육에 관한 지식이나 정보(유아의 영양, 사회성, 창의성 등)
- 개별 유아에 관한 간단한 정보나 전달사항
- 부모면담에 관한 일정 및 방법
- 부모의 의견 수렴이 요구되는 사항안내
- 유치원에서의 부모참여에 대한 제안(현장견학 보조교사, 특별수업교사 참여 등)

(1) 가정통신의 작성 방법

가정통신에는 다양한 형식과 내용이 포함될 수 있지만, 기본적인 것은 부드러우면서도 논리적인 글로 작성하여 학부모들이 이해하기 쉬워야 한다는 것이다. 또한 새롭고 참신한 내용과 형식으로 읽고 싶은 글이 되도록 하야 한다. 먼저 가정통신문 작성 시 공통적으로 유의해야 할 사항을 제시하면 다음과 같다.

첫째, 전달하고자 하는 내용을 정확하고 구체적으로 기재해야 한다.

정보를 전달할 때는 육하원칙에 따라 기재하고 상세하게 기록해야 한다. 예를 들어, '폐품을 모으고 있습니다. 가정에서 생긴 폐물을 유치원으로 보내 주시기 바랍니다.' 라고 기재하면 어떤 폐품을 언제까지 보내야 하는지에 대하여 학부모들이 다시 한 번 문의를 해야 한다. 따라서 '유치원에서 유아들의 만들기 활동에 필요한 폐품을 모으고 있습니다. 다음 주 ○월 ○일까지 우유 상자(접거나 찢어지지 않은 상태로 2개 이상), 1.5L PET병(1개)을 유아 편에 보내 주시기 바랍니다.' 라고 기록한다.

둘째, 학부모가 이해하기 쉽도록 작성한다.

학부모들은 대부분 유치원 및 교육 내용 등에 대한 사전지식이 없는 경우가 많으므로, 내용을 전달받는 학부모들이 이해하기 쉽도록 제시하여야 한다. 특히 전문용어는 학부모가 이해하기 쉽도록 풀어서 제시하는 것이 필요하다. 예를 들어, '「바퀴」라는 주제와 관련된 이야깃거리를 보내 주시기 바랍니다.' 라고 하면 학부모들은 '이야깃거리' 라는 용어가 무엇을 의미하는 것인지 이해가 되지 않을 수도 있으므로, '가정에서 유아와 「바퀴」라는 주제와 관련되어 궁금한 것에 대해 이야기 나누어 보신 후, 친구들에게 소개하거나 알려 주고 싶은 '바퀴' 에 관련된 물건이나 책, 놀잇감 등이 있으면 유아 편에 보내 주시기 바랍니다. 가져온 물건은 유아가 직접 친구들에게 간단하게 소개할 예정입니다.' 라고 기재한다.

셋째, 세부 내용 간에 논리적인 충돌이 생기지 않도록 구성한다.

가정통신을 작성할 때는, 먼저 글의 전체 틀을 구상한 후에 문장 간의 연결이 자연스러운지, 문장 간에 논리적 오류가 있거나 모호한 부분은 없는지 등을 유의하며 작성한다. 예를 들어, '가정에서 유아들이 자기 물건을 스스로 챙길 수 있는 기회를 많이 주시기 바랍니다. 〈중략〉 유아들이 이야깃거리를 가져올 수 있도록 부모님이 신경 써주시기 바랍니다.' 라고 기재하는 것은 두 문장이 논리적으로 일치하지 않는다. 이런 경우에는 앞 문장이 유아의 자립심을 강조하고 있기 때문에, 뒷문장이 '학부모님이 이야깃거리를 준비해 주시기보다는 유아들이 자신이 관심 있어 하는 이야깃거리를 스스로 찾아올 수 있도록 격려해 주시기 바랍니다.' 라고 수정되어야 논리적으로 옳은 내용이 된다.

넷째, 긴 문장을 사용하거나, 지나치게 많은 내용을 담지 않도록 한다.

마크 트웨인이 "난 짧은 글을 쓸 시간이 없어서 긴 글을 쓴다" 라고 했듯이 글을 간결하게 정리하는 것은 그만큼 어려운 작업이다. 가정통신 내용이 너무 길거나 많으면 학부모들에게 부담이 되거나 흥미를 반감시킬 수 있으므로, 불필요한 용어를 장황하게 사용하지 않도록 주의한다. 예를 들어, '아침 저녁으로 기온차가 심한 계절입니다. 오전에는 추운 경우가 있지만, 유아들이 놀이를 하는 한낮에는 기온이 높아서 유아들이 두꺼운 옷을 입고 온 경우에는 땀을 많이 흘리고 힘들어합니다. 따라서 유아들의 복장은 얇은 옷 위에 점퍼 등을 입혀 주시기 바랍니다' 라는 내용은 '하루 중 기온차가 심한 환절기입니다. 기온에 따라 유아들이 입고 벗기 편한 겉옷을 입혀 주시기 바랍니다.' 라고 정리하여 제시할 수 있다.

다섯째, 읽고 싶은 글이 되도록 창의적인 형식과 내용을 시도한다.

일반적으로 가정통신은 학부모에게 공지사항을 안내하는 창구로서만 이해하는 경우가 많은데, 창의적인 형식과 다양한 내용을 담는다면 학부모의 관심을 북돋을 수 있을 뿐 아니라 자녀의 기관 생활에 대한 풍부한 이해를 도울 수 있을 것이다.

예를 들어, 유아들과 공룡 프로젝트를 수행한 후 동시를 함께 지어 보았다거나, 노래를 만들어 본 후의 가정통신문에는 유아들이 지은 동시를 시화집처럼 간단하게 만들어 볼 수도 있고, 가정에서 노래를 불러 볼 수 있도록 악보를 넣어 줄 수도 있을 것이다. 때로는, 글자 일색의 통신문이 아니라, 유아들의 그림이나 활동 사진으로 학부모님에게 전달하고 싶은 이야기를 전달할 수도 있을 것이다.

나아가 한 유치원에서 발송되는 가정통신이라도 모두 똑같은 형식을 취하기보다는 각 학급의 고유한 형식으로 개성 있게 담는 것을 고려해 보는 것도 좋다. 학급의 특성과 흥미에 따라 각 학급에서 진행되는 교육내용 및 각 유아의 경험이 창의적으로 제시되도록 구성하는 것이 바람직하다. 그러나 가정통신문의 형식 및 발송 횟수가 학급마다 지나치게 차이가 난다면 학부모 간에 위화감이 생길 수 있으므로 이런 점에 유의하여 최선의 방법을 활용하도록 한다.

여섯째, 유치원(교사)과 학부모가 상호 의사소통할 수 있는 형식을 활용해 본다.

유치원(교사)이 전달하고자 하는 내용을 학부모에게 일방적으로 전하는 가정통신이 아니라, 상호 의사소통이 가능한 방식으로 활용할 수 있다. 예를 들어, 교사가 가정통신의 일부 지면을 각 아동에 관해 전달하고 싶은 내용을 기재할 수도 있고, 학부모가 하고 싶은 말이나 의견 및 건의사항을 적어 보내는 여백을 만들 수도 있다. 또한, 기관에서 무엇인가를 결정할 때에는 가능하면 학부모들의 의견을 수렴하는 것도 좋은 방법이며, 부득이하게 기관에서 결정된 사항일 경우는 충분한 기간을 두고 안내하여서 학부모들이 혼란스럽지 않도록 배려한다.

(2) 가정통신 작성의 실제

여기서는 앞에서 제시한 준거를 바탕으로 몇 가지 유형에 따라 실제 가정통신 작성법을 알아보도록 하겠다. 먼저 기존 가정통신의 문제점을 분석해 보고, 바람직한 가정통신의 예를 살펴본 후에 제시된 가정통신을 활용 · 변형하여 새로운 가정통신을 작성하는 연습을 해보도록 하자.

① 학기 초 안내사항

유아들이 유치원에 적응하는 기간에는 무엇보다 학부모의 일관성 있는 지도와 협조가 필요하다. 따라서 유치원에서는 학부모들이 유아의 기관 적응을 돕기 위해 수행해야 할 역할에 대해 안내해 줄 필요가 있다. 다음에 제시된 가정통신을 살펴보고, 문제점이 무엇인지 생각해 보자.

예시 Ⅲ-1 가정통신(학기 초 안내사항) 〈수정 전〉

가정통신	개선해야 할 사항
가정통신(○○반) ㉮ 학부모님, 안녕하십니까? 유아들의 유치원 적응을 위하여 학부모님께서 다음과 같은 사항을 협조해 주시기 바랍니다.	㉮ 제목을 제시하여 학부모가 내용을 예측하고 관심을 가질 수 있도록 하는 것이 좋다.
• 버스로 등·하원하는 유아의 학부모님께서 반드시 버스 승·하차 장소로 미리 나오셔서 유아를 데리고 가셔야 합니다. ㉯ • 도보로 등·하원하는 유아의 학부모님께서는 매일 등원은 물론 하원시간에도 유치원에 나오셔서 유아를 데려가셔야 합니다.	㉯ 학부모가 지켜야 할 사항만을 형식적으로 제시하면, 학부모들이 '규율'처럼 느끼게 될 것이다. 학기 초에는 유아뿐만 아니라 학부모들도 기관에 적응을 해야 하는 시기이므로, 가정통신 역시 학부모의 마음을 열 수 있는 따뜻한 글이 되는 것이 좋다.
• 이름표는 학기 초에는 반드시 겉옷에 달아주시기 바랍니다. ㉰	㉰ 협조사항만 제시할 것이 아니라, "이름표에는 등·하원 방법이 표시되어 있으므로"라는 이유를 논리적으로 설명해 주는 것이 필요하다.

• 유아의 신발은 혼자 신고 벗기 쉬운 것으로 신겨 주시기 바랍니다. ㉣	㉣ 거의 같은 내용이 반복되어 있으므로, '유아의 신발과 옷은…….'으로 통합하여 쓰도록 한다.
• 유아의 옷은 혼자 입고 벗기에 쉬운 옷으로 입혀서 보내주시기 바랍니다. ㉣	
• 유아가 결석을 할 경우에는 미리 연락을 주시기 바랍니다. 담임교사와 통화를 원하시는 경우에는 수업이 끝난 후인 3시 이후에 전화주시기 바랍니다.	
다음 주에는 "바른생활습관"으로 우리 유치원이 어떤 곳이고, 어떻게 생활하고 어떤 것을 지켜야 하는지를 알고 빨리 적응할 수 있도록 하기 위하여 화장실 사용법, 손 씻기, 하차할 때 지켜야 할 약속, 복도 사용법, 의자사용법, 이야기나누기 시간에 지켜야 할 약속에 대하여 알아볼 예정입니다.	
가정에서도 유치원의 생활과 연계가 이루어질 수 있도록 집안에서 뛰지 않기, 교통안전, 혼자 옷 입기, 버스의 승하차 방법, 가방 스스로 챙기기 등에 대해 지도해주시기 바랍니다. ㉤	㉤ 가정에서 학부모가 어떻게 해야 하는지에 대한 구체적인 지도방향 제시가 없다.
20○○. ○○. ○ ○ ○ 유 치 원 장	

예시 Ⅲ-2 가정통신(학기 초 안내사항) 〈수정 후〉

행복한 ○○반 이야기

엄마, 아빠
학기 초에는 이렇게 도와주세요!

㉮

엄마! 아빠! 안녕하세요?

제가 유치원에 입학한 것이 매우 대견하고 자랑스러우시죠? 또 한편으로는 아직 따뜻해지지 않은 요즘 날씨처럼 제 유치원 생활이 걱정되실 것 같기도 해요. 요즘 제가 유치원에 잘 적응하게 도와주시면서 엄마, 아빠도 함께 긴장하고 불안해하시는 게 느껴져요. 점차 햇살이 많아지는 봄 날씨처럼 엄마, 아빠도 유치원을 믿고 편하게 느끼시게 될 거라 믿어요. ㉯ 유치원의 모든 선생님들도 저희들이 안정적이고 편안한 분위기 속에서 유치원을 즐겁고 재미있는 곳으로 여길 수 있도록 최선을 다하고 계세요. 제가 즐겁고 행복하게 유치원 생활을 시작할 수 있도록 엄마, 아빠가 다음과 같이 도와주실 수 있어요.

- 제가 유치원에 적응하는 데에 어려움을 많이 보이더라도 절대로 비난하거나 다른 친구와 비교하지 말아주세요. 낯선 유치원, 낯선 교사, 낯선 친구들과 집단생활을 하는 것은 저에게 어려운 일입니다. 제가 이런 모든 것에 적응해나가는 데에는 충분한 시간이 필요하므로 저의 불안한 감정을 이해해주고 다독여주세요.
- 제가 집에서 충분한 휴식과 영양을 취하도록 도와주시기 바랍니다. 저는 요즘 평소보다 긴장하고 불안한 탓에 많이 피곤하거든요. 특히 늦은 시각에 취침하면 아침에 일어나는 것이 힘들어지게 되고, 저는 유치원에 가는 것이 즐거운 것이 아니라 불쾌한 경험이라고 느끼게 되요.
- 저에게 유치원에서 있었던 일들을 너무 구체적으로 질문하는 것은 피해주세요. 자칫하면 유치원은 무엇인가를 하고(배우고) 와야 하는 곳으로 인식하여 스트레스를 받을 수도 있거든요. 유치원은 즐겁게 놀이하는 곳으로 생각하도록 저에게, "오늘 즐겁게 놀다왔니?" 라는 식으로 물어봐주세요. ㉰
- 저의 옷과 신발은 혼자 입거나 신을 수 있는 것으로 준비해주세요. 저는 제 일을 스스로 해결할 수 있을 때 자신감이 생기게 되고, 유치원을 더 즐겁게 다닐 수 있거든요.

개선한 사항

㉮ 가정통신 내용을 알려주는 제목을 제시하여 학부모의 관심을 도모할 수 있다.

㉯ 새로운 기관에 자녀를 보내고 있는 학부모의 긴장되고 불안한 마음을 읽어주고, 지지해주는 내용을 담고 있다. 이런 내용을 읽는 학부모는 기관에 대한 안정감과 신뢰감을 얻게 될 것이다.

㉰ 각 협조사항에 대한 이유를 논리적으로 설명함으로써 학부모들이 잘 이해하고 실행하도록 돕는다.

- 저희들의 안전을 위하여 유치원 버스를 이용하는 친구들뿐만 아니라 도보로 등 · 하원하는 친구들의 엄마, 아빠께서는 반드시 저희들을 직접 데리고 가셔야 합니다. 만약 어마, 아빠가 제 시간에 나와 있지 않으시거나, 시간이 늦도록 데리러 오시지 않으면 저는 너무 불안하답니다.
- 3, 4월 중에는 저의 옷에 이름표를 반드시 달아주세요. 그러면 저는 유치원에 대한 소속감을 느끼게 되고, 이름표에 등 · 하원 방법의 표시가 기재되어 있어 안전하게 다닐 수 있거든요. 그리고 선생님과 친구들이 제 이름을 쉽게 익힐 수 있어서 좋아요.

다음 주에는 '유치원에 올 때와 갈 때의 약속' 이라는 주제로 유치원 버스 타는 방법' 과 부모님과 만나는 방법 등을 자세히 알아본데요. 특히, 버스로 등 · 하원하는 친구들의 엄마, 아빠께서는 친구들이 유치원 버스를 타는 곳에서 먼저 온 순서대로 줄서서 기다리기, 유치원 버스가 완전히 멈추고 출입문이 열릴 때까지 차도로 내려오지 않기, 버스에 타거나 내릴 때 뛰지 않기 등을 지킬 수 있도록 한 주 내내 지속적으로 알려주세요. ㉣

버스 안에서의 약속은 선생님과 함께 알아볼게요.

㉣ 현재 학급에서 이루어지고 있는 교육을 제시해준 후 가정에서 어떤 연계 교육이 이루어져야 하는지를 구체적으로 안내해주고 있다.

20○○. ○○. ○○

○○유치원 ○○반으로부터

위의 가정통신은 유아가 화자가 되어 서술하였는데, 모든 가정통신을 이렇게 작성할 필요는 없고, 때에 따라 다양하게 화자를 변경하여 작성하는 것도 신선한 방법이 될 수 있다. 다음 빈 칸에는 위의 작성된 가정통신문의 화자를 '교사'로 바꾸어 작성해 보도록 하자.

가정통신문 '교사'의 예	평가하기

② 현장학습 안내

유치원에서의 현장학습은 봄 · 가을소풍을 제외하고 대부분 '주제'와 관련된 장소에서 이루어지는 것이 바람직하다. 그러므로 현장학습 안내에 대한 가정통신에는 장소, 시간 등과 같은 일정만을 제시할 것이 아니라, 현장학습을 가는 목적과 기대되는 효과에 대한 언급이 포함되어야 한다. 또한, 기관 내에서 활동이 이루어지는 것이 아니므로 반드시 학부모의 동의서를 첨부하여야 한다.

예시 Ⅲ-3 가정통신(현장학습 안내) 〈수정 전〉

	개선해야 할 사항
가정통신(○○반) ㉮	㉮ 현장학습 안내문은 학부모가 반드시 숙지해야 하는 사항이므로, 제목에 표시하여 주는 것이 필요하다.
학부모님, 안녕하십니까? 이번 주는 '병원놀이' 라는 주제로 병원의 종류를 알아보고, 병원에서 일하는 사람들, 병원놀이를 위해서 필요한 물건 등에 대하여 알아보았습니다. 또한, 다음 주 ○일(○요일)에는 ○○ 극장으로 공연관람을 계획하고 있습니다. 다음의 일정을 참고하시고, 이 날도 평소와 같은 방법으로 등 · 하원하니, 착오 없으시길 바랍니다. ㉯ - 다 음 - 1. 장소 : ○○ 극장(대학로 소재) 2. 날짜 : ○○월 ○○일 3. 공연시간 : 11시- 11시 50분	㉯ 일정만을 소개하고 있는데, 현장학습의 교육적 효과가 증대되기 위해서는 무엇보다 사전 · 사후 활동 및 가정연계 활동이 조화를 이루어야 하므로 이에 대한 안내가 제시되어야 한다.
20○○. ○○. ○○ **○ ○ 유 치 원 장** ㉰	㉰ 현장학습은 실외에서 이루어지는 만큼 안전에 대한 문제가 생길 여지가 있으므로, 반드시 가정통신을 통해 학부모의 동의를 얻어야 한다.

예시 Ⅲ-4 가정통신(현장학습 안내) 〈수정 후〉

병원에 견학 갑니다.

학부모님, 안녕하십니까?

완연한 여름 날씨인 요즈음, 더위에도 지치지 않고 땀방울이 송골송골 맺혀 놀이에 열중하는 유아들의 모습이 너무나 사랑스럽습니다.

현재 ○○반 유아들은 「병원놀이를 하려면」이라는 주제로 활동하고 있습니다. 이번 주에는 여러 가지 병원의 종류(안과, 치과, 이비인후과, 산부인과 등)와 병원에서 일하는 사람들의 역할에 대해 알아보았습니다. 또한 관심 있는 친구들이 이야기거리로 가져오거나 교사가 준비한 다양한 병원 도구들을 탐색해 보는 기회를 가졌습니다.

유아들의 이런 관심을 좀 더 확장시킬 수 있는 기회를 갖고자, 다음 주에는 '종합병원'으로 견학을 가고자 합니다. ㉮

병원에 가서 만날 수 있는 사람들을 예상해보고, 물어보고 싶은 질문 등을 정할 예정입니다. ㉯ 병원 견학을 통해 , 관련된 놀이가 더욱 확장되리라 예상합니다. 가정에서도 해당 병원 사이트 (http;//www .○○○.○○.○○)를 참고하시어 유아와 함께 '병원'에 대하여 궁금한 것들에 대하여 이야기를 나누어 보시기 바랍니다. ㉰

다음 일정을 참고하시어 유아의 병원 견학 여부를 결정하여 주시고, 동의하시면 아래의 동의서를 작성하시어 ○월 ○일까지 보내주시기 바랍니다. ㉱

만약 부득이하게 참여하지 못하는 유아는 ○○반 교실에서 활동하게 됩니다. ㉲ 담임교사가 현장견학에 참여하기 때문이므로, 이 점 양해하시길 바랍니다.

개선한 사항

㉮ 견학을 계획한 당위성을 학급의 '주제'와 관련하여 설명하고 있다.

㉯ 견학을 위한 학급의 사전 활동에 대하여 안내하고 있다.

㉰ 견학을 위해서 할 수 있는 가정연계활동을 제시해주어 학부모들이 직접 활용할 수 있도록 하고 있다.

㉱ 견학에 대한 충분한 안내를 하고 난 후에는 반드시학부모의 동의를 구해야 한다.

㉲ 동의서를 받는다는 것은 견학에 참여하지 못하는 유아들에 대한 배려가 제시되어야 논리적이다. 부득이하게 견학에 참여하지 못할 경우에 대해서도 자세하게 설명해주어야 한다.

1. 일시 : 20○○. ○○.○○ (○요일) 00:00~00:00
2. 장소 : ○○ 대학 부속병원

---------------- 절 취 선 ----------------

현장학습 참가 동의서

유아 성명 :
보호자 성명 : (인)

현장견학 참가에 동의합니다.	
현장견학 참가에 동의하지 않습니다.	

③ 행사 안내

유치원의 행사 가운데 학부모가 직접 참여하는 행사(부모참여수업, 가족체육대회 등)는 가정통신을 통해 목적 · 일정 · 방법 등을 미리 자세하게 안내해야 한다. 만약 가정통신에는 일정만 소개하고, 행사 당일에 안내문을 배부한다면 학부모들이 어려움을 겪을 수 있다.

예시 Ⅲ-5 가정통신(행사 안내) 〈수정 후〉

	개선한 사항
동시발표회에 초대합니다. 학부모님, 안녕하세요? 따스함과 화사한 기운이 감도는 아름다운 계절입니다. 해마다 본 유치원에서는 유아들의 동시 발표회를 개최합니다. ㉮ 올해도 '부모님께 들려드리는 동시발표회'라는 제목의 행사를 마련하였습니다. ㉯ 부디 참석하셔서 자녀와 즐거운 시간을 함께 나누시기 바랍니다. 자세한 내용은 다음을 참고하시기 바랍니다. ㉰	㉮ 행사의 당위성에 대한 논리가 부족하고, 행사를 통해 유아가 얻게 되는 교육적 효과에 대한 언급이 전혀 없다. 행사는 학부모에게 보여주기 위한 것이 아니라, 유아들에게 도움이 된다고 판단되었을 때 계획해야 한다. 따라서 행사를 개최하는 목적이나 의의를 명확히 하여 학부모에게 안내해야 한다. ㉯ 요즘에는 다양한 형태의 가족이 많기 때문에 '부모님과 함께 하는 —' 이라는 용어보다는 '가족과 함께 하는 —'라고 제시하는 것이 바람직하다. ㉰ 좀 더 구체적인 행사 안내를 통해서 행사 당일에 부모들이 우왕좌왕하는 일이 없도록 최대한 배려하도록 한다.

－다　　음－

- 시간 : 5월 ○일 ○시
- 장소 : 유치원 강당
- 방법 : 유아가 그동안 암송한 동시 1편을 부모님들 앞에서 발표합니다.

※ 이 날(5월 ○일 ○요일)은 반별로 정해진 시간에 학부모님과 함께 개별 등원하고 발표회가 끝나면 개별 하원할 예정이오니, 이 점 유념하시기 바랍니다.

20○○. ○○. ○○

○ ○ 유 치 원 장

참고: 작성한 가정통신을 다른 사람에게 읽어보도록 하여 의문 나는 점이 무엇인지 생각해보게 하여 수정하는 것이 좋은 방법이다.

예시 Ⅲ-6 가정통신(행사 안내) 〈수정 후〉

	개선한 사항
-아름다운 동시 발표회에 초대합니다- 낮과 밤 환한 낮이라고 두 눈만 감으면 깜깜한 밤이 되지요. 깜깜한 밤이라도 두 눈만 감으면 낮에 생긴 일이 환히 다 생각나지요. '시를 사랑하는 사람은 세상을 사랑하는 사람이다'라는 말이 있습니다. 아마도 마음속에 시를 담고 있는 사람은 모든 세상을 아름답고 행복하게 바라볼 수 있다는 뜻일 것입니다. ㉮ 학부모님 여러분도 오랜만에 유아의 마음으로 돌아가서 위의 동시를 암송해보시면 어떨까요?	㉮ 감성적인 표현과 동시의 예를 기재하여 학부모가 '동시'의 중요성을 인식하도록 하고 있다.
동시발표회를 열기로 했어요. 그동안 유아들과 '아름다운 말들'이라는 주제로 여러 가지 활동을 하면서 다양한 동시를 접하게 되었습니다. 유아들은 자연스럽게 아름다운 동시를 암송하게 되었고, 친구들에게도 들려주게 되었습니다. 유아들은 '더 많은 사람들에게 아름다운 동시를 전해주자'라는 생각으로 '동시발표회'를 열기로 하였습니다. ㉯ 물론 초대하고 싶은 사람들을 조사하였더니 모든 유아들이 한결 같이 가족을 뽑았습니다. 그리고 동시발표회에서 가족들을 최고로 즐겁게 해주기 위해서 이런 계획을 가족들에게 비밀로 하자고 정했기 때문에, 아마도 그동안 가정에서 유아들이 중얼중얼 무엇인가를 외우는 소리를 들으셨더라도 유아들이 이유를 말씀드리지 않았을 겁니다.	㉯ 행사를 개최하는 당위성을 학급의 교육과정과 연결하여 설명하고 있다.

동시발표회를 준비하면서

동시발표회를 준비하면서 동시에 대한 유아들의 관심이 평소보다 훨씬 많아졌습니다. 아이들은 많은 동시 중에서 자기가 좋아하는 동시를 고르는 데에도 아주 신중한 기준을 두었습니다. 유아들이 발표 동시를 선택한 이유는 '재미있어서', '외우기 쉬워서', '똑같은 말이 자꾸 나와서' '아름다운 장면이 생각나서', '예쁜 말들이 많아 나와서' 등과 같이 매우 다양했답니다. 이렇듯 유아들은 동시를 즐겨 듣고, 낭송하는 경험을 통해 언어의 아름다움을 느낄 뿐 아니라, 성취감을 느끼게 될 것입니다. 또한 여러 사람 앞에서 발표하는 경험을 통해 자신감도 더불어 얻게 될 것입니다. ㉰

㉰ 행사가 갖는 교육적 의미와 기대되는 효과를 설명하고 있다.

동시 발표회는 이렇게 이루어집니다.

이번 동시발표회는 '동시발표대회' 가 아닙니다, 누가 제일 잘 하는지를 가리는 것이 아니라 많은 사람들에게 자신이 좋아하는 동시를 낭송해보는 것입니다. ㉱ 따라서 자기 순서에 무대에 올라가서 자신이 준비한 동시를 아름답고 개성 있는 모습으로 들려주게 됩니다. 많은 사람들 앞에서 발표를 하게 되므로 혹시 실수를 하거나 싯구를 잊어버릴 수도 있지만, 참여하는 모든 유아가 충분한 격려를 받을 수 있도록 학부모님도 신경써주시고, 집에서 유아에게 부담을 주어 시낭송 연습을 시키는 일은 삼가 주시기 바랍니다.

㉱ 학부모들이 행사의 의의를 잘 인식할 수 있도록 설명하여, 자칫 학부모의 교육열이 행사를 왜곡하거나, 유아들을 형식적인 학습의 장으로 내모는 문제를 방지할 수 있다.

동시발표회에서 학부모님께서는

유아들이 많이 기대하고 있으므로 가능하면 가족 중의 한 분은 꼭 참석해주시고, 받지 못하는 유아들이 소외감을 느낄 수도 있으므로 꽃다발 등은 가져오지 않으시는 것이 좋습니다. 그 대신 다양한 방법으로 축하해주고, 격려해주시기 바랍니다. 무조건 '잘했다', '근사하다' 라는 말보다는 구체적으로 '네가 아까 --부분을 낭송할 때 정말 목소리가 씩씩하더라' '네가 들려준 동시를 들으니 엄마가 어렸을 때 좋아하던 동시가 생각났어' 와 같이 이야기해주어 적극적인 관심을 표현해주시기 바랍니다. ㉲ 부모님은 유아를 미리 교실로 데려다 주시고, 해당 시간에 강당으로 직접 오셔서 유아들의 발표를 기다려 주시기 바랍니다.

㉲ 학부모들이 행사 장면에서 어떤 역할을 수행할 수 있는지에 대해서 자세히 안내하고 있다.

동시발표회 일정은 다음과 같으며, 궁금한 사항이나 상의할 사항이 있으시면 언제든지 연락주시기 바랍니다. 감사합니다.

－다　　음－

시간 : ○월 ○일 ○시

장소 : 유치원 강당 ㉳

2０○○. ○○. ○○

○ ○ 유 치 원 장

㉳ 가정통신 전체를 구어체로 작성하였지만 행사 일정과 같이 중요한 사항은 명확하게 따로 제시하는 것이 좋다.

④ 학급의 활동 안내

학급의 교육활동에 관한 가정통신문은 내주의 주간교육계획안을 기재하기도 하고, 금주에 진행된 교육 내용을 정리하여 보내기도 한다. 유치원에 따라 다르지만, 일반적으로 미리 계획된 프로그램을 운영할 경우 주간교육계획이 가정통신으로 안내될 수 있지만, 발현적 교육과정을 운영할 경우는 진행된 활동 내용을 기록하게 된다. 여기서는 후자에 해당하는 가정통신문 작성에 대하여 알아보기로 하자.

이미 수행된 교육내용을 기록할 때 활동명만을 제시하면 학부모들이 이해하는데 어려움이 있으므로 진행과정을 설명해 주는 것이 좋다. 그러나 너무 내용이 많고 복잡하면 학부모들이 부담스러워할 수도 있으므로 중요한 핵심과정을 간결하게 정리하여 제시한 후에 개별 유아에 관한 내용을 삽입해 주는 것도 좋은 방법이다.

포함되어야 하는 내용으로는 '주제 선정의 계기나 이유, 전개과정, 앞으로의 예상 진행방향, 가정에서 연계해서 할 수 있는 활동 안내' 등이다.

예시 Ⅲ-7 가정통신(학급의 활동 안내) 〈수정 전〉

가정통신(○○반)	개선해야 할 사항
학부모님, 안녕하십니까? 이번 주에 ○○반에서는 '돈' 이라는 주제로 다음과 같은 활동을 하였습니다. ㉮	㉮ 주제와 활동명만을 제시하고 있는데, 현재 진행되고 있는 주제 전개에 대한 자세한 안내를 통해, 학부모가 유아의 관심사를 파악하고 가정에서 연계하여 교육할 수 있도록 해야 한다.
〈자유선택활동〉 • 쌓기 – 화폐박물관 만들기 • 역할 – 은행 놀이하기 • 언어 – 돈에 들어 있는 그림, 글자, 숫자 찾기 • 수학 – 돈 크기 순서대로 놓아보기 • 과학 – 같은 크기의 돈에서 다른 점 발견하기 • 조형 – 새로운 돈 디자인하기, 통장 만들기 • 도서 – '용돈 올려주세요', '물건을 사려면', '돈은 어디서 나나요?' 등	
〈집단 활동〉 • 게임 – 정해진 물건 빨리 사고 돌아오기 • 동화 – 집을 팝니다. 생일선물, 두 개로 만들어 내는 요술통 • 동극 – 마음대로 의자	
다음 주에도 계속 '가을'에 대하여 알아볼 예정입니다. ㉯	㉯ 주제와 관련하여 학부모가 가정에서 어떤 역할을 담당해야 하는지에 대한 안내가 전혀 이루어지지 않고 있다.
20○○. ○○. ○○ ○ ○ 유 치 원 장	

예시 Ⅲ-8 가정통신(학급의 활동 안내) 〈수정 후〉

요즘 저희 ○○반에서는

학부모님! 안녕하세요?

이번 주 ○○반 유아들의 생활에 대하여 알려드리겠습니다.

새로운 주제를 정했어요.

○○반 유아들은 그동안 알아보았던 '곤충' 주제를 마무리하고, 새로운 주제를 정하기로 했습니다. 많은 친구들이 주제들을 제안하였고, 이유를 설명하였으며, 투표를 했습니다. 유아들이 가장 알아보고 싶은 주제로 결정한 것은 '돈'입니다. 친구들의 생각을 들어봄으로써 나와 다른 사람이 생각이 다를 수 있다는 것을 알 수 있었으며, 합의된 방법으로 무엇인가를 결정하는 경험이 되었습니다.

'돈'은 정말 다양해요.

유아들은 친구들이 이야기거리로 소개한 '돈'을 살펴보다가 많은 것들을 발견하였습니다. 돈은 화폐와 동전이 있고, 각각의 돈에는 다양한 숫자, 글자, 그림들이 들어 있다는 것을 알았으며. 각각의 글자, 숫자, 그림이 나타내는 것이 무엇인지에 대해서 알아보았습니다. 또한 돈의 크기를 비교하여 순서대로 놓아보기도 하고 우리가 가진 돈 중에서 가장 많은 것을 살 수 있는 '큰 돈'이 무엇인지 알아보기도 했습니다.

돈 대신 사용할 수 있는 것이 무엇인지 알아보았어요.

한 유아가 '돈이 없었던 시대'에는 사람들이 자기에게 필요하지 않은 물건을 자기가 필요한 물건을 가진 사람과 바꾸었다고 이야기해주었습니다. 그래서 유아들은 만약 자기가 가지고 있는 것 중에서 가장 필요하지 않은 것을 가장 가지고 싶은 물건과 바꾼다면 어떨지 생각해보았습니다. 그런데 유아들은 자기가 가지고 있는 '지우개'와 '핸드폰'을 바꾸는 것은 불공평하다고 했

개선한 사항

이 가정통신은 학급에서 1주일 동안 진행되었던 활동들을 부모들이 이해하기 쉽도록 제시하고 있다. 활동명만을 제시했을 때는 이해되지 않던 내용들이 전후맥락과 함께 통합적으로 설명되어 있어 학부모들이 가정통신만 읽어도 자녀의 생활을 충분히 공감할 수 있을 것이다. 물론 모든 내용들을 담을 수는 없지만 유아들이 '주제'와 관련해서 어떤 경험들을 하고 있으며, 이런 경험들이 갖는 교육적 의미를 학부모들이 이해하기 쉽도록 작성하는 것이 중요하다.

습니다. 왜냐하면 핸드폰이 훨씬 만들기도 어렵고, 비쌀 것이기 때문이라고 합니다. 그래서 유아들은 서로 비슷한 가치를 가지고 있다고 생각되는 물건들에 대한 목록을 만들었어요. 예를 들어 '연필 1개와 지우개 1개는 바꿀 수 있어요', '빵 하나와 우유 한 컵을 바꿀 수 있어요' 라고 하였습니다.

앞으로는 이렇게 놀이할 거예요.

○○반 유아들은 자기가 가장 가지고 싶은 물건들에 대하여 이야기를 나누었고, 그 물건이 정말 꼭 필요한 것인지에 대해서도 토의했습니다. 그러고 나서 그동안 내가 꼭 필요하지 않은데 샀던 물건이나 낭비했던 경험에 대해서 부모님과 함께 생각해 보고, 월요일에 친구들과 이야기를 나누기로 했습니다.

○○이 학부모님 보세요. ㉮

○○이는 이야기 나누기 시간에 '물건은 꼭 필요한 것을 사야하고, 갑자기 사고 싶은 물건이 생겨도 곡 참아야 한다고 하였으며, 그렇지 않으면 돈이 '낭비' 된다 '고 이야기하였습니다. ○○이의 이야기는 친구들이 낭비했던 경험을 알아오기로 하는 계기가 되었답니다. 항상 자신의 생각을 잘 표현하는 ○○이의 이야기는 친구들이 다양하게 토의할 수 있는 거리를 제공해주는 경우가 많습니다.

㉮ 각 유아에 대한 특별한 사항을 기재해준다면 학부모들의 자녀 이해에 도움이 될 것이다.

20○○. ○○. ○○

○○유치원 ○○반

2) 연락장

연락장이란 일반적으로 학부모와 교사가 상호 의사소통하는 기록장을 일컫는 말로써 기관마다 '날적이, 속삭임' 등 명칭을 변경하여 활용하고 있다. 교사는 연락장에 유아의 하루 생활을 간단히 요약해서 기록하거나, 하루 생활 중 학부모가 알아두면 도움이 될 정보를 기록한다. 학부모는 교사의 기록에 대한 답신을 적거나, 교사에게 알려야 할 사항(가정에서 있었던 일, 유아의 건강 상태 등)을 기록하는 것으로 연락장을 활용할 수 있다. 가정통신은 주로 학급에 관한 전반적인 내용을 다루고 있지만, 연락장은 개별 유아에 대한 내용을 기록한다는 점에서 차이가 있다. 일각에서는 교사가 교육시간 중에 연락장을 기록함으로써 교육시간이 결손될 수 있다고 지적하며 다른 방법으로의 개선을 고려하기도 한다. 그러나 종일반일 경우는 유아가 유치원에 머무는 시간이 많으므로, 개별 학부모와의 의사소통 수단으로 사용될 수 있는 장점이 있다고 하겠다.

연락장에 기록되어지는 내용은 다양하지만, 일반적으로 연락장은 다음과 같은 역할을 한다.

첫째, 유아의 하루 일과 및 상황에 대한 의사소통이 가능하다.

이야기를 전하는 것이 가능한 연령의 유아라도 자기가 경험한 일들을 전달하는 것에는 한계가 있으므로 유치원과 가정에서 유아에게 있었던 일들을 신속하고 정확하게 전달하는 연락장의 역할은 매우 중요하다.

둘째, 일상적인 대화 속에서 유아와 관련된 문제를 신중하고 지속적으로 해결하는 통로가 될 수 있다.

유아의 유치원 적응, 식습관, 친구관계 등은 학부모와 교사의 체계적이고 지속적인 지원 속에서 변화되어 가는 영역이다. 물론 학부모들이 부모면담이나 부모교육을 통해 도움을 받을 수는 있지만, 연락장을 통해 매일 매일의 변화과정에 관심을 갖고, 학부모와 교사가 통합적으로 지도한다면 훨씬 효과적일 수 있다.

셋째, 유아의 성장 발달 과정을 알아볼 수 있다.

연락장은 날마다 학부모와 교사 사이를 오가며 각 유아에 대한 정보가 기록되므로, 장기적으로는 각 유아에 대한 성장일기와 같은 역할을 할 수 있다. 드한 학부모와 교사가 유아의 성장 발달을 위해 노력한 이야기를 알아볼 수 있는 자료도 된다.

넷째, 유아에 대한 학부모와 교사의 주의 깊은 관찰 동기를 줄 수 있다.

학부모와 교사는 연락장을 통해 유아에 대한 다양한 정보를 주고받게 됨으로써, 각 유아를 보다 세심하고 주의 깊게 관찰하게 될 뿐만 아니라, 유아에게 특별한 주의를 기울이거나 신경써야 할 부분에 대하여 좀 더 민감하게 인식하고 반응할 수 있다.

(1) 연락장 기록 방법

학부모는 연락장을 통해 자녀의 생활에 대해 상세히 알게 되며, 교사의 교육관이나 교육 운영에 대한 생각 등을 알게 되므로 교사의 연락장 기록은 매우 신중하고 정확하게 하는 것이 중요하다. 연락장에 기록해야 할 내용을 구체적으로 살펴보면 다음과 같다.

첫째, 유아에 대한 교사의 개인적인 느낌을 쓰기보다 일어난 상황(발달상황, 특이사항, 건강 상태, 놀이상황 등)에 대해 객관적으로 묘사하고 교사의 의견은 간략하게 기재한다.

연락장은 유아에 대한 이해를 돕기 위해 상호 소통하는 것에 목적이 있으므로, 유아에 관한 구체적인 기록을 하는 것이 필요하다. 그러므로 '○○는 너무 착한 아이인 것 같아요' 라는 표현은 옳지 않으며, '○○가 집에 가고 싶다고 울고 있는

○○에게 "내가 같이 놀아 줄게."라며 위로해 주었습니다. 친구에게 마음 쓰는 모습이 기특했습니다.' 라는 식으로 기록하는 것이 바람직하다. 또한 '○○는 식사 시간을 즐거워하지 않는 것 같습니다.' 라는 애매한 표현보다는 '○○가 오늘 식사 시간에 입맛이 없는지 평소의 반 정도의 양만 먹었습니다.' 라고 구체적으로 기록해야 한다.

둘째, 학부모가 전달한 사항이나 질문에 대해서는 반드시 교사의 의견이나 답변을 기록한다.

학부모들은 연락장을 통해 가정에서 있었던 일들을 전달하기도 하고, 교사에게 간단한 부탁을 하기도 하며, 의문사항을 질문하기도 한다. 이런 경우는 그 날 연락장에 반드시 해당 내용에 대한 답을 기록해야 하는데, 그렇지 않으면 학부모는 자신의 기록을 교사가 제대로 전달받았는지 알 수 없기 때문이다. 예를 들어서 학부모가 '어제 놀이터에서 놀다가 넘어져서 다쳤는데, 무릎이 계속 아프다고 하네요.' 라고 했을 경우에는 교사가 '오늘 놀이하는 동안에는 무릎 아프다고 이야기하지는 않았지만, 바닥에 앉을 때 무릎을 굽히지 못하는 것 같아서 물어보았더니 "아프다"고 합니다. 계속 그러면 병원에 데려가 보시는 게 어떨까요?' 라고 기록하는 것이 바람직하다.

셋째, 해당 유아에 대한 내용을 구체적으로 기록하되, 다른 유아에 대한 내용은 가능한 한 언급하지 않는다.

유아에 대한 내용을 기록하다 보면, 다른 유아와 있었던 일들이 자연스레 등장하게 되고, 학부모가 자신의 자녀와 다른 유아와 있었던 일들을 물어보기도 하는데, 이 때 부득이한 경우가 아니라면 다른 유아의 이름이나 상황을 전하는 것은 피하는 것이 옳다. 학부모들은 교사가 한 말에 대하여 지나치게 민감하게 반응하는 경우가 있어서 자칫 잘못하면 확대 해석하거나 오해하는 경우가 생기기 때문이다. 예를 들어, '오늘 줄을 서다가 ○○라는 유아가 ○○를 밀어서 조금 화가 났었지만,

서로 이야기하고 잘 화해하였습니다.' 라고 쓰기보다는 '오늘 줄을 서다가 한 친구가 ○○를 밀어서 ○○가 화가 났었는데, 말로 자신의 감정을 이야기하고 잘 화해하였습니다. 요즘에는 화날 때 바로 울거나 때리려고 했던 행동이 거의 보이지 않습니다. 많이 칭찬해주고 있습니다.' 라고 하는 것이 좋다. 반대로 해당 유아가 상대방 유아에게 피해를 준 경우도 부득이한 상황이 아니라면 실명을 거론하는 것은 옳지 않다. 왜냐하면, 학부모가 연락장 기록만을 보고, 정확한 상황을 파악하지 않은 채 상대방 학부모에게 사과의 전화를 한다면 이것도 또 다른 오해의 소지가 있으며 긍정적 관계 형성에 도움이 안되기 때문이다.

넷째, 정확한 단어와 어법을 사용한다.

가정통신문은 모든 학부모에게 전달되지만, 연락장은 개별 학부모와 대화를 나누는 수단이므로 격식 없이 기록되는 경우가 많다. 특히, 교사가 일과 중에 틈틈이 쓰게 되어 차분하게 생각하여 기록하기가 어려우므로 올바르지 않은 언어를 사용하거나 앞뒤가 맞지 않는 문장을 사용하는 경우가 있다. 예를 들어, '○○이가 좋아하는 쌓기 놀이를 놀잇감 사용 약속을 지키지 못해서 놀지 못했습니다.' 라는 말은 앞뒤가 맞지 않는 문장이다. '놀잇감 사용 약속을 지키지 않아서, 오늘 ○○이가 좋아하는 쌓기 놀이를 하지 못했습니다.' 라고 기록해야 주어와 서술어가 일치하는 옳은 문장이 된다. 이런 실수를 방지하기 위해서는 정기적으로 자신이 쓴 기록을 다른 교사와 바꾸어 읽어 본 후, 서로에게 필요한 조언을 해주고, 자신이 주로 실수하는 단어나 어법을 수정해 보는 식의 연습을 하는 것이 필요하다.

다섯째, 친밀하게 기록하지만 예의바른 태도를 유지한다.

연락장에는 너무 딱딱한 문장보다는 친근하고 부드러운 문장을 사용하는 것이 좋다. 하지만, 너무 지나치다 보면 예의 없는 언어(유행어)나 어투를 사용하거나 문장을 애매하게 끝맺는 등의 실수를 저지를 수도 있다. 예를 들어, '오늘 ○○가 평소에 비호감으로 여기는 친구 한 명과 다투었습니다. ㅠㅠ' 라는 표현은 유행하고 있는 사이버 용어를 그대로 사용한 것이다. 이런 표현은 '○○이가 평소에 별로 좋아하지 않는 친구와 조금 다투었습니다.' 라고 기록해야 한다. 또한, '어머님, 내일까지 새로운 칫솔 준비 부탁!' 이라는 식의 표현은 적절하지 않다. 친근하게 대화하는 것과 예의 없는 대화는 엄연하게 차이가 있으므로 연락장을 기록할 때는 반드시 예의바른 어법을 사용하도록 한다.

(2) 연락장 기록의 실제

여기서는 일반적으로 유치원에서 기록하는 몇 가지 주제에 관한 연락장 내용의 예를 제시하도록 하겠다.

① 유아의 하루생활(건강, 식사, 배변, 수면 등) 기록

최근 유치원에서 유아들이 머무는 시간이 점차 길어지는 추세에 있으므로, 유아의 의 · 식 · 주에 대한 정보는 반드시 학부모와 공유해야 할 사항이다. 이렇게 함으로써 부모는 유치원에서의 생활 정보를 참고로 하여 가정에서의 이후 일과를 적절하게 계획할 수 있기 때문이다. 그러나 이런 기록들은 매일 매일 이루어지는 것이기 때문에 일반적으로 서술식으로 기록하지 않고, 연락장에 미리 마련된 항목에 표시를 한다. 그러나 평소와 다른 사항이나 특별히 학부모가 알아두어야 할 사항은 반드시 서술식 기록란에 제시해 주어야 한다.

② 유아의 유치원 적응에 대한 내용

유아가 유치원에 처음 다니기 시작할 때는 적응에 오랫동안 어려움을 겪는 경우가 많으므로 학부모와의 긴밀한 협조 속에서 유아들의 적응을 지원해야 한다. 특히 직장에 다니는 학부모는 유치원에 가기 싫다고 유아가 울고, 떼를 쓰거나, 예민하게 행동하면 일이 손에 잡히지 않고, 어쩔 수 없이 기관에 보내야 하는 자신의 입장이 안타까울 것이다. 따라서 학기 초에는 교사가 유아의 적응 과정과 상태, 협

예시 Ⅲ-9 연락장(유아의 하루 생활 기록)

<table>
<tr><td colspan="2">나의 하루 생활 (20○○.○○.○○.○요일)</td><td>교 사 확인란</td><td></td><td>부모님 확인란</td><td></td></tr>
</table>

<table>
<tr><th colspan="2">가정에서</th><th colspan="2">유치원에서</th></tr>
<tr><td>기분</td><td>좋음, 보통, 나쁨
(이유 :)</td><td>기분</td><td>좋음, 브통, 나쁨
(이유 :)</td></tr>
<tr><td rowspan="3">건강</td><td>좋음, 보통, 나쁨
(이유 :)</td><td rowspan="3">건강</td><td>좋음, 브통, 나쁨
(이유 :)</td></tr>
<tr><td>열이 있음/ 없음
(체온 : ℃)</td><td>열이 있음/ 없음
(체온 : ℃)</td></tr>
<tr><td>투약(○ ×)
(용법 :)</td><td>투약(○ ×)
(용법 :)</td></tr>
<tr><td>식사</td><td>저녁(○ △ ×) :
아침(○ △ ×) :
그 외(○ △ ×) :</td><td>식사</td><td>간식(○ △ ×) : 식단참조
점심(○ △ ×) : 식단참조
간식(○ △ ×) : 식단참조
저녁(○ △ ×) : 식단참조</td></tr>
<tr><td>전달 사항</td><td>○○이가 우유를 잘 먹지 않으려고 해요. 요새는 약간씩 먹기 시작했는데, 자꾸 구역질을 하려고 해서 걱정입니다. 유치원에서는 어떤지 궁금합니다.</td><td>전달 사항</td><td>어머님 말씀 들으니 그동안 ○○이가 왜 우유를 천천히 먹었는지 이해가 됩니다. 하지만 안 먹는다고 한 적은 없었습니다. 오늘도 우유와 샌드위치 간식을 천천히 먹긴 했지만 다 먹었습니다. 친구들과 함께 간식을 먹으면서 다른 친구들이 우유를 거부감 없이 먹는 것을 보고, 조금씩 먹으려고 시도하고 있습니다. 앞으로도 ○○이가 우유를 즐겁게 먹을 수 있도록 격려하도록 하겠습니다. 가정에서도 당분간은 억지로 먹이시기보다는 조금씩이지만 즐겁게 먹는 경험을 주시면 좋겠습니다.</td></tr>
</table>

조사항 등을 자세하게 알려 주고, 부모가 안심할 수 있도록 배려하는 내용을 적는 것이 필요하다.

예시 Ⅲ-10 연락장(유아의 유치원 적응에 대한 내용)

〈첫 날 - 교사의 기록〉

처음에 부모님과 떨어졌을 때 많이 울었는데, 30분 후 그치고, 놀잇감에 관심을 갖더니 놀기 시작했어요. 선생님에게 말을 걸기도 하고, 친구가 정리하지 않은 놀잇감을 정리해주기도 했어요. 그런데 ○○이가 블록으로 만든 집을 다른 친구가 실수로 무너뜨리자, 속상한 마음을 풀려는지 크게 울었습니다. 점심에는 자리에 앉아서 먹지 않고 돌아다니며 먹었는데, 오늘은 그대로 두었습니다. 오늘 첫 날이라서 집에 가면 힘들어하고, 졸리기도 하고 피곤해 할 겁니다. 편안하게 쉴 수 있도록 해주세요. 그리고 아마 내일은 부모님과 더 떨어지기 힘들어 할 수도 있습니다. 자연스러운 현상이니 부모님께서 너무 예민하게 받아들이시지 마시기 바랍니다.

〈둘째 날 - 교사의 기록〉

다행히 오늘은 어제보다 금방 울음을 그쳤어요. 놀이하는 것에 열중해서 오전 간식은 먹지 않겠다고 해서 안 먹였습니다. 점심때는 어제와는 다르게 앉아서 먹기는 했지만, 손으로 음식을 집어 먹으려고 하네요. 수저를 사용하도록 이야기해주니 그 다음부터는 손을 사용하지 않았습니다. 가정에서도 손으로 반찬을 집어 먹지 않도록 신경 써 주시기 바랍니다. 내일은 ○○이가 울지 않고 오는 것을 기대해 봅니다. 그리고 오늘처럼 아침에 ○○이 모르게 가시지 마시고, 만약 ○○이가 울더라도 인사를 나누고 가시는 것이 ○○이가 적응하는데 도움이 된답니다.

〈셋째 날 - 교사의 기록〉

아침에 아빠와 인사를 나눌 때는 잠깐 눈물이 그렁그렁 하더니, 금방 기분이 좋아졌습니다. 그리고 그동안 놀이하는 중에 부모님을 찾는 일이 종종 있었는데, 오늘은 한 번도 부모님을 찾지 않았습니다. 놀이 중에 울고 있는 친구를 보더니, 자신의 기분과 비슷할 거라고 생각했는지 전화기를 건네주며 "엄마, 아빠 빨리 오세요." 라고 말하라고 권유하기도 했답니다. 유치원에 대한 재미를 알아가고 있는 것 같긴 하지만, 스스로도 기분을 잘 조절해 나가는 것 같아 보여서 많이 대견합니다.

③ 유아의 습관 지도에 대한 내용

학부모들은 유치원에 자녀를 보낼 때, 자녀가 가지고 있는 좋지 않은 습관 때문에 걱정을 많이 한다. 따라서 유아가 가지고 있는 부정적인 습관에 대한 관찰 내용, 교사의 관심, 교정 과정을 연락장을 통해 학부모와 상호 소통하는 것은 학부모의 걱정을 덜어줄 수 있을 뿐 아니라, 유아의 부정적인 습관을 고치는 데에 많은 도움이 된다.

예시 Ⅲ-11 연락장(유아의 습관 지도에 대한 내용)

〈첫 날 - 학부모의 기록〉

○○이가 잠이 올 때 투정이 많지요? 칭얼대거나 짜증을 많이 내는 편입니다. 종일반이어서 낮잠을 자는 것으로 알고 있는데, 유치원에서도 그럴 것 같아서 걱정입니다.

〈첫 날 - 교사의 기록〉

○○이가 졸릴 때 그런 버릇이 있군요. 그래서인지 오전 시간에 졸린지 한두 번 칭얼거린 적이 있었습니다. 낮잠 잘 때는 누워서 자지 않고 저에게 안겨서 자려고 했습니다. 다른 유아들도 모두 그렇게 해달라고 할 것 같아서 망설였는데, 특별히 그런 유아가 없어서 오늘은 안아서 재웠습니다. 중간에 한 번씩 눈을 떠서 곁에 있는 사람을 확인하고 다시 잠드네요. 내일은 친구들처럼 자리에 누워서 자도록 해보려고 합니다. 내일은 어떤 모습을 보였는지 다시 알려드리겠습니다.

〈둘째 날 - 교사의 기록〉

오늘은 낮잠 잘 때 많이 칭얼거리기는 했지만 자리에 누워서 잠들었습니다. 칭얼거리기는 하지만 금방 잠이 들었습니다. 아마도 환경이 바뀐 상태에서 잠을 자려니까 불안해서 더 칭얼거리는 것 같습니다. 혹시 가정에서 ○○이가 자기 전에 어떤 상태로 자는지요? 저는 내일부터 ○○이에게 이야기를 들려주거나 동화책을 읽어주려고 합니다.

〈셋째 날 - 교사의 기록〉

오늘 낮잠 시간에 모두에게 "옛날이야기 들을 사람은 자기 자리에 눕기로 하자"

더니 ○○이가 혼자 스스로 자리에 가서 누웠습니다. 그래서 친구들에게 특별히 ○○이 칭찬을 해주었더니 기분이 좋았나 봅니다. 그리고 옛날이야기를 5분 정도 듣는 중에 스르르 잠이 들었습니다. ○○이는 잠이 오기 전의 시간을 힘들어하는 것 같습니다. 이야기를 들으면서 자도록 하는 것도 좋은 방법인 것 같습니다. 앞으로도 ○○이의 잠버릇을 종종 알려드리도록 하겠습니다. 부모님도 가정에서 변화된 점이 있을 때마다 알려주시기 바랍니다.

④ 유아를 격려할 만한 내용

교육의 가장 효과적인 방법은 유아가 좋은 행동을 했을 때 칭찬과 격려를 하는 것이다. 유아가 옳지 않은 행동을 했을 때 벌을 주거나 권리를 제한하는 것은 불가피한 경우에 제한적으로 사용하는 것이 바람직하다. 따라서 만약 유아가 칭찬받을 만한 일을 했을 때는 이것을 반드시 좋은 기회로 이용해야 한다. 연락장을 통해 교사와 학부모가 정보를 교환하여 유아에게 적절한 때에 적절한 칭찬과 격려를 할 수 있도록 해야 한다.

예시 Ⅲ-12 연락장(유아를 상호 격려할 만한 내용)

〈학부모의 기록〉

요즘 우리 부부는 ○○이가 엄마, 아빠에게 존댓말을 쓰도록 가르치고 있습니다. 그동안 들은 체도 하지 않더니 오늘 처음으로 "엄마, 다녀왔습니다." 라고 인사하는 거예요. 너무 감동적이었어요. 집에서도 칭찬을 아주 많이 해주어서 으쓱해졌답니다. 선생님도 칭찬해주시면 좋을 것 같아서요.

〈교사의 기록〉

그러셨군요. 어머님이 써 주신 이야기를 읽고 나서 ○○이에게 "○○이가 부모님께 존댓말을 썼다고 굉장히 기뻐하시더라. ○○가 정말 의젓해진 것 같네." 라고 했더니 쑥스럽게 웃었어요. 그러면서 "오늘 집에 가서 부모님에게 또 존댓말로 말씀드리고, 내일 선생님 만나면 어떤 말씀을 드렸는지 이야기해줄래? 선생님이 궁금하거든." 이라고 이야기했습니다. 앞으로도 지속적으로 관심을 가지고 지도하겠습니다.

⑤ 유아와 관련된 예기치 않은 사건에 대한 내용

유치원에서 유아는 일과 중에 매우 다양한 일을 경험하게 되지만, 그중에서 유아가 사소한 다툼이나 마찰이 있었던 것은 학부모에게 반드시 알려주어야 한다. 유아들은 발달 특성상 자신의 입장에서 이해한 이야기를 전하기 때문에, 연락장을 통해 교사가 정확한 정보를 알려서 학부모가 상황을 잘못 이해하는 일이 없도록 하고, 가정에서 올바른 지도를 할 수 있도록 해야 한다. 특히, 친구 간의 마찰이 일어난 경우에는 상대 유아의 실명을 거론해야 할 만큼 심각한 상황인 경우는 전화상담을 하는 것이 적합하다. 그렇지 않은 경우에는 연락장에 기록하지만 상대방 유아의 실명이나 특성을 기록하는 것은 삼가야 한다.

예시 Ⅲ-13 연락장(유아와 관련된 사건에 대한 내용)

〈교사의 기록〉

오늘 바깥놀이 시간에 ○○가 뛰어가다가 남자친구와 살짝 부딪혀서 넘어졌습니다. 제가 부딪히는 순간을 보기는 했는데 미처 막을 사이도 없이 순식간에 일어났습니다. 물론 두 유아 모두 서로를 보지 못해서 부딪힌 것이었습니다. 부딪힌 남자친구는 넘어지지 않았고, ○○이만 넘어졌기 때문에 ○○이가 더 놀랐는지 조금 울었습니다. 제가 ○○이를 살펴보니 다행히 다친 곳은 없어 보였고, 놀란 것 같아서 달래주었습니다. 그런데 ○○이는 상대방 남자친구가 자기를 일부러 넘어드렸다고 생각하였고 "혼내주세요" 라고 저에게 부탁했습니다. 그런데 제가 보기에는 상대방 남자친구도 고의성이 없다고 판단되었기 때문에 상황을 설명해주고 "놀이터에서 놀 때 친구와 부딪히지 않도록 조심하자" 고 서로에게 충고해 주었습니다. 집에 갈 때까지도 ○○이가 약간 속상한 것 같아서 이야기도 많이 했지만, 완전히 기분이 좋아지지 않은 것 같습니다. 부모님도 이 부분에 관해서 ○○이가 잘 이해하도록 이야기를 나누시면 좋을 것 같습니다. 내일도 상대방 남자친구에 대해 기분이 좋지 않아 보이면 다시 이야기를 나누어 보겠습니다.

3) 학부모 면담

학부모 면담은 교사와 학부모가 서로 대면하여 유아의 가정생활과 유치원에서의 생활 전반에 대해 의견을 교환함으로써 유치원과 가정이 상호 연계를 갖고 유아의 발달을 돕고자 하는 활동이다. 교사의 입장에서는 상호 친밀감을 형성할 수 있고, 가정에서의 유아 행동이나 생활뿐만 아니라 유아에게 영향을 주는 가정의 다양한 측면을 알 수 있어 유아를 이해하는 데 도움이 된다. 학부모 입장에서는 유치원에서의 유아의 적응 및 활동 전반에 대한 정보를 얻을 뿐 아니라, 유치원의 교육목적이나 프로그램을 이해할 수 있는 기회가 된다.

일반적으로 학부모 면담은 면담 인원에 따라서 개별면담(전화면담)과 집단면담으로 구분될 수 있지만 집단면담을 하는 경우는 많지 않으므로 여기서는 개별면담에 관해서 자세히 알아보기로 한다. 먼저 면담 자료를 작성하는 방법을 알아보고, 논리적이고 창의적인 학부모와의 실제 면담대화법을 알아본다.

일반적으로 유치원에서는 한 학기에 1회 정도의 정기적 면담을 계획하고 실시한다. 평상시에 자주 자녀에 관한 상담을 자청하거나, 많은 것을 질문하거나 대화하는 학부모의 경우에도 면담을 통해 유아에 대한 정보를 나눌 수 있다. 또한 여러 가지 이유로 대화의 기회가 없는 학부모들에게 면담은 자녀교육에 대해 의논할 수 있는 중요한 기회가 된다.

학부모 중에는 교사와 허심탄회하게 대화하기를 부담스러워하거나 자녀의 부정적인 면을 교사에게 말하는 것을 꺼려하는 분들이 있기 때문에, 교사의 진솔하고 충실한 태도는 면담의 성패를 좌우하는 중요한 관건이 된다. 또한, 학부모 면담에 앞서 사전 설문조사를 하면, 학부모가 면담 주제에 대해 좀 더 집중적으로 몰입할 수 있게 되어 면담이 좀 더 의미있고 생산적인 의사소통 시간이 될 수 있다.

다음은 면담 전에 학부모에게 배부하는 설문지의 예이다.

예시 Ⅲ-14 면담 설문지

개인면담 기초 자료 (1학기)

안녕하십니까? ○월 둘째 주에는 담임교사와 학부모의 개인면담이 있을 예정입니다. 좀 더 효율적인 면담 진행을 위하여 개인면담 기초 자료를 만들고자 합니다. 아래의 설문에 구체적으로 답해주시면 개인면담에 소중한 자료로 쓰일 것입니다. 작성하셔서 ○월 ○○일(○요일)까지 보내주시면 감사하겠습니다.

- 유아가 유치원을 다니면서 달라진 점이 있나요? 있다면 어떻게 달라졌나요?
  - 기본생활습관(식습관, 수면습관, 청결습관 등)
  - 놀이행동
  - 기타
- 유아가 유치원에서 가장 친하다고 이야기하는 친구나 힘들어하는 친구가 있나요? 있다면 어떻게 이야기하는지 적어주세요.
- 유아가 유치원 활동 중에서 가장 흥미로워 하는 것은 무엇이며, 어떻게 이야기하는지 적어주세요.
- 유아가 가정에서 주로 하는 놀이와 가장 많이 상호작용하는 가족은 누구인가요?
- 유치원 외에 유아가 수업 받는 것이 있나요? 있다면 어떤 내용의 수업을 받고 있는지 적어주세요(학원, 학습지 등)
- 담임교사와 상담하고 싶은 내용을 간략하게 적어 주세요.
- 유치원이나 교사에게 건의하고 싶으신 사항이 있으시면 적어 주세요.

(1) 면담 자료 작성

면담 자료는 학부모에게 전달하는 것이 아니라, 교사가 학부모와의 면담에서 활용하기 위하여 작성하는 것이다. 따라서 기관의 철학이나 운영 방침에 따라 다양하게 작성할 수 있지만 무엇보다 중요한 것은 면담 자료는 학부모가 관심 있어 하고, 알고 싶어 하는 부분에 대한 내용이 강조되어야 있어야 한다는 것이다. 면담 자료를 작성하기 위해서는 유아에 관한 각종 개인적인 기록물(가정환경조사서, 건강기록부, 생활기록부 등)과 그동안 유아에 관해 모아놓았던 관찰기록(일화기록, 체크리스트, 평정척도, 사건표집) 및 작업표본 등을 검토하여 유아의 발달 과정을 알려주는 정보들을 체계화하고 분석할 필요가 있다. 교사는 면담 양식을 활용하여 포괄적인 요약문을 작성하고, 각 요약 내용을 뒷받침할 수 있는 실제 자료(관찰기록, 사진, 작업 표본 등)를 선정하여 정리해 둔다. 다음에 제시된 면담 자료를 보고 문제점이 무엇인지 분석해 보자.

예시 Ⅲ-15 면담 자료 (수정 전)

이름 : ○○○ **생년월일 : 20○○.○○.○○**

- **신체운동 · 건강 영역**
  신체가 매우 건강하며 움직이는 활동을 좋아한다.
- **사회 관계 영역**
  사회성이 발달하였으며, 친구들과 즐겁게 놀이에 참여한다.
- **의사소통 영역**
  자기 이름을 쓸 줄 알며, 전반적인 언어 발달이 정상적이다.
- **예술경험 영역**
  다양하게 표현하는 것을 즐기며 새로운 시도를 하려고 노력한다.
- **자연탐구 영역**
  다양한 사물에 관심을 보이며, 자신이 궁금해 하는 것을 알아내려고 노력한다.

비고
• 여동생 있음 • 유치원 버스로 등 · 하원

위에 제시된 면담자료는 유아에 대해 너무 애매하게 평가하고 있으며, 체계적이고 심층적인 관찰 자료에 근거하지 않는 것임을 보여준다. 예를 들어 '신체가 매우 건강하며', '사회성이 발달하였으며', '언어 발달이 정상적이다' 등의 표현은 어떤 근거에서 판단한 것인지, 또한 부모에게 유아에 대한 이해를 도울 수 있는 구체적인 정보가 되지 못한다. 예컨대, 언어능력에 관한 면담 자료를 기술한다면 '다른 사람의 이야기를 주의 깊게 듣는 태도를 갖추었는지', '자신의 의사를 정확하게 표현할 수 있는지' 등과 같이 언어능력에 있어 연령별 발달과제에 관한 내용을 준거로 구체적인 평가 내용을 기록하도록 한다. 그리고 해당 유아의 발달이나 특성을 알 수 있는 구체적인 예시가 기록되어 있지 않다. 위의 기록을 다음에 제시된 기록과 비교해 보자.

예시 Ⅲ-16 면담 자료 (수정 후)

이름 : ○○○	생년월일 : 20○○.○○.○○(만 4세)
1학기	**2학기**
● **기본생활습관** 교사와 친구에게 인사를 잘 하고, 음식을 골고루 잘 먹으며 정리 정돈을 잘 하는 편이나 줄을 서거나 놀이순서를 기다리는 것을 힘들어한다. ● **유치원 적응도** 학기 초에는 '집에 가고 싶어요' 라는 말을 자주 했었는데, 3월 말부터는 즐겁게 유치원 생활을 하고 있다. 친구들과 함께 정한 약속도 지키려고 노력하는 편이다.	

● **또래관계**
주로 활발한 남자친구들과 친한 편이며, 쌓기 놀이의 자동차에 관심이 많다. 놀잇감 차지 문제로 친구와 문제가 생겼을 때 말로 해결하기보다는 놀잇감을 일방적으로 빼앗거나, 친구를 때리는 일이 가끔 있다.

● **활동 참여**
모든 놀이에 즐겁게 참여하지만, 자신이 가장 먼저 하지 못하면 화를 내며 놀이를 하지 않으려고 한다. 모이는 시간에 집중을 잘 하고, 자신의 생각을 적극적으로 잘 표현하지만, 듣는 태도를 좀 더 기르는 것이 필요하다. 컴퓨터 놀이에 집착하는 편이다.

● **또래관계**
매사에 자신감 있게 참여하고, 친구들에게 놀잇감을 양보하는 행동도 많아졌다. 1학기에는 친구와 문제가 생겼을 때 놀잇감을 빼앗거나, 때리는 경우가 가끔 있었는데, 2학기에 들어서는 큰 소리로 울어서 교사의 도움을 요청하는 경우가 잦다.

● **활동 참여**
쌓기 놀이와 컴퓨터 놀이에 가장 즐겨 참여하고 오랫동안 집중하여 놀이에 참여한다. 또한 동극과 게임 활동에도 자발적이고 적극적으로 참여하며 즐긴다.

● **언어습관**
이야기 나누기 시간에 발표거리를 적극적으로 찾아오며 자신감 있게 발표한다. 때로 친구가 자신의 의견과 다른 이야기를 할 때, '그거 아니야' 라고 하면서 중간에 이야기를 방해하는 경우가 있다.

● **권고 사항**
소근육을 이용한 활동(그림 그리기, 조작놀이 등)이나 책읽기 활동 등에 차분하게 집중하여 참여하는 경험이 많이 필요하다.

위의 내용을 보면 1학기에 작성된 것과 2학기에 작성된 자료의 항목에 변화가 있는데, 이것은 주로 1학기에는 기본생활습관, 유치원 적응, 또래관계, 활동 참여 등에 관해 중점적으로 면담이 이루어지지만 2학기에는 유아의 전반적인 발달상황이나 변화된 점에 관하여 다루어져야 하기 때문이다. 또한 면담 자료를 작성할 때는 5개 발달 영역(건강, 사회, 언어, 표현, 탐구 생활 영역)으로 기록할 수도 있지만, 위와 같이 학부모들이 이해하기 쉬운 항목으로 아동의 특성을 정리할 수도 있다. 위의 면담 자료는 해당 유아의 습관이나 특성이 구체적으로 제시되어 있다. 이런 구체적인 기록으로 면담을 실시한다면 교사-학부모 간에 신뢰로운 상호작용이 이루어져서, 더욱 의미 있고 교육적인 효과를 얻을 수 있을 것이다.

(2) 면담 대화 방법

일반적으로 학부모들은 형식적인 면담을 하게 되면 긴장을 하게 되는 경우가 많고, 교사도 마찬가지 상황일 것이다. 교사가 면담을 위한 근거 있는 자료 준비, 환경 마련 등의 사전 준비를 철저히 하고, 다음과 같이 단계적으로 임하면 긴장을 줄이고 효율적인 면담을 진행할 수 있을 것이다.

① 면담 시작 단계

- 면담 전에 관련된 자료를 철저히 검토하고 면담 내용을 문서화하여 준비한다.
- 면담을 위한 장소는 다른 사람들로부터 방해를 받지 않는 곳으로 정한 후, 편안한 분위기를 조성한다. 예를 들어 큰 회의실에 테이블만 있는 곳은 자칫 면담 분위기를 어색하게 할 수도 있다. 가능하다면 교실을 면담 장소로 활용하는 것이 좋으며, 가벼운 차와 조용한 음악을 준비한다면 어색한 분위기를 바꾸는 데 도움이 될 수 있다.
- 면담 좌석을 결정할 때 교사는 출입문과 시계가 보이는 곳에 앉도록 한다.
- 특별한 사항에 관한 논의를 해야 하는 경우 미리 학부모에게 연락하여 관련 내용을 알려서 면담 시 학부모가 당황하지 않도록 배려한다.
- 면담을 시작할 때는 가벼운 일상적인 안부를 묻는 대화로 시작하는 것이 좋다.

② 면담 진행 단계

- 면담 시 교사는 호의적인 표정과 미소를 유지한다.
- 교사는 말을 많이 하려고 하기보다는 학부모의 이야기를 많이 들으려는 마음가짐을 갖는다. 학기초 면담 시에는 학부모의 이야기를 듣는 것이, 2학기 면

담시에는 교사와 이야기를 하는 것이 상대적으로 큰 비중을 차지하는 것이 일반적이다.

- 학부모의 이야기에 매우 관심을 많다는 것을 적극적인 모습으로 표현한다.
- 유아의 긍정적인 부분을 먼저 이야기한다.
- 유아의 문제에 관한 학부모의 의견을 비난하거나 논쟁적으로 반응하지 않는다.
- 지나치게 전문적인 용어나 어려운 단어를 사용하지 않도록 하는 한편, 지나치게 비형식적인 용어를 사용하지 않도록 주의한다.
- 교사에게 유아를 평가하는 이야기를 할 때는 논리적으로 맞는 대화를 제시하여 신뢰감을 줄 수 있도록 한다.

③ 면담 마무리 단계

- 학부모가 면담 중 언제든 편안하게 질문할 수 있는 기회를 제공한다.
- 유아를 위해 향후에 함께 지도해 나갈 방향을 제시하거나 간단하게 논의한다.
- 면담을 통해 교사도 많은 도움을 받았음을 알리고, 감사함을 표시한다.
- 정해진 시간을 환기시키며, 면담 내용이 부족할 경우는 다른 상담시간이나 전화면담 약속을 정한다.

면담은 다양한 방법으로 이루어질 수 있지만, 부모의 마음을 편안하게 하면서 실효성 있는 정보를 제공하고 교육적 효과를 거둘 수 있는 전문적인 면담의 절차를 정리하면 다음과 같다.

(3) 사례로 알아보는 면담의 실제

여기서는 상황에 따른 면담 대화에서 주의해야 할 것을 알아보고, 부적합한 사례와 적합한 사례를 제시하여 바람직한 면담 대화의 실제를 알아보도록 하겠다.

① 1학기 초에 학부모와 면담하는 경우

1학기 초의 면담시간에는 교사가 유아에 대한 평가나 판단을 하기보다는 주로 부모의 이야기를 많이 듣는 것이 좋고, 단시간에 평가한 내용을 함부로 단정짓듯이 이야기하는 것은 옳지 않다. 특히, 학부모와 면담할 때 교사가 유아의 생김새나 인상을 보고, 유아들을 판단한 듯한 이야기를 하는 것은 신뢰감을 주지 못하며 비논리적인 태도를 보이는 것이다.

"제가 처음에 입학할 때 척 보니까, ○○가 어떤 아이인지 알겠더라구요. 저는 웬만하면 인상만 봐도 아이의 특성을 파악할 수 있거든요."

"아직 ○○와 생활한지 1달 정도밖에 안 됐기 때문에 아무래도 저보다는 어머니께서 ○○에 대해서 더 잘 파악하고 계실 것 같습니다. 이번 상담에서는 일단 어머니의 말씀을 통해 ○○이에 대해 더 많이 이해하는 시간이 되었으면 합니다. 그리고 제가 그동안 ○○이에 대해서 관찰한 부분도 함께 이야기 나누는 시간이 되었으면 합니다."

② 유아의 특성에 관해 면담하는 경우

학부모 면담에서 가장 지양해야 할 것은 핵심이 없이 유아에 대해 애매하게 표현하거나 교사의 선호적 감정을 표현하는 것이다. 교사가 학부모와 면담에서 유아에 대해 "예뻐요", "착해요", "귀여워요", "멋있어요"라고 발언하는 것은 결국 유아에 대해 구체적으로 언급할 내용을 찾지 못했다는 것과 같으므로 비논리적이며 비전문가적인 태도라 할 수 있다. 이런 식의 대화로 면담을 마친 학부모는 일시적으로는 기분이 좋을지 모르지만, 결국 교사로부터 특별한 조언이나 정보를 제대로 듣지 못했다는 것을 깨닫게 될 것이다. 따라서 유아의 특성에 관한 이야기를 나눌 때는 구체적인 일화를 들어 설명함으로써 학부모가 교사가 전해 주는 정보를 쉽게 이해하고 신뢰하도록 도울 수 있다.

"너무 말을 잘 하고 똑똑합니다. 정말 잘 키우셨어요."

"○○는 어휘력과 상식이 또래에 비하여 월등히 뛰어나서 이야기 나누기 시간에 친구들에게 새로운 용어의 뜻을 설명하는 경우가 많습니다. 지난번에는 제가 들려주던 동화에서 '이방인'이라는 단어가 나왔는데, 친구들이 그게 무슨 뜻이냐고 물으니까 ○○이가 "우리처럼 다 같이 아는 사람들 말고, 전혀 모르는 낯선 사람이라는 뜻이야"라고 예를 들어가며 설명을 해주었어요. 평소에 책을 많이 읽거나 부모님과 대화할 기회가 많은가요?"

③ 유아가 발달이 느린 것을 걱정하는 학부모와 면담하는 경우

학부모 중에는 자녀가 발달 면에서 유독 느리다고 생각하는 경우가 적지 않다. 부모로서의 조바심 때문에 생기는 기우인 경우도 있지만 하지만, 실제 발달지체를 겪는 경우가 있을 수 있으므로, 이런 면담을 요청한 학부모의 자녀는 교사가 더욱 객관적이고 다양한 방법으로 평가를 해서 학부모와 긴밀한 의사소통을 하는 것이 필요하다.

☹ "걱정하지 마세요. 점점 괜찮아질 겁니다."
"○○만 그런 게 아니니까 너무 걱정하지 마세요. 저도 신경 쓸게요."

☺ "많이 걱정스러우신가 봐요. 유아마다 성장 속도가 다른데, ○○이는 아마도 서서히 성장하는 유아인 것 같습니다. 저희 반 다른 애들과 비교하였을 때 지금현재 ○○이가 많이 느린 편은 아닙니다. 그러나 ○○어머니께서 많이 걱정하시는 것을 들으니. 저도 좀 더 주의 깊게 지켜보고, 조만간 이 부분에 대해 다시 이야기해보는 것이 좋겠네요."

④ 유아 간에 일어난 마찰에 관해 면담할 경우

유치원에서 일어나는 유아 간의 다툼은 대부분 교사와 유아가 함께 해결하게 되지만, 간혹 학부모에게 전달되어 문제가 커지는 경우가 있다. 이런 경우 교사의 입장이 난처해지는 경우가 있을 수 있지만, 가장 중요한 것은 교사는 항상 중립적인 입장을 취해야 하고, 자기가 직접 보지 않은 상황을 추리해서 전하는 일은 없어야 한다. 또한 학부모와 대화 중에는 절대 다른 유아에 관해 부정적인 면을 거론하지 않는 원칙을 지켜야 한다. 가능한 한 유아들이 문제를 스스로 해결할 수 있도록 충분한 시간과 기회를 제공하는 것이 가장 바람직하다.

☹ "○○에게도 문제가 분명히 있습니다."
"이번에는 ○○가 잘못한 게 맞습니다."

☺ "어머니 말씀 잘 들었습니다. 걱정이 많이 되셨겠군요. 두 유아 모두가 속상한 부분이 있을 것입니다. 저도 아이들의 이야기도 자세히 들어보고 상황을 다시 한 번 검토해서 중재해 나가려 하고 있으니, 조금 마음을 넉넉하게 가지시고 지켜봐 주시면 감사하겠습니다."

⑤ 유아의 변화된 행동을 걱정하는 학부모와 면담할 경우

학부모가 자녀의 문제행동에 관해 면담을 할 경우, 망설이기도 하고 심사숙고한 후 이야기하는 경우가 많다. 그만큼 걱정도 많고 교사에게 전문적인 식견을 듣고 싶어 한다는 것이다. 그런데, 교사가 학부모의 이야기에 전혀 동의하지 않거나 일축해 버리면 학부모는 열린 마음으로 대화하기를 주저할 수도 있다. 일단 학부모가 문제로 인식하고 있는 것은 교사의 의견이 혹시 다르더라도 관심을 보이고, 유아에 관한 자료들을 검토해서 객관적인 의견을 제시하려고 해야 한다. 관련 자료나 기억이 없다면 향후 관심을 갖고 지켜본 후 면담할 것을 약속하는 것이 전문적인 대처방법이다.

☹ "유치원에서는 전혀 달라지거나 이상한 점이 없었는데요. 어머니께서 너무 예민하신 건 아니세요?"
"제가 다 알아서 관찰하고 있으니 걱정하지 마세요."

☺ "걱정이 되시겠어요. 그런데 글쎄요. 제가 관찰한 바로는 특이한 점을 발견하지 못했는데, 제가 미처 보지 못했는지도 모르겠군요. 좀 더 주의 깊게 지켜보고 무슨 문제가 있으면 알려드리겠습니다. 그 밖에 가정에서 ○○가 달라진 점이 또 있으면 알려 주세요. 참고하겠습니다."

⑥ 지도가 어려운 유아의 학부모와 면담할 경우

아무리 지도가 어려운 유아일 경우라도 유치원에서 일어나는 다양한 문제들을 학부모에게 그대로 하소연하는 것은 교사의 전문성에 대한 부모의 신뢰를 잃어버리게 하는 결과를 낳는다. 이런 대화를 나누면 학부모는 유아에 대해 심각하게 걱정을 하거나 '선생님이 지도능력이 없구나' 라는 생각을 할 수도 있으며, 반대로 '우리 아이를 선생님이 미워하시는구나' 라는 편견을 가질 수도 있다. 물론 부모의 협조가 있을 때 가장 이상적인 지도가 이루어질 수 있지만, 일단 자녀가 학급에서 충분히 존중받는 존재이며 부모의 협조를 통해 교사가 지도할 수 있으리라는 신뢰감을 학부모가 가질 수 있도록 하는 것이 우선되어야 한다. 그 후 가장 긍정적인 방법으로 지도하는 것을 논의해 보고 가정에서의 부모의 역할을 안내해 주도록 한다.

☹ "도무지 유치원에서 통 말을 듣지 않습니다. 어머니께서 신경 좀 써주세요"
"잠시도 가만히 있지 않아서 수업에 너무 방해가 됩니다. 어떻게 하면 좋을까요?"

☺ "○○는 성격이 밝고 매사에 적극적이어서 아주 즐겁게 생활하고 지내고 있습니다. 그런데 아직 정해진 약속을 지키는 것을 가끔 어려워하고, 친구들과 놀이하는 것을 굉장히 좋아하면서도 자기의 마음을 표현하는 것에 아직 익숙하지 않은 듯합니다. ○○이는 칭찬 받는 것을 유독 좋아하기 때문에 ○○이가 약속을 잘 지켰을 때마다 많이 칭찬해주었더니 점점 더 노력하는 모습을 보이고 있습니다. 어머니께서도 가정에서 같은 방법으로 지도하시면 ○○이에게 매우 도움이 될 것입니다."

2. 교육과정 운영 및 행정 관련 글쓰기

1) 교육과정 운영 및 행정 관련 글쓰기의 실제

본 장에서는 교육과정 운영 및 행정업무 관련된 문서 작성에서 논리적이면서도 창의적인 글쓰기의 원칙과 구체적인 문서의 유형에 대해 소개하고자 한다. 본장에서 다루게 될 문서의 내용은 다음의 표 Ⅲ-1 과 같다.

이들 문서들은 수업, 평가, 연구 등으로 명확하게 구분이 되는 전혀 별개의 것들은 아니다. 연구보고서 안에 교육계획안이 포함되기도 하고, 저널이 교육과정운영계획서에 포함되게 구성할 수도 있기 때문이다. 다만 여기에서는 문서가 다루고 있는 내용에 따라 그 글쓰기 특성을 제시하는 데 용이한 방향으로 구분한 것이다.

표 Ⅲ-1 유아교육기관에서 교사의 논리적 창의적 글쓰기가 요구되는 문서

구 분		내 용
수업관련 글쓰기		교육계획안, 현장학습평가서, 저널, 장학 평가서
보고서	평가 관련	교육과정운영계획서
	연구 관련	연구보고서(시범유치원 운영보고서, 수업방법개선연구교사 운영보고서, 교육과정정상화 운영보고서, 특성화사업 운영보고서 등)

(1) 수업 관련 글쓰기

교수 활동은 유아교사의 가장 기본적이고도 필수적인 역할이다. 교수 활동이란 학습자의 성장을 지원하기 위한 유목적적인 행위로서, 목적성이 결여된 활동은 교수 활동이라 하기 어렵다.

따라서 교사가 유아의 성장을 위하여 목적의식을 가지고 수업 활동을 계획하고,

이를 평가하는 것, 그리고 보다 나은 교육을 하기 위한 고민과 노력을 기록하는 것을 모두 수업 관련 글쓰기라고 할 수 있을 것이다.

다음에는 교육계획안, 현장학습 평가서, 저널, 장학 노고서에 대한 글쓰기에 대해 살펴보겠다.

① 교육계획안

교육계획안은 교사가 어떤 교육목적 하에 언제, 어떤 자료를 가지고 어떤 발문을 통해 교수 활동을 할 것인지에 대한 계획 및 수행에 대한 평가를 포함한다. 계획하고자 하는 기간에 따라서 연간 · 월간 · 주간 · 일일 교육계획안으로 구분할 수 있다.

연간 교육계획안의 경우 문장으로 기술하기보다는 일 년 동안 진행될 교육내용이나 영역을 간단하게 단문이나 낱말로 기록하는 형식이라 엄밀한 의미에서의 글쓰기라 하기 어렵다. 월간과 주간교육계획안의 경우 그 구성요소가 '주제명, 추정기간, 주제 선정의 이유, 주요 개념, 생활주제구성안, 환경구성, 주제별 연관활동, 영역별 활동' 등의 내용이다. 이들 중 교사의 논리적이고 창의적인 글쓰기 능력이 요구되는 '주제 선정의 이유'에 대해 살펴보고자 한다.

또한 '활동명, 주제, 시간, 활동영역, 목표, 활동자료, 교사의 상호작용, 평가' 등의 내용으로 구성되는 일일 교육계획안의 경우 '평가' 부분에 대해 살펴보고자 한다.

㉠ 주제 선정의 이유 기술하기

월간과 주간 교육계획안의 경우 기관별로 차이가 있으나, 생활주제에 따른 수업계획을 안내하는 것이 일반적인 양식이라 할 수 있을 것이다.

교사는 생활주제에 따라서 수업계획을 하는 경우이든 프로젝트처럼 유아의 흥미나 교사의 의도에 따라 수업계획을 하는 경우이든 관계없이, 교육계획안을 작성하게 된다. 교육계획안을 작성하는 경우 먼저 작성하게 되는 내용이 바로 '주제 선정의 이유'라 할 수 있다. 주제 선정의 이유는 해당 주제가 갖고 있는 교육적 함의에 대해 기술하는 것이다.

'2007 개정 유치원 교육과정' 에서는 생활주제를 진술할 때에는 구체적으로 그 생활주제를 통해 무엇을 경험하고 어떤 가치로운 목적이 달성될 수 있는지를 중심으로 생활 주제의 목적 및 필요성, 발달의 적합성 등이 잘 드러나게 진술해야 한다고 명시하고 있다. 때문에 주제 선정의 이유를 상술할 때는 해당 주제가 가지는 의미와 유아발달에 미치는 영향, 또래나 가정, 지역사회 등의 생태학적 관점에서의 효과 등을 함께 고려하여 기술하도록 한다. 또한 이 시기 유아의 발달특성 등에 따른 주제 적절성과, 주제가 유아에게 주는 의미, 이러한 주제를 통해 유아에게 기대할 수 있는 교육적 효과와 이런 것에 대한 교사의 의도가 포함될 필요가 있다는 것이다. 5세 누리과정 교사용 지도서(2012)에 제시된 주제 선정의 이유 중 '나와 가족' 생활주제를 예로 소개하면 다음과 같다.

예시 Ⅲ-17 생활주제 '나와 가족' 선정의 이유

'나와 가족' 생활주제는 유아기에 호기심의 대상인 자신의 몸과 마음에 대해 이해할 수 있는 기회를 제공하며, 자기 조절 및 긍정적인 자아개념을 발달시키고자 한다. 또한 '나와 가족' 생활주제는 유아가 태어나서 가장 처음 접하게 되는 인간관계인 가족 안에서 가족 구성원으로서의 자신을 이해하고, 가족의 다양한 문화와 생활에 대한 경험을 제공하기 위해 선정되었다.	주제가 유아에게 주는 의미
유아기는 감각 기능, 운동 능력, 협응력과 같은 신체 능력이 발달함과 동시에 자신은 감정변화, 감정조절 및 표현 등을 구체적으로 경험하게 되는 시기이다. 이러한 발달적 특성에 근거하여 유아로 하여금 자신의 몸과 마음에 대해 알아보고 '나의 몸과 마음'의 소중함을 인식하고, 자신의 감정을 조절하여 적절하게 표현할 수 있는 능력을 기르는 것이 필요하다. 또한 이 시기는 가족 및 사회구성원으로서 나에 대한 인식이 형성되므로, 유아가 자신과 타인의 몸에 대한 인식을 근거로 자신을 소중히 여기고, 유아가 남과 다른 자신만의 특별함을 알고 사랑하며, 스스로 할 수 있는 일에 대해 적극적으로 참여하여 자신감을 갖도록 해야 한다. 뿐만 아니라 나에 대한 인식과 정체성이 발달하는 과정에서 사회화의 일차 집단인 가정 안에서 가족 구성원의 역할을 이해하고 가족들과 원만한 관계를 유지하며 가족을 사랑하는 마음을 갖도록 하는 것이 중요하다. 특히, 인간성 상실, 저출산 등의 심각한 현대 사회의 문제에 대처하기 위해서도 유아기부터 가족의 소중함을 강조하는 가치관 교육이 생활화되어야 할 것이다. 더불어 현대의 급변하는 사회 환경으로 인하여 가족의 구조와 구성원이 점차 다양해지고 있으며, 이들이 수행하는 역할과 가치관, 생활방식도 변화하고 있음을 고려할 때 가족의 생활과 문화의 다양성을 인식하고 차이를 존중할 수 있는 유아의 태도가 더욱 요구된다.	유아기 발달 특성에 따른 주제 적절성 기대할 수 있는 교육적 효과
따라서 '나와 가족' 생활 주제를 통해서 유아가 나와 가족에 대한 기본적인 지식과 이해를 기초로 나와 가족을 사랑하고 타인과 더불어 살아가는 민주 시민으로서의 자질을 기를 수 있도록 돕고자 한다.	교육적 효과 및 교사의 의지

물론 계획안마다 주제 선정의 이유에 대해 이러한 요소를 모두 포함하여 기술하는 것에는 어려움이 있다. 따라서 이러한 요소 중 일부분에 대해 언급하거나, 간략하게 기술하는 것이 일반적이다. 생활주제에 따른 수업계획의 실제 예를 살펴보면 다음과 같다.

예시 Ⅲ-18 생활주제 '우리나라와 세계 여러 나라' 수업계혹안

주 제	우리나라와 세계 여러 나라
기 간	9월 3일 ~ 10월 19일(추석 기간 포함)
주제 선정의 이유	우리나라와 세계 여러 나라 문화의 차이점을 알아봄으로써 우리 문화의 독창성과 소중함을 알고 한국인임에 긍지를 갖게 하는 주제이다. 또한 우리나라 문화에 대한 정체성과 '나는 한국인이다'라는 생각을 가지고 세계 여러 나라 사람과 문화를 이해하고 존중하는 태도가 필요합니다.
주요 개념	1. 세계는 우리나라뿐 아니라 여러 다른 나라가 있다. 2. 각 나라마다 나라 이름, 나라를 나타내는 국기, 노래, 꽃을 가지고 있다. 3. 각 나라만이 가진 독특한 옷, 음식, 집, 생활도구, 놀이가 깄다. 4. 세계 여러 나라는 서로 협력하고 평화를 지키도록 노력해야 한다.

생활주제 구성안

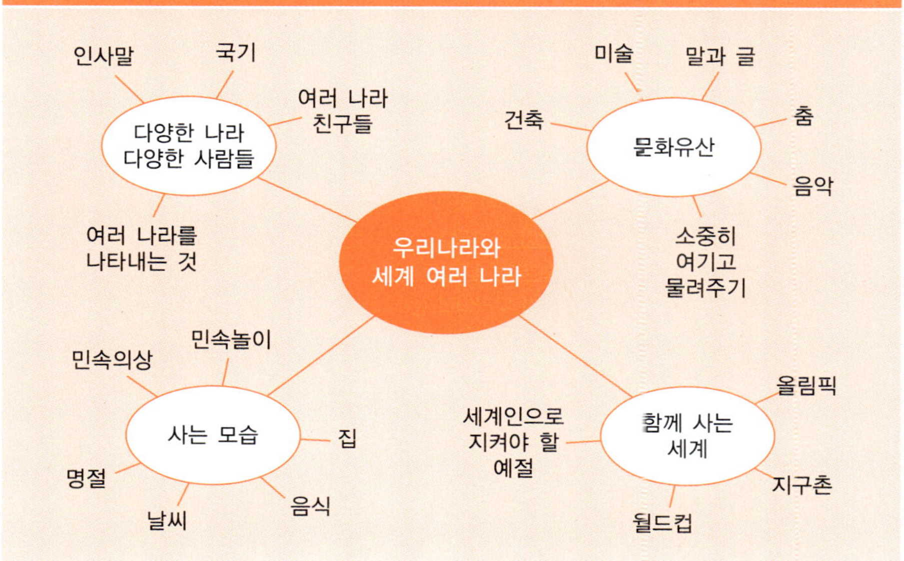

그런데 위의 예시에 제시된 주제 선정의 이유를 살펴보면 수정이 필요한 부분이 있음을 알 수 있다. 구체적으로 어떤 부분에서 어떤 문제가 있는지 살펴보면 다음과 같다.

주제 선정 이유의 예 :

☹

우리나라와 세계 여러 나라 문화의 ㉮ 차이점을 알아봄으로써 우리 문화의 독창성과 소중함을 알고 한국인임에 긍지를 갖게 하는 주제이다.	㉮ 주어가 기술되어 있지 않고, 주제 선정의 근거에 대한 언급이 없음
또한 ㉯ 우리나라 문화에 대한 정체성과 '나는 한국인이다' 라는 생각을 가지고 세계 여러 나라 사람과 문화를 이해하고 존중하는 태도가 ㉰ 필요합니다.	㉯ 중복 기술 ㉰ 어미 불일치

※ 전체적으로 주제의 적절성, 유아에게 주는 의미, 교육적 효과, 교사의 의도 등에 대한 기술이 부족.

⬇

☺

㉮ 본 주제는 우리나라와 세계 여러 나라 문화의 차이점을 알아봄으로써 우리 문화의 독창성과 소중함을 알고 한국인임에 긍지를 갖게 하는 주제라 할 수 있다. ㉯ 또한 추석기간이 포함되어 있으므로, 자연스럽게 유아들이 직접 경험한 우리의 문화와 다른 나라의 문화 비교가 필요한 시기라 할 수 있다. 관련 활동을 통하여 우리나라 문화에 대한 정체성을 갖도록 도울 수 있으며, 나아가 세계 여러 나라 사람과 문화를 이해하고 존중하는 태도를 ㉰ 형성하는 데 도움이 될 것으로 기대되어 주제로 선정하였습니다.	㉮ 주어 진술 및 동사일치 ㉯ 주제 적절성 ㉰ 교육적 효과와 의미, 교사의 의도

다음 빈 칸에는 '동물'을 생활주제로 하여 위에서 살펴본 기본적인 지침과 유의사항을 고려하여 주제선정의 이유를 기술해 보자.

주제 선정의 이유 :

____

____

____

____

____

이 외에도 기관에 따라서는 주제 진행과정에 대해 구체적으로 기술한 내용을 가정통신문(소식지)에 함께 넣어 배부하는 경우도 있다. 이런 경우는 유치원 평가에 포함되는 자료가 아니고 그 대상이 학부모이기 때문에, 문어체가 아닌 구어체를 사용하고 유아의 말을 직접 인용하는 등 조금 더 부드러운 문장으로 기술하는 것이 좋다.

기관에서 중점적으로 수행하는 프로그램에 따라서 다소 차이가 있을 수 있으나, 때로는 교사가 주도성을 갖고 제안하여 주제가 선정되기도 하고, 또 때로는 유아의 관심과 흥미, 제안에 따라 주제가 선정되는 등 융통성과 역동성을 띠는 것이 일반적이라 할 수 있다. 따라서 교사가 주제 선정에 있어서의 이러한 융통성과 역동성을 글을 통해 생동감 있게 기술할 수 있다면, 유아교육기관에서의 교육이 아동 중심적인 토대 위에서 적절하게 진행되고 있음을 학부모에게 전달할 수 있을 것이다.

주제 선정의 배경은 크게 세 유형으로 나타난다. 교사의 의도에 따라 선정된 경우, 유아의 흥미와 동기에 따라 선정된 경우, 교사의 의도와 유아의 흥미가 일치한 경우가 그것이다. 각각의 유형에 따라서 글을 기술할 때 주안을 두는 부분이 조금씩 다르게 기술하는 것이 효과적이다. 즉, 교사의 의도에 따라서 선정된 경우라고 한다면 그 주제가 갖는 교육적인 효과나 의미, 유아에게 주는 발달적합성 등을 중심으로 기술하는 것이 적합할 것이다. 위에 제시된 주제 선정의 이유에 대한 사례는 그 예라 할 수 있다.

또한 유아의 흥미와 동기에 따라 선정하였다면, 요즘 유아들의 흥미가 어디에 있는지, 그래서 구체적으로 어떤 제안을 해왔는지를 사실적으로 기술할 필요가 있다.

마지막으로 교사의 의도와 유아의 흥미가 일치한 경우라고 한다면, 유아들이 흥미와 관심을 갖게 된 상황과 교사가 판단한 교육적 적합성의 근거에 대해 기술한다.

이상에서 살펴본 것과 같이 학부모에게 주제 선정의 이유에 대해 안내할 경우에 대한 실제 사례는 다음과 같다.

부모에게 제시되는 주제 선정의 이유의 사례 :

요즘 민들레반 친구들은 "이 꽃은 이름이 뭐예요? 우리 반 이름하고 똑같아요.", "이 꽃은 왜 저 꽃보다 향이 더 많이 나요?"하면서 꽃을 관찰하거나 꽃에 대해 질문하는 모습을 자주 보이고 있습니다. 그래서 꽃에 대해서 알아보고 싶은지 물어 보았더니 몇 몇 친구들은 꽃보다는 공룡에 대해서 알아보는 것이 더 좋을 것 같다는 의견을 말해주었습니다. 그래서 유아끼리 왜 그 주제에 대해 알아보고 싶은지, 알아보면 어떤 것을 알 수 있는지 또, 소개거리를 충분하게 가지고 올 수 있는 주제인지 등에 대해 토의의 시간을 가져 보았습니다. 토의를 통해 유아들은 '꽃을 알아보면 예쁘고, 향도 좋고, 우리 주변에 많이 있고, 숫자나 글씨, 과학실험도 해볼 수 있어서 좋아요, 공룡도 재미있을 것 같지만 책이나 장난감 말고는 실제로 갖고 올 수 있는 것이 꽃보다 적어요." 등의 의견을 제시하였습니다.

개인적으로는 유아들이 이야기 한 것처럼 요즘 여러 종류의 꽃들이 화단에 피어 있고, 자연물인 꽃에 대해 깊이 있게 탐구하는 경험을 통해 인지적인 측면의 발달은 물론 자연 친화, 생명존중이라고 하는 정서적인 측면에서도 의미있는 경험을 할 수 있을 것이라 기대가 되었습니다. 그래서 민들레반에서는 '향기롭고 예쁜 꽃'이라는 주제를 선정하게 되었습니다.

㉡ 평가 기술하기

유아교육에서는 국가 수준의 공통 교과서가 없다. 따라서 교육과정 운영에 유치원 교육지표나 교사 역량 및 교육관이 많은 영향을 준다. 따라서 유아교육기관에서 교사가 작성하는 교육계획안은 그 기관의 교육과정을 이해하는 데 중요한 자료가 될 수 있으며, 교사의 실제 교수 경험을 근거로 한 평가 자료는 더욱 가치롭다고 할 수 있다.

매일 작성하게 되는 일일 교육계획안은 하루 동안의 교육활동 운영에 영향을 주는 요인을 고려하여 상황에 적합한 계획을 세운 것으로, 유아교사의 교수 활동 계획, 실행, 평가의 과정을 모두 포함하고 있다. 특히 일일 교육계획안의 평가란은 유아교사가 평가, 반성, 기록의 대상으로 삼는 내용이 무엇이며, 교사의 반성적 사고 및 실천적 지식이 어떻게 반영되어 있는지를 엿볼 수 있다. 즉, 일일 교육계획안에 있는 평가란은 교사의 교수 활동에 대한 반성 및 의사결정 과정이 반영될 수 있는 공간이므로, 교사가 자신의 교수 행위를 반성하거나 정당화하며 새로운 교수 계획을 세우고, 교수의 방향을 설정하는 근거가 되기 때문에 중요하다(김현주, 2008)고 할 수 있다.

예시 Ⅲ-19 일일교육계획안의 평가란

평 가	• 쌓기놀이 영역 : 블록으로 집을 지으려고 하는 유아들이 예상보다 많았다. 쌓기놀이 영역을 확장시켜 줄 필요가 있다. 쌓기놀이 영역과 소꿉놀이 영역 사이에 놓인 가림판을 없애고, 블록으로 낮은 담을 쌓는 것이 좋겠다. • 역할놀이 영역 : 놀잇감 수선소에서 교사가 어떻게 하는지 주인이 되어 시범을 보여 준 이후, 유아들의 놀이가 활기 있게 진행되었다. 내일은 손님이 되어 수선할 물건을 가지고 가서 손님으로 할 수 있는 질문이나 태도를 보여 주어야 하겠다. • 언어 영역 : 유아들이 선생님 카드를 찾았다. 원장 선생님을 비롯한 교직원들의 사진과 이름 카드를 준비해야 하겠다. • 과학 영역 : 다양한 크기, 굵기, 길이의 빨대를 제시하여 유아들이 실험하여 볼 수 있게 하였다. 풍선은 너무 크지 않게 부는 것이 좋겠다. 풍선이 큰 경우 움직임이 더뎌서 유아들이 힘들어하고, 조금만 잘 못 건드려도 터져 당황하게 하였다. • 〈친구와 같은 점, 다른 점〉에 대한 이야기를 끌어내기 위하여 준비한 그림카드가 효과가 있었다. 유아들이 띠를 이야기하여 즉석에서 띠그래프를 만들었는데 호응이 좋았다. 띠를 나타내는 동물 그림을 준비하여 붙여 주어야 하겠다. • 〈친구와 그림자놀이 하기〉는 후반부에 참여하는 유아들이 많았다. 내일은 오늘 하지 않은 유아들 중에 참여자를 찾아야 하겠다. 내일은 카메라를 준비하여 짝과 연합하여 만든 그림자를 찍어 주어야 하겠다.

평가 부분을 살펴보면, 어떤 영역이나 활동이 실제 어떻게 운영이 되었는지, 수정 · 보완할 것은 무엇인지, 앞으로의 계획이나 준비는 무엇인지에 대해 근거를 바탕으로 상세하게 기술되어 있는 것을 알 수 있다.

교육계획안의 '평가' 작성 시에는 다음의 내용을 유념하도록 한다.

교육계획안의 평가 부분을 작성할 때에는, 계획 단계에서 주제 및 교육 활동이 흥미롭고 교육적 가치가 있을 것이라고 생각했으나, 실행을 해 본 결과 계획에 적절치 않은 점이 있었던 점을 파악하여 다음 계획에 반영하도록 한다. 또한 계획 자체는 적절했으나 교사의 노력이나 기타 다른 요인으로 실행이 어려움이 있었다면 이 또한 다음 계획에 반영할 수 있도록 평가란에 작성하도록 한다. 즉, 평가는 '계획 → 실행 → 평가'가 순환적으로 이루어짐으로써 교육과정 계획과 실행에 지속적인 발전이 이루어지도록 해야 한다(교육부, 2009). 외에도 그 날 있었던 상황이나 학급 운영에서의 특이사항 및 유아 관찰에 대한 내용이 포함될 수 있다. 하지만 그날의 교육계획과는 크게 상관이 없는 일반적인 내용을 다루고 있거나, 주관적인 내용에 대한 평가는 지양해야 할 것이다.

교육계획안 평가란 작성의 예 :

☹

- 오늘은 비가 와서 바깥놀이를 진행하지 못했다.
- 운동회 율동을 소개하려고 함께 해 보았는데 아이들이 많이 어수선했다.
- 일교차가 큰 날씨라서 유아들의 건강관리에 주의가 요구된다.
- '팥죽할멈' 활동에 대한 흥미가 고조되어 놀이 활동이 활발하게 이뤄져서 기분이 좋았다.

⬇

☺

- 비가 와서 바깥놀이를 할 수 없었는데, 다행히 전 시간에 계획된 '점토로 팥죽할멈에 등장하는 인물 만들기' 활동을 하는 데 시간이 부족하여 바깥놀이 시간 동안 이 활동을 연장하여 진행하였다. 하지만 앞으로는 이러한 경우를 대비하여 바깥놀이를 대체할 수 있는 신체활동이나 대집단 활동을 추가로 계획할 필요가 있다.
- 수학 영역에 새롭게 준비해 준 '누구의 알이니?' 교구 활동 방법에 대해 유아들이 다양한 방법을 제시하는 모습을 관찰할 수 있었다. ○○가 제안한 방법대르 해보는 것까지는 좋았으나, ○○가 생각한 방법대로 하기 위해서 빨대의 색깔을 조금 더 다양하게 준비해 주도록 해야겠다.
- 언어 영역에 준비된 '팥죽할멈' 인형들을 가지고 테이블 위에 놓고 놀이하는 유아들이 많이 관찰되었다. 내일은 언어 영역에 인형극 틀을 준비해주어 이야기를 더욱 적극적으로 재현해 보는 기회를 주어야겠다.
- 다음주부터 사용할 자유선택활동 기록 용지와 도장을 유아들과 함께 준비한 것은 적절했던 것 같다. 도장을 준비하면서 글자에 관심을 보이지 않던 ○○가 "이건 무슨 글자(도장)이에요? 이거 '고' 자지요?"하고 글자에 관심을 보였기 때문이다.
- ○○는 오늘도 역할놀이에 참여하기를 거부했다. 이번 한 주일동안 ○○이의 자유선택놀이 영역 선호도와 놀이 친구 등에 대한 일화기록을 통해 구체적인 원인과 해결책을 찾아보아야겠다.

② 현장학습 평가서

현장학습은 크게 두 가지 형태로 구분할 수 있다.

첫째는 소풍이나 산책과 같이 수업에서 함께 다루고 있는 주제와는 무관한 곳으로의 나들이인 경우이며, 둘째는 주제에 대한 심화학습을 위해 실행하는 경우이다.

현장학습은 유아들에게 유치원에서 경험할 수 없는 장소 및 기관들을 직접 관찰할 수 있는 기회를 제공하며, 진행되고 있는 생활주제와 관련된 개념을 구체적으로 경험할 수 있고 그와 연관된 활동을 심화하고 확장하여 수업을 풍성하게 해주는 역할을 한다.

이처럼 중요한 현장학습이 유의미하게 수행되기 위해서는 사전 답사 등의 계획이 수반되어야 한다. 또한 실제 진행 한 뒤 현장학습의 준비에서 마무리까지의 전 과정이 원활하게 잘 이루어졌는지, 현장학습 프로그램 내용이 적절하였는지, 교사들의 역할분담이 잘 이루어졌는지 등에 대해 평가하고 그 평가 결과를 기록하여 다음 현장학습에 반영하도록 한다.

현장학습에 관련하여 요구되는 교사의 글쓰기 능력은 현장학습 동의서, 현장학습계획, 현장학습평가서 등이 있다. 동의서의 경우 앞의 예시 Ⅲ-4 에서 다루었기 때문에 여기서 다시 다루지는 않을 것이다. 다음의 예시 Ⅲ-20 에서는 현장학습 평가서에 대해 소개하였다.

예시 Ⅲ-20 현장학습 평가서

항목	평 가 내 용
시간	현장학습 시간은 9:10~12:00로 계획되어 있었다. 그런데 예상보다 차량이용 시간이 길어져서 실제로는 9:30에 도착하여 12:30까지로 시간이 늦춰지게 되었다. 이후 견학 시에는 출근시간이 모두 끝난 뒤에 출발하여 도착해서 간식을 먹고 도착하자마자 급식을 할 수 있도록 주방선생님과도 시간을 조절할 필요가 있다. 실제 현장학습에 소요된 시간은 9시 50분부터 12시 정도까지 2시간 10분 정도였는데, 인형극 관람, 교통기관 및 도로에 대한 설명 및 체험시간으로 적절하였다.
장소	'교통공원'은 어린이집에서의 거리나 유아들의 흥미, 교육내용 등에서 적절하였다.
준비물	기본적인 현장학습 준비물(유아 명단, 비상연락망, 신호악기, 카메라, 비상약, 여벌 옷, 유아 이름표, 유아용 현장학습활동지, 사인펜, 물, 컵, 휴지, 물수건, 비닐봉투) 외에, 교실에서 진행하면서 만든 운전면허증이나 교통경찰 모자 등의 소품을 함께 가져왔다면 유아들이 더욱 현실감 있는 체험학습을 했을 것이다.
진행	9:50~10:00 현장학습 안내 선생님과의 인사 10:00~10:20 교통안전 캠페인 관련 영상 시청 10:20~10:40 교통질서 및 규칙에 대한 설명 10:40~10:50 화장실 다녀오기 10:50~12:00 교통공원 체험하기 12:00~12:10 화장실 다녀오기

진행	• 전반적인 진행사항에는 무리가 없었으며, 영상물 시청 시간이 정각으로 정해져 있으므로 현장학습 운영 시간에 따라서 체험하기를 먼저하고 영상물을 시청하는 것도 무리가 없어 보였다. • 남자 화장실의 경우 여자 화장실보다 멀리 있고 코너를 돌아서 있기 때문에 교사의 주의가 요구되었다.
교육내용	교통기관의 종류에서부터 시작하여 도로에서의 약속, 안전 주의 사항 등에 대해 구체적이고 다양한 형태로 경험이 가능하였다. 또한 교통에 관련된 다양한 소품들이 전시되어 있고 직접 만져 볼 수 있어 유아들이 많은 흥미를 보였다. 내일은 유아들이 특별히 관심을 보인 교통경찰의 호각과 지시봉 등에 대해 함께 살펴보기로 하였다.
기타	• 날씨가 중간에 갑자기 추워지고 바람도 많이 불었다. 야외 공간도 있기 때문에 이후 견학 시에는 기상정보를 잘 수집할 것으로 생각된다. • 교통공원의 경우 설명을 해주시는 분이 따로 계시고 유아들의 동선이 많지 않기 때문에 보조 인력이 없이도 현장학습이 가능한이라 할 수 있다.

현장학습 평가서에는 현장학습에 소요된 시간, 장소, 준비물, 진행 및 교육내용 등에 대해 세부적으로 평가할 수 있게 되어 있다. 이처럼 현장학습을 수행한 뒤 세부 항목에 대해 기술함으로써 현장학습 자체에 대한 평가뿐 아니라, 관련한 수업 계획에 이르기까지 도움을 받을 수 있다.

③ 저널

최근 교사의 전문성 신장을 위한 조건 가운데 하나로 반성적 사고를 하는 능력과 교사 개인의 철학이나 교수-학습 방법에 대한 신념을 나타내는 개인화된 이론이 강조되고 있다(석은조, 2006). 교사는 자신의 교수 행동의 기초가 되는 신념체계를 갖고 있는데, 이러한 신념을 드러내어 검토하고 분석할 수 있도록 해주는 여러 가지 방법 중 하나가 바로 저널쓰기라 할 수 있다.

저널쓰기는 유아교사들이 자신의 실천행위에 대해 개인적인 관심을 가지고 기록하는 다양한 형태의 글쓰기를 의미한다. 저널쓰기는 자신의 개인적인 생각을 적는다는 점에서 일기와 비슷하지만 일기가 전적으로 개인의 사생활에 관련된 것이라면, 저널은 개인적인 차원이 아닌 사실에 근거하여 전문성을 지닌 교사로서의 의견을 기록하는 것이라 할 수 있다. 따라서 저널은 교사가 자신의 교수-학습을 분석하고 미래에 발생할 문제들에 대한 해결책을 고안하며 자신과 대화를 나누는 수단이라 할 수 있다(박은혜, 조운주, 2006).

또한 현장에서의 경험을 이론적인 틀에 맞추어 분석할 수 있는 기회를 제공해 주기 때문에 이론과 실제를 연결해 주는 중요한 도구가 되기도 한다. 또한 이를 주기적으로 읽어봄으로써 이전에 기록된 내용과 현재의 생각과의 변화를 살펴보는 것도 중요하다.

저널쓰기는 목적에 따라서 다음과 같은 네 가지 유형으로 분류될 수 있다.

㉠ 학습 내용의 기록으로서의 저널
㉡ 개인의 경험 재구성으로서의 저널
㉢ 다른 활동의 기초 자료 제공원으로서의 저널
㉣ 대화의 수단으로서의 저널

다음에서는 저널쓰기의 네 가지 유형에 대해 구체적으로 살펴보도록 한다.

㉠ 학습 내용의 기록으로서의 저널

목적	학습 내용의 기록을 남기는 장소로 활용
방법	● **서적을 읽고 난 후 그와 관련된 경험을 종합하여 비형식적인 방법으로 기록** - 지금 읽은 책의 내용은 그 동안 읽었던 책들과 어떠한 관계가 있는가? - 지금까지 알고 있는 유아교육학 이론, 개념, 경험과는 어떤 관계가 있는가? - 가장 흥미 있는 내용은 어떤 것인가? 그 이유는 무엇인가? ● **책에 대한 요약은 생략될 수 있음**

효과	• 학자들이 수행한 연구나 이론들을 적극적이고 능동적으로 받아들이게 됨 • 자신의 관점과 소리를 부여하는 경험을 갖도록 해줌으로써 교육연구를 비판적으로 받아들이도록 함

㉡ 개인의 경험 재구성으로서의 저널

목적	개인의 경험을 재구성하기 위함(저널의 가장 일반적인 형식)
방법	• 개인이 자신의 경험을 기록하고 그에 대한 의미를 자유로운 글쓰기의 형식으로 기록 • 할 일을 적은 목록, 관찰기록, 편지, 수업계획서 사본과 그 수업에 대한 사후평가서, 자신의 교육신념을 적은 글, 자서전, 자신이 생각하는 가장 이상적인 교실환경을 그림으로 그려 보는 것 등을 포함 • 기록한 내용을 주기적으로 다시 읽어봄으로써 이전에 기록된 내용과 현저의 생각 사이의 변화를 살펴봐야 함
효과	• 교사의 개인화된 이론 구축 및 반성적 사고 능력 향상에 효과적

㉢ 다른 활동의 기초 자료 제공원으로서의 저널

목적	• 다른 활동을 위한 준비 단계로 사용(예 : 세미나의 기초 자료) • 개인이 경험하게 되는 상황을 객관적으로 기록하여 기본적인 자료를 제공
방법	• 교수-학습 과정에서 일어나는 사건이나 경험을 저널에 사실대로 기록한 뒤, 그에 대한 반응을 기록하고 각자의 개인적인 교수 신념에 비추어 그 사건을 해석. • 그중 가장 의미있는 사건을 한 가지 선정하여 이를 기초로 수업 사례 개발
효과	• 현장에서 이루어지고 있는 실제를 다양한 개념적 틀(이론) 속에서 분석해 볼 수 있는 기회가 됨 • 구체적인 경험으로부터 추상적인 의미나 이론을 추출하 낼 수 있는 기초를 제공

㉣ 대화 수단으로서의 저널

목적	• 경험이 적은 교사와 경험이 많은 교사가 서로의 의사소통을 위한 도구로 활용 • 동료, 교수, 실습 지도교사 등과의 대화에도 활용

방법	• 교육현장에서의 경험을 통해 얻게 되는 개인적인 의미를 타인과 공유
효과	• 자기 자신에 대해 반성적으로 사고하고 이러한 내용을 중요한 타인과 공유하는 것을 가능케 함 • 지식의 범위를 넓히고 상호주관성을 발달시키는 수단이 됨

하지만 막상 저널을 쓰려고 하면 어떻게 써야 하는지 막막한 것이 사실이다. 저널은 특정한 주제나 형식이 없이 자연스럽게 생각을 써 보는 '반구조적 형식의 저널' 과, 정해진 저널쓰기의 단계를 지켜서 쓰는 '구조적 형식의 저널' 이 있다. 저널쓰기에 익숙하지 않은 교사들의 경우 정해진 구조와 단계에 맞춰 저널을 쓰는 것이 도움이 될 것이다. 다음의 표 표 Ⅲ-2 에서는 듀이(Dewey)가 제공한 반성적 사고의 단계를 저널쓰기의 단계로 대응하여 저널의 세부항목을 제시하고 있다.

표 Ⅲ-2 Dewey의 반성적 사고의 단계

단계	세부 항목
제안하기(suggestion) 단계	• 당연하게 받아들여졌던 사실에 대해 의심해 보기 • 즉각적으로 생각나는 아이디어를 말해 보기
지성화(intellectualization) 단계	• 문제를 더욱 명확히 정의내리기 • 문제의 원인 인식하기 • 문제를 다양한 관점에서 조망해 보기 • 자신의 주장에 대한 논리적 근거 제시하기 • 문제와 관련된 사실과 해결의 단서 검토하기
가설형성(hypothesis) 단계	• 문제 해결에 더 적절한 개연성 있는 가설을 형성하기 • 다양한 문제 해결 방안을 모색해 보기 • 있을 수 있는 결과를 예측하기
추론(reasoning) 단계	• 다양한 해결방안들의 장점과 단점 비교해 보기 • 각각의 제안을 심사숙고하여 지성적으로 검증하기
가설검증(testing) 단계	• 가설을 구체적 행위에 의해 입증하기 • 기대한 바대로 실행되지 않았다면 다시 행위하기

다음에서는 한 교사의 저널을 Dewey의 반성적 사고의 단계에 따라 분석해 보도록 한다. 그 이유는 저널의 내용은 분석의 대상이 되는 도구일 뿐, 글로 쓴 자신의 생각을 분석해 보는 과정에서 반성적 사고가 이뤄지기 때문이다. 일단 기록한 저널을 다시 읽어보면서 분석해 볼 때 생각의 변화과정을 추적할 수 있으며(곽현주, 2004), 교수-학습에 대한 자신의 접근과 태도에서의 변화도 올바르게 인식할 수 있기 때문이다(Loughran, 1996).

예시 Ⅲ-21 A유치원 H교사의 저널

반성적 사고의 단계	저널
〈제안하기〉 즉각적으로 생각나는/ 아이디어 말하기	수업하기 전 나는 고민에 휩싸였다. 며칠 동안이나 이야기 나눈 '비눗방울 이야깃꺼리'를 가져온 아이가 두 명이나 더 남았고, 게다가 전복 껍데기 하나, 크레파스……. 도대체 이런 물건들과 '빛나는 물건들'이라는 주제와 무슨 관련이 있는 건지……
〈지성화〉 문제를 더욱/명확히 정의내리기	이야깃거리를 통해서 어떻게 비눗방울에 대한 이야기를 마무리 저어야 하나, 앞으로는 어떤 새로운 주제로 뻗어 가야하나……. 막연한 느낌이었다. (중략)
〈가설 형성하기〉 문제 해결에 더 적절한/ 개연성 있는 가설을 형성하기	그래서 오늘은 ① 그 동안 못해본 아이들이 소개할 기회를 갖고 말하는 태도를 익히도록 하기 ② 꼭 비눗방울이 아니더라도 물건 자체가 무지갯빛이 나는 이야깃거리(전복)로 전환해보기 ③ 친구가 말할 때 무시하지 않고 끝까지 듣고 나서 설득해 보도록 하기라는 목표를 가지고 수업에 임했다.
〈추론〉 각각의 제안을/심사숙고하여/지성적으로 검증하기	비눗방울이라는 이야깃거리에서 더 이상 교육적인 메시지를 찾을 수가 없었다. 때로는 교사가 다른 중주제로 확장해줄 때 더 가치있는 수업으로 이끌 수 있다는 교수님의 말씀도 떠오르고…….
〈가설검증〉 가설을/구체적 행위에/ 의해 입증하기	하지만 수업 중간에 느낀 것은 아이들은 아직 비눗방울에 대한 흥미가 남아 있다는 것, 아직 궁금한 것을 해결하지 못한 상태라는 것이다. 그리고 친구의 말을 무시하는 아이들에게 나의 해결방법이 미흡해서 아무런 효과가 없었다는 것이다. (후략)

교사의 저널에는 오늘의 교육시간 중에 일어난 갈등 상황에 대한 반성이 기록되어 있다. 어떤 상황에 대한 자기반성과 유아의 상황에 대한 통찰이나 관심을 기술함과 동시에 자연스럽게 해당 문제를 교육활동으로 연계할 계획도 하게 됨을 알 수 있다.

이처럼 저널을 쓰면서 보다 많은 것을 얻기 위해서는 수업 계획이나 일과 등에 대해 건조하게 쓰는 것이 아니라, 사건이나 문제 또는 자신의 생각과 좌절, 느낀 점 등에 대해 진솔하게 기술해야 한다. 해당 상황에 대한 원인이 무엇인지 깊이 생각하고 자신이 무엇을 해야 하는지에 대해서도 생각해 보도록 한다.

④ 장학 평가서

장학은 '교육 활동의 개선을 위한 제반 지도 및 조언' 하는 활동이다(송정원, 2008). Starratt(2002)는 장학은 사람 즉, 교사의 변화를 통하여 교육의 목표를 달성하려는 것이라고 하였다. 장학이란 교육과정 운영의 충실화 및 수업 기술의 향상을 통한 교수–학습 활동의 발전, 학교 행정 및 경영의 합리화, 바람직한 인간관계의 조성을 통한 교육풍토의 개선, 합리적인 지도성의 발휘 등을 포함하는 활동임을 알 수 있다.

유아교육 현장에서 이루어지고 있는 장학의 유형은 매우 다양한데, 일단 주체가 어디냐에 따라서 임상장학과 원내 장학으로 구분할 수 있다.

'임상 장학은 정해진 날짜에 교육청의 유아교육 담당 장학사가 유치원을 방문하여 일과시간 중에 각 반의 수업, 실내 · 외 환경, 제반서류 등을 검토하는 것이다. 원내장학은 같은 기관에 있는 교사들이 주축이 되어 수업기술을 개선해 가는 것이다.

또는 형태에 따라서 장학의 유형을 다음의 세 가지로 구분하기도 한다.

- **수업장학** : 교수학습 과정을 성공적으로 수행할 수 있도록 지도 조언하여 교수학습 개선에 직접적으로 영향을 줄 수 있는 장학의 한 형태
- **동료장학** : 교사들의 자율성과 협동성을 바탕으로 수업의 질 향상은 물론, 교육활동 전반에 걸친 조언, 충고, 협의를 거치는 장학
- **자기장학** : 교사가 자신의 전문성 함양을 위해 외부의 간섭 없이 스스로 계획을 세우고 이를 실천하는 것

외에도 약식장학이나 자체연수 등의 형태로 진행되는 장학도 있다.

어떤 형태의 장학이든지, '교사의 전문성 함양' 이라고 하는 장학의 목적에 부합하기 위해서는 '평가하고자 하는 항목이 무엇인지, 어떤 기준에 따라서 평가가 이뤄져야 하는지, 긍정적으로 평가하는 부분과 보완이 필요한 부분이 무엇인지' 에 대한 구체적인 고민과 안내가 수반되어야 한다.

장학에 대한 글쓰기는 자기 장학 외에는 누군가의 수업 수행에 대한 평가이므로 공격적이거나 지나치게 직선적인 글쓰기는 지양해야 한다. 자칫 "수업이 재미없었다, 적절하지 못했다, 자료 준비가 부실했다" 등의 평가는 평가를 받는 사람에게 큰 상처가 되어 서로의 관계를 악화시킬 수 있으며, 이는 서로의 수업에 도움이 되고자 하는 본연의 취지에서 벗어나 수업능력 신장에도 도움이 되지 않을 뿐 아니라 서로의 관계를 악화시킬 수도 있기 때문이다.

장학에 관련된 글을 쓸 때에는 본받을 만하고 격려해 줄 만한 내용은 무엇인지, 아쉬운 점은 무엇이었는지, 그 점을 어떻게 수정하면 좋을 것 같은지에 대한 내용이 함께 다루어져야 한다. '참 좋았다, 아이들이 즐거워하더라, 수고 많으셨다' 등과 같이 수업에 대한 평가가 아니라 자신의 주관적인 인상에 대해 간략하게 쓰거나, 격려만으로 혹은 비방만으로 된 평가서는 평가를 받는 사람에게 도움이 되지 못할 것이다. 좋았다면 어떤 점이 어떻게 좋았는지, 아쉬운 점은 어떤 부분이 있었는지, 그래서 어떻게 보완할 것인지에 대한 대안 제시까지 함께 하도록 노력하도록 한다.

다음에서는 장학의 세 유형에 따른 문서 자료 쓰기에 대해 구체적으로 살펴보도록 한다.

㉠ 수업장학(instructional supervision)

수업장학은 교수–학습 과정을 성공적으로 수행할 수 있도록 지도 · 조언하여 교수–학습 개선에 직접적으로 영향을 줄 수 있는 장학의 한 형태로, 교실 지도 장학, 교사집단의 개발, 교육과정 개발과 같은 다양한 내용을 포함한다.

수업장학에서는 교사들의 수업 기술 향상을 위해 개별적인 장학담당자와 교사들이 협력하여 수업계획에 대해 협의하고 수업을 관찰하여 자료를 분석한다. 그리고 이에 대한 결과를 토대로 교사에게 피드백을 제공하여 수업 개선을 도모한다. 이는 초임교사에게 적절하며 경력교사는 보통 3년 정도의 주기를 갖고 시행한다. 다음은 수업장학 과정에서 기록한 수업 관찰 평가서이다.

예시 Ⅲ–22 수업장학 – 수업 녹화 평가서

수업 내용 : 명화 감상

- **수업의 장점 :**
  - 차분하고 고운 목소리로 수업이 잘 진행되었습니다.
  - 다양한 명화를 감상할 수 있도록 자료를 잘 준비하셨고, 이것을 제시하는 방법 역시 인상적이었습니다.
  - 하나의 명화를 감상한 뒤에 다양한 접근 방법(신체 표현, 그림 속 인물 되어 보기, 음악을 들으며 감상하기) 수반되어 좋았습니다.
  - 기자재를 잘 다루고 교사의 반응에 능동적인 유아들의 모습을 보며 평상시 풍부한 경험을 했으며, 교사와의 관계가 좋은 편임을 알 수 있었습니다.

● **수업의 단점 :**

- 개인적으로 감상이라는 것은 순간적으로 그림을 보고 그림의 제목을 알고 표현방법을 알게 하는 것도 중요하지만, 표현 하나 하나에 대한 관찰과 그림을 보았을 때 개인적으로 느끼는 감정과 생각이 중요하다고 생각합니다. 하지만 지금처럼 빠르게 지나가는 활동 속에서 그것을 느낄 수 있을지 의문입니다.
- 후반부로 갈수록 시간 부족으로 수업 진행이 급하게 이뤄졌으며, 학습자들의 활동이 너무 많아져서 수업 진행이 무리하게 이뤄진 느낌이 있습니다. 수업시간에 비해 학습내용이 다소 많았던 것 같습니다.
- 유아의 확산적인 사고를 돕는 질문이 많지 않았습니다.
- 목소리는 차분하고 고우나 말이 다소 빠른 감이 있으며, 손동작이 너무 크고 빈번한 경향이 있습니다.

● **수정해야 할 사항 :**

- 수업시간과 활동의 양에 대해 생각해 보시면 좋을 것 같습니다. 그렇다면 더불어 말의 속도도 적절해지리라 생각됩니다.
- 감상을 하면서 다양하게 무엇인가를 해보는 경험도 중요하지만, 교사의 다양한 발문을 통해 하나의 작품을 깊이 있게 감상할 수 있는 기회를 제공하는 것이 필요합니다.
- 이야기 나누기를 하면서 손동작이나 표정 등이 현재 나누고 있는 상호작용을 방해하지는 않는지 염두에 두시면 좋을 것 같습니다.

㉡ 동료장학(peer supervision, colleague supervision)

동료장학이란 교사들의 자율성과 협동성을 바탕으로 수업의 질 향상은 물론, 교육활동 전반에 걸친 조언, 충고, 협의를 거치는 과정을 말하는 것이다. 동료장학을 통해 동료 교사가 서로의 수업을 관찰하고 결과를 분석하고 조언함으로써 전문적 성장을 도울 수 있다.

동료장학은 지식과 기술, 자기 이해, 생태적 측면의 발달을 도모하는 데 도움이 되는 교육관, 가치관, 교육 신념 확립, 교수 기술 향상, 자아상 확립, 대인관계능력 배양, 지원적 환경 조성과 연관된 내용을 폭넓게 다룬다(조부경 외, 2005). 동료장학 과정에서 기록한 평가서의 예시를 살펴보도록 하겠다.

예시 Ⅲ-23 동료장학 후 평가 사례

영역	언어	생활주제	기계와 도구	월 · 주	9-2
주제	돌아가는 것				
목표	1. 돌아가는 물건의 원리에 대해 관심을 갖는다. 2. 바람과 전기, 물 등이 에너지를 만들 수 있음을 이해한다.				
일시	○○○○. ○. ○○.	대상	난초반	평가자	○ ○ ○

평 가 내 용	평 점					특기사항
	5	4	3	2	1	
1. 주제의 선정이 유아에게 적합하였나?		○				
2. 목표는 유아의 수준에 맞게 세워졌는가?		○				
3. 교사의 언어와 태도가 바람직했는가?	○					
4. 교사의 질문이 개방적이었나?		○				
5. 수업 기술을 위해 사전에 교재 연구를 했는가?	○					
6. 동료장학을 위해 자기 연수를 했는가?	○					
7. 동료장학 시 지적 사항을 시정하려고 노력했는가?		○				
8. 동료 교사와 상호 간의 수업 관찰에 대해 객관적 자료를 갖고 협의하였는가?		○				
9. 동료 교사 사이에 인간관계를 위해 노력하였나?		○				
10. 분석 평가된 자료를 자기 수업에 반영하였나?		○				
11. 자료가 주제에 적합하게 제작되었는가?		○				
합계						

12. 동료 장학을 실시한 후 좋았던 점과 미비했던 점은?

- 좋았던 점 – '돌아가는 물건'이라는 주제는 일반적으로 많이 하지 않는 주제였기 때문에 어떻게 주제를 진행시켜 갈 것인지 다소 혼란스러웠는데, 동료들로부터 조언이나 수업 아이디어에 대한 도움을 받을 수 있어 좋았다. 또한 무의식 중에 사용하는 말투나 발음, 표정, 몸짓과 같이 스스로는 알기 어려운 습관에 대해 알게 된 것이 좋았다. 그리고 개인적 입장에서는 풀어내기 어려운 주제를 재미있게 풀어내는 동료교사의 모습에서 많은 것을 배울 수 있었다.
- 미비했던 점 – 이번 동료장학이 실제 수업 중에 진행된 것이니만큼, 동료장학에 대한 안내를 유아들에게도 하지 못한 것은 아쉬웠다. 수업 중에 유아들이 자꾸만 "○○반 선생님이 왜 여기 와 있어요?" 하고 물어 봐서 마음이 불편했다.

ⓒ 자기장학(self supervision)

자기장학은 교사가 자신의 전문성 함양을 위해 외부의 간섭 없이 스스로 계획을 세우고 이를 실천하는 것으로, 자신의 고유한 의지 즉 자율성과 동기유발을 기초로 한다.

자기장학은 계획 수립, 실행, 결과 협의의 형식을 통해 진행된다. 이때 교사는 자기 장학을 위해 수업을 녹음 및 녹화하여 분석한 뒤 전문서적이나 전문가를 통해 도움을 얻는 형식으로 진행한다. 다음은 자기장학과정에서 기록한 자신의 수업에 대한 평가서이다.

예시 Ⅲ-24 자기장학의 실례 : 이야기 나누기 수업에 대한 자기 평가표

범주	내용	그렇다	아니다
이야기 선정	주제와 연계되는가?	○	
	유아들의 경험과 연계되는가?	○	
	유아들의 발달에 적합한가?	○	
대형	유아들이 앉은 대형이 이야기 나누기에 적절한가?	○	
	유아들은 자신이 원하는 자리에 자율적으로 앉게 하는가?		○
	유아들의 주의집중을 위해 주변의 교구나 물건을 정리하는가?	○	
매체	그림, 사진, 실물 등의 자료를 사용하는가?	○	
이야기 지도 과정	수수께끼, 동화, 경험 회상 등의 도입 방법을 사용하는가?	○	
	유아들의 다양한 반응을 유도하기 위해 적절한 질문을 하는가?	○	
	유아들의 질문에 대답을 해주는가?		○
	유아들의 부적절한 반응이나 행동을 긍정적인 방법으로 조정하는가?		○
	유아들의 적절한 반응에 대하여 격려 혹은 칭찬을 하는가?	○	
	과반수 이상의 유아들을 이야기 나누기에 적극 참여시키는가?		○
소요시간	유아의 수준에 따라 시간을 적절히 배정하는가?		○
마무리	이야기 나누기 시간에 나온 내용을 종합 정리하는가?	○	
	이야기 나누기 시간을 마무리하고 다음 활동이 무엇인지 알려 주는가?	○	

종합평가	• 좋았던 점 – 이야기 나누기의 주제 선정이나 매체 이용, 마무리 등에 있어서는 크게 무리가 없어 보인다. • 미비했던 점 – 유아의 반응에 대한 적절한 대처능력은 부족함을 알 수 있었다. 이야기 나누기 시간에 재원이가 "왜 봄이 되면 꽃이 피는지" 질문했을 때 어떻게 설명해야 할지 알 수 없었다. 유아의 질문에 대한 적절한 대처에 자신이 없기 때문에 나의 이야기 나누기는 대화가 오고가는 시간이라기보다는 일방적인 정보 전달의 시간으로 그 의미가 제한되어 버리는 것을 깨달을 수 있었다. 주제에 대한 사전 연구나 예상 질문목록을 통해 적절한 대처방안에 대해 예비하는 것이 도움이 될 것 같다. 하지만 여전히 자리 배열과 많은 유아들이 고르게 이야기 나누기에 참여하도록 돕는 방법, 시간에 맞춰서 이야기나누기를 끝내는 것은 어려운 과제라는 생각이 든다. 수업계획안을 작성할 때, 각 내용별로 어느 정도의 시간이 소요되는지 리허설을 해보는 것도 도움이 될 것이라 생각한다.

다음의 빈 칸에 장학평가서를 작성해 보도록 하자.
(자신의 수업을 녹화하거나 동료 교사의 수업을 참관한 뒤 작성할 수 있으며, 예비교사라면 모의수업을 계획하고 실행한 뒤 작성할 수 있다.)

수업 내용 :
● 수업의 장점 :
● 수업의 단점 :
● 수정해야 할 사항 :

2) 보고서

유치원은 교육과학기술부 산하에 있으며, 시 · 도교육청 및 지역 교육청의 관리 감독을 받는다. 따라서 행정기관과의 상호 의사소통은 매우 중요한 관건이다. 보고서는 이러한 의사소통의 과정이며, 실질적인 방법의 하나라 할 수 있을 것이다. 다음에서는 보고서의 유형을 '평가 관련 보고서, 연구 관련 보고서'로 구분하여 살펴보겠다.

(1) 평가 관련 보고서

평가 관련 보고서는 수업이나 특정 사업에 관련한 것이 아니라 교육과정의 전반적 운영에 대한 계획 및 실행, 결과를 상위 기관에 행정적으로 보고하는 것을 목적으로 작성되는 문서이다. 유치원에서 작성하게 되는 평가 관련 보고서 중 대표적인 것으로 '교육과정운영계획서'가 있다.

교육과정운영계획서는 전년도의 교육과정운영 평가를 근간으로 하여, 금년도의 유치원 전반의 교육과정 계획을 기록한 문서이다. 교육과정운영계획서에 포함되는 내용은 일반적으로 다음과 같다.

교육과정운영계획의 내용 구성

- **교육과정 수립의 기저** : 해당청의 교육 방향과 유치원 교육목표, 원훈, 교육 여건 및 실태 분석, 전년도 유치원 운영에 대한 자체평가, 금년도의 노력 중점 과제, 추진 실적 및 중장기 계획, 본원의 특색사업 등
- **교육과정 편성 운영 계획** : 교육과정 편성의 방향, 운영 시간 배정, 교육목표 구현 지원체계, 연간 교육과정의 지도 중점 및 계획(연 · 월 · 주간 · 일일 교육계획안, 기본생활습관지도계획, 안전교육계획, 현장학습 및 행사계획, 부모교육 계획, 교사연수 계획, 교육 평가 계획 등)
- **유치원 현황** : 연혁, 원아 현황, 교직원 현황, 시설 현황, 원의 위치도 등

이들 내용들은 국가 수준의 교육과정을 참고하여 기존의 서류를 그대로 차용하여 작성하거나(해당청의 교육 방향, 원훈 등), 단어나 단문 혹은 숫자로 작성(연혁, 원아 현황, 교직원 현황 등)하는 내용이 다수 포함되어 있다.

이들 문서에서 특별히 교사의 논리적이고 창의적인 글쓰기 능력이 요구되는 부분은 '교육 여건 및 실태 분석', '유치원 특색사업', '전년도 유치원 운영에 대한 자체평가' 등이라 할 수 있다. 다음에서는 이들 내용의 작성 방식에 대해 구체적으로 살펴보도록 하겠다.

① 교육여건 및 실태분석

브론펜브레너(Bronfenbrenner)의 생태학적 접근(ecological approach)에 따르면 유아는 가족이나 또래, 유치원 외에도 자신이 속한 지역사회를 통해서도 유기적인 영향을 받게 되는 존재임을 알 수 있다. 따라서 유치원 교육과정 운영을 계획할 때 유아와 유치원이 속해있는 지역사회는 물론, 전반적인 학부모와 원아의 특성이나 실태에 대한 파악이 필요하다고 할 수 있다. 때문에 유치원 교육과정운영 계획서에도 교육 여건이나 실태에 대한 분석 내용이 포함되어야 한다.

예시 Ⅲ-25 교육 여건 및 실태 분석

구분	내용
유치원 위치와 관련된 지역적 특성	- 유흥가는 많지 않으나 상가와 주택단지 복합지역에 위치하고 있어 골목이 좁고 주도로가 비좁아 차량의 주행이 어렵다. 또한 학교 정문으로 학교와 유치원, 어린이집의 등 · 하원 지도가 함께 이루어지고 정문 앞에 바로 도로가 있어 유아들의 등 · 하원 시 안전에 문제가 있다. - 유아들의 대부분은 인근 주택가에 거주하고 있어 대부분 도보로 통학하나, 원거리에서 등원하고 있는 유아도 소수 있다.

구분	내용
학부모 실태 및 특성	– 대부분이 고등학교 졸업 이상의 학력으로, 취업모보다는 전업주부가 많고 경제적인 수준은 중류층 정도이다. – 유아들의 등 · 하원 시 안전관리에는 협조적이나, 어린이집의 교육활동 협조에는 소극적인 편이다. – 맞벌이 가정의 증가로 인하여 이른 시간이나 늦은 시간, 토요일 등원에 대한 요구가 점차적으로 높아지는 추세이며, 가정에서 부족한 현장학습 경험을 월 1회 이상 원에서 해주기를 원한다.
원아 실태 및 특성	– 원아 대부분이 입학 전 경험이 없으나 유아들의 인지발달 측면에서 개인차가 많이 나는 편이고, 가정에서 기본생활 습관 지도가 부족한 경우가 많아 지속적인 교육이 필요하다. – 종일반을 하는 유아는 전체 연령의 20% 내외로 어린이집 수업이 끝난 후 차량이나 도보 등으로 각종 미술, 영어, 피아노, 태권도 학원으로 이동하는 경우가 종종 있다. 그리고 가정에서 방문교사와 학습지를 하는 경우가 많다.

내용을 살펴보면, 교육기관이 위치한 곳의 지역적 특성과 학부모, 원아의 일반적인 여건과 특성에 대해 기술하고 있음을 알 수 있다. 이글이 기술된 양식을 살펴보면, 우선 교육기관이 위치한 지역이나 학부모, 원아 실태와 특성을 기술하고, 그로 인해 유아교육기관에서 받게 되는 영향에 대해 분석하여 제시하고 있음을 알 수 있다.

이러한 형식을 이용하여 현재 근무하고 있거나 과거 근무한 적이 있는 교육기관에 대해 글쓰기를 해보도록 한다. 예비교사의 경우라면, 선배가 근무하는 기관이나 집 근처에 있는 교육기관에 대해 가상하여 써 보도록 한다.

● 교육여건 및 실태분석

구분	내용
위치와 관련된 지역적 특성	
학부모 실태 및 특성	
원아 실태 및 특성	

② 유치원 특색 사업 및 우수 사례

'유치원 특색 사업 및 우수 사례'는 일반적인 교육과정 운영 외에 해당 교육기관에서 특성화하여 추진하는 사업에 대한 내용이다. '가정과 연계한 독서교육활동, 기초체력 증진을 위한 통합적 신체활동, 영어 뮤지컬 발표수업' 등이 그 예가 될 수 있을 것이다. 구성 요소는 '목적, 운영계획, 구체적 활동계획'의 순서로 기술되는 것이 일반적이다.

예시 Ⅲ-26 본원 특색 사업 : 가정과 연계한 독서 교육 활동

구분	내용
목적	책을 가까이 하는 환경을 조성하고 그 속에서 생활하며 다양하게 계획된 독서 활동을 실천함으로써, 유아들로 하여금 책에 대한 즐거움을 느끼고 친숙하게 여기며 책을 스스로 읽는 습관을 형성하고자 한다.
운영계획	1. 교실의 구입과 기존 도서의 재정비를 통해 유치원 도서를 확충한다. 2. 유치원 교실의 언어 영역의 도서 영역을 보다 효과적으로 구성하고 활성화한다. 3. 생활주제에 따른 독서 활동 연간 교육계획을 세우고 체계적인 독서교육이 일과 운영에 포함되도록 하여 독서교육을 생활화한다 4. 다양한 독서 행사 및 관련 활동을 통해 독서 의욕을 높인다. 5. 생활주제와 연계한 독서목록과 활동을 선정하고 안내하는 등 독서교육을 가정과 연계하여 지도한다.
가정과 연계한 독서교육활동	1. 언어 활동 : 책 읽어 주기와 듣기, 이야기 말하기, 뒷이야기 짓기, 같은 작가의 다른 그림책 비교하기, 동화 내용 녹음하기, 동화책 읽기, 그림책의 그림 읽기, 책 만들기, 작가에게 편지 쓰기, 주인공에게 편지 쓰기 등 2. 조형 활동 : OHP 그림, 사포 그림, 수묵화, 조각 이용해서 그리기, 색 찰흙으로 만들기, 가면 만들기, 우드락 판화, 손도장으로 구성하기, 콜라주, 색종이 접기 등 3. 바느질 : 동화 주인공 바느질하기 등 4. 신체 표현 : 음악에 맞춰 신체 표현하기, 동화 내용 신체 표현하기 등 5. 과학 활동 : 동화 내용과 연관된 실험과 관찰 등 6. 역할극 : 동극, 손가락 인형극, 막대 인형극 등 7. 기타 : 촉감놀이, 그림자놀이, 문제 해결하기 등 (관련된 구체적 내용은 후략)

출처 : 서울방배초등학교병설유치원(2009). 유치원 교육과정 운영 계획.

'특색사업' 의 경우 목적 진술의 경우 문장으로 구성되어 있어 교사의 글쓰기 능력이 요구되는 부분이라 하겠다. 이와 관련하여 특색사업에 대한 목적 진술의 사례를 몇 가지 더 살펴보도록 한다.

예시 Ⅲ-27 '쌓기놀이 활동을 통한 유아의 수학활동' 특색사업의 목적 진술

> '쌓기놀이 활동을 통한 유아의 수학 활동'을 통해 유아들은 쌓기놀이 영역에서 자신이 생각한 것에 따라 집의 겉모습을 만들거나, 다양한 쌓기 자료를 이용하여 나름대로 공간 구성을 해 보는 활동들을 주로 하게 된다. 여기서 좀 더 나아가 유아가 사는 집의 평면도를 가정에서 그려와 평면도를 이용하여 친구들과 함께 자신의 집 내부 구조를 꾸며 보는 활동을 전개할 것이다. 이러한 활동을 통하여 위치, 방향, 거리 등과 관련된 어휘를 사용하여 물체 간 비교로 측정하기, 공간 개념 등과 같은 수학적 개념을 확장시키게 될 것이다.

예시 Ⅲ-28 '알면 알수록 재미있는 법' 특색사업의 목적 진술

> 유아기부터 법을 가까이 하는 환경을 조성하고 유아들의 일상생활 속에서 다양하게 법을 경험할 수 있도록 함으로써, 법에 대한 친숙함과 규칙 및 약속을 지키는 습관을 형성하도록 돕는다.

목적 진술의 경우 '어떤 사업은 이러한 특성과 의미가 있는데, 이를 실행함으로써 유아들은 이러한 부분에 대해 경험하고 효과를 보게 될 것이다' 의 논지로 기술되어 있음을 알 수 있다.

이러한 양식에 맞춰서 다음의 빈 칸에 '음악과 함께 하는 명화 감상 활동' 이라고 하는 가상의 특색사업에 대한 목적 진술을 해보자.

● '음악과 함께하는 명화 감상 활동' 특색사업의 목적 진술

③ 전년도 유치원 운영에 대한 자체 평가

유치원에서 계획한 일련의 교육과정이나 사업을 실행하고, 이를 평가해 보는 것은 계획에 대한 달성 정도를 알 수 있을 뿐 아니라 다음의 교육 방향성을 제시받을 수 있다. 이런 자체 평가는 전년도 유치원 운영에 대해 좋았던 점이나 어려웠던 점, 미비한 점 등에 대한 유치원 자체 평가를 근거로 하여 한 걸음 더 나아진 유치원 운영 계획을 수립하는 것이 그 목적이다.

예시 Ⅲ-29 전년도 유치원 운영에 대한 자체 평가 – 생활 영역별 평가

생활영역	운영결과 및 평가
건강 생활	• 매일 아침운동을 실시하여 유아들의 규칙적인 운동습관을 형성하였음 • 월 1회 정기적으로 교사들이 돌아가며 동영상, 실제 훈련 등을 통한 안전교육으로 유아들의 안전의식 고취됨 • 도구를 이용한 연간 체육활동에 대해 4회의 요청장학을 실시하여 교수방법을 익혔으나, 충분한 공간 확보가 어려워 제한적 도구 사용에 그침(예 : 평균대, 매트, 고무밴드 등)
사회 생활	• 기본생활습관 지도 연령별 특색에 맞게 강화하여 지도함 예 나는 바른 어린이, 생각이 쑥쑥 자라요 • 연말에 양로원 방문 공연 및 유아들이 만든 간식을 드림으로써 유아들이 나눔에 대해 생각해 보는 계기가 되었음
언어 생활	• 도서 대여 활동을 통해 유아 개인 파일에 도서목록 기록하고 가정과 연계한 책 읽기 습관을 지도하였는데 유아와 부모님들의 반응이 긍정적임 • 도서 대여용 도서에 질문 목록을 넣어 다양한 사고 촉진함 • 동화, 동시에 대한 확장된 활동이 충분히 이루어지지 못함 • 듣기 영역 확충을 위해 ID 자료 구입, 환경 조성에는 미흡함
표현 생활	• 여러 가지 조형 활동 소재를 활용하여 다양한 표현활동 경험 제공함 • 다양한 악기를 확충하여 여러 가지 음색에 대한 경험 제공함 • 악기 연주 악보 제공 등 자율적인 악기 연주 활동 환경 조성함 • 악기에 대한 파손도가 심해 이에 대한 관리 필요함
탐구 생활	• 교실 안에서의 동식물 기르기 활동이 잘 이루어지지 않음 • 요리 활동 후 다양한 표상하기 활동을 통해 과학적 태도 향상에 기여함 • 교재원 도우미로 잘 운영되었으나 이벤트적인 단발성 활동에 그쳐 유아들의 충분한 관심 끌기 활동이 부족하였으며, 주제 통합도 이뤄지지 않음

출처 : 서울매봉초등학교병설유치원(2009). 유치원 교육과정 운영 계획 중 일부.

다음의 예시와 같이 전년도의 운영 평가와 연결하여 금년도의 노력 중점 과제를 함께 기술하는 것도 효율적인 방법이다.

예시 Ⅲ-30 전년도 운영 평가 및 금년도 노력 중점 과제

	2008학년도 평가	2009학년도 노력 중점 과제
교육목표	• 체험 중심의 인성교육과 기본생활습관의 생활화를 더욱 체계화하여 연중 지속적으로 중점 지도하였고, 교사 간의 지속적이고 체계적인 자율장학을 통하여 반일제 학급의 연령 간 연계 및 에듀케어 학급과의 교류를 강화하여 연계시켜나갔다. • 원적학급화된 통합학급뿐만 아니라 유치원 전체적으로 장애 이해 교육이 활성화되었다.	• 체험 중심의 안전 교육과 기본생활습관의 생활화를 더욱 연구하여 연중 지속적 · 체계적으로 중점 지도하며, 교사 간 안전에 대한 자율장학을 통하여 안전교육을 모든 연령 및 반일제, 에듀케어 학급에서 통일성 있게 진행하고자 한다. • 안정된 통합교육체제 기반을 바탕으로 특수학급과 원적학급의 체계적이고 다양한 통합 교육활동을 진행하고자 한다.
평가 및 방법	• 다양한 수행평가 방법을 개발하여 실시하여, 유아교육에 사용함으로써 유아 평가에 대한 체계적인 틀을 마련하였다.	• 수행평가에 대한 지식 체계의 수립한 후 다양한 유아평가를 체계적으로 활용하여 유아의 전인적 성장 발달을 도모하고 연령 간의 연계를 시킨다.
부모 교육	• 유치원 홈페이지를 활용하여 많은 활동을 전개하여 학부모와의 연계도 이루어졌으나 더욱더 적극적인 학부모 참여를 이끌어 낼 필요가 있다. • 다양한 학부모 교육을 실시하였으나 학부모의 참여가 저조하였다. • 부모 교육 도서를 분기별로 구입하였고 학부모의 호응이 높아 더 많은 도서를 구비가 필요하다.	• 홈페이지를 활성화 및 홍보를 통하여 학부모님들과의 활발한 교류 및 유치원 교육의 이해를 높이고 신뢰와 믿음을 구축한다. • 학부모 교육에 대한 적극적인 홍보를 통하여 유치원 교육에 대한 인식을 높임으로써 유치원과 가정 간의 연계가 이루어지도록 한다. • 유치원 도서관 활동을 통하여 부모 교육 도서를 더 구입하고, 학부모에게 다양한 지식들을 접하며 함께 의견을 고환해 볼 수 있는 기회를 만들어 나간다.
현장학습	• 유아들에게 다양하고 생활주제와 연관된 현장학습의 기회를 제공하였다.	• 유아들에게 다양하고 생활주제와 연관된 현장학습의 기회를 제공하며 지역사회 안에서의 현장학습 장소를 활용하여 지역사회와의 연계를 도모한다.

출처 : 서울삼선초등학교병설유치원(2009). 유치원 교육과정 운영 계획 중 일부.

(2) 연구 관련 보고서

유아교육기관의 교사 혹은 관리자로서 작성해야 하는 연구 관련 보고서는 '교육과정 정상화 보고서, 수업방법개선연구 보고서, 시범유치원운영 보고서, 특성화 사업보고서' 등 다양하다.

보고서 유형에 따른 양식이 있으나 일반적으로 명칭이나 제목 정도만 다를 뿐, 다루고 있는 내용 요소나 전체적인 구성은 유사한 부분이 많다. 다음에서는 '교육과정 정상화, 수업방법개선연구, 시범유치원운영 보고서'를 중심으로 각각의 내용 요소를 살펴보도록 하겠다.

표 Ⅲ-3 연구 관련 보고서별 내용 요소

구분	교육과정 정상화	수업방법개선연구	시범유치원 운영
내용 요소	Ⅰ. 연구의 필요성 및 목적 Ⅱ. 연구설계 1. 연구기간 2. 연구대상 3. 연구절차 Ⅲ. 연구과제 Ⅳ. 연구과제의 실천 Ⅴ. 연구유치원 운영의 결과 Ⅵ. 결론 및 제언 부록. 교수 – 학습 활동의 실제	Ⅰ. 서론 1. 연구의 필요성 및 목적 2. 연구의 목적 3. 용어의 정의 Ⅱ. 이론적 배경 Ⅲ. 연구의 설계 1. 연구과제 2. 연구대상 3. 연구기간 4. 연구절차 및 방법 (과제 1, 과제 2, …) Ⅳ. 연구의 실제 : 연구과제별 안내 Ⅴ. 연구결과 : 각 연구과제별 결과 Ⅵ. 결론 및 제언	Ⅰ. 서론 1. 시범운영의 필요성과 목적 2. 시범운영의 과제 3. 시범운영의 범위와 제한 4. 용어의 정의 Ⅱ. 시범과제 선정의 근거 1. 실태조사 및 분석 2. 문헌연구 3. 선행연구 고찰 Ⅲ. 시범과제의 선정 Ⅳ. 시범운영의 설계 Ⅴ. 시범운영의 실제 Ⅵ. 시범운영의 결과 Ⅶ. 결론 및 제언

표 III-3를 통해 살펴보았듯이, 연구 관련 보고서의 일반적인 작성 방식을 정리하면 다음과 같다.

	제목	내용 요소
I	연구의 필요성 및 목적	연구주제에 대한 교육적 · 사회적 의미 관련 주제의 특성과 필요성 관련된 연구주제에 대한 선행연구 본 연구를 통해 기대하는 효과 세부적인 연구과제(연구문제) 도출
II	연구설계	연구대상 연구기간 연구의 절차 및 방법
III	연구결과	연구를 통해 나타난 변화나 결과를 세부 연구과제(연구문제)별로 기술
IV	결론 및 제언	연구의 결과를 통해 도출해 낸 의미에 대한 논의 연구의 미비점이나 추후 사업 및 연구에 대한 제안

위의 내용 중에서 본 연구가 필요한 이유와 연구의 목적에 대한 기술 부분인 '연구의 필요성' 부분과 결과에 대해 해석을 하고 관련된 제언을 하는 '결론 및 제언' 부분은 교사가 나름의 논지를 가지고 글을 전개해 가는 부분이다. 따라서 교사의 논리적 글쓰기 능력이 다른 부분에 비해 더욱 요구되는 부분이라 할 수 있을 것이다.

다음에서는 '연구의 필요성'과 '결론 및 제언' 부분에 대해 2007년도 서울특별시교육청의 '유치원 수업방법개선연구교사 운영 우수 사례집'에서 발췌한 것으로 예시를 통해 내용을 소개하였다.

예시 Ⅲ-31 연구의 필요성 : 숲에서 배우는 수학

유아들은 일상생활 속에서 여러 가지 수학적 문제 상황을 경험하며 살아간다. 예를 들어, 물건을 사거나 과자를 나눈다든지, 게임을 하는 순서를 정할 경우, 문제를 해결하기 위하여 유아는 자신이 가지고 있는 논리 · 수학적 지식을 기초로 활용하게 된다. 유아기는 논리 · 수학적 지식의 기초와 수학에 대한 태도를 형성하는 중요한 시기로서 구체적인 사물들을 탐색하고 조작하면서 사물들의 색, 모양, 크기, 움직임들의 속성을 알아간다. 유아들은 자신이 질문을 던지고, 어떤 사실을 받아들이기 위해서 대상 사물을 보고, 만져보고, 직접 온몸으로 체험하고 발견해 내는 탐구 과정을 통해 수학적인 기초 능력을 형성한다.	유아 발달과 수학 학습의 관계
그러나 많은 유아들이 가정이나 유아교육기관에서 학습지를 이용한 기계적이고 반복적인 의미 없는 수세기 및 연산활동, 자유선택활동 시 제기된 수학 교구를 갖고 놀이하는 경험을 하는 것으로 나타났다(장혜순, 박경자, 조부경, 1996). 이러한 방식은 유아들이 수학적 탐구 과정에 능동적으로 참여하여 논리 · 수학적 사고의 기초를 함양하고, 탐구의 결과보다 과정 자체를 즐길 수 있는 태도를 형성하는 데 효율적인 접근이 아님을 많은 연구들은 제시해 주고 있다(황정숙, 1996; 박경난, 조형숙, 2007).	수학 교육 현황 및 선행연구 안내
따라서 유아들에게 발달적으로 적합한 수학활동은 유아들이 다양한 감각을 통해 느끼고 능동적으로 활동을 주도하면서 수학적으로 사고하고, 그 안에서 생생한 정보를 얻어 생활에 직접적으로 적용하고 활용하는 형태가 되어야 한다. 즉, 수학은 단지 지적 능력을 키우기 위해 반복적으로 익혀야 하는 추상적 지식체계가 아닌, 구체적인 조작을 통한 다양한 활동과 경험 속에서 수학적 개념을 다루는 학문이어야 하는 것이다(조형숙, 2002; 김지혜, 2003). 이를 위해 유아들이 감각을 열어놓고 다양한 실물을 체험하며 수학적으로 사고해 보는 기회를 가질 수 있는 교수-학습방법을 기초로 하는 수학 교육의 방안을 모색해 보는 일이 필요하다. 이러한 점에서 볼 때, 자연은 유아들에게 가장 훌륭한 놀이터이자 총체적인 교육의 장으로써 수학 교육을 위한 의미있는 매체가 될 수 있을 것이다. 특히, 숲은 더욱 더 다채롭고 다양한 모습으로 변화하여 유아들에게는 현실에 존재하는 동화의 나라와 같이 다양한 경험의 세계를 열어 주는 공간이다(남효창, 2006).	바람직한 수학 교육의 방향

본문	비고
숲은 다양한 모양과 색채, 양을 가진 자연물로 채워져 있으며, 자연물들의 배열은 여러 가지 공간적 특성을 만들어 내며 시간에 따른 변화를 보여준다. 이러한 숲의 특성은 자연을 직접적으로 관찰하고 체험하는 구체적인 경험을 통해 수세기, 연산, 측정, 시간 개념, 공간과 기하 개념 등의 유아기에 적합한 수학적 개념을 경험하고 모색할 수 있는 풍부한 자원의 보고가 된다.	유아 수학 교육에 있어 자연(숲)이 갖는 의미
따라서 본 연구에서는 숲에서의 수학적 요소에 대한 체험 활동을 활용한 수학적 탐구 활동을 구안하여 적용함으로써 유아가 수학을 즐기며 수학에 대한 긍정적 태도를 형성할 수 있는 방안을 모색하고자 한다.	본 연구의 필요성

* 출처 : 서울특별시교육청 (2007). 유치원 수업방법개선연구교사 운영 우수사례집.

예시 III-32 결론 및 제언 : 숲에서 배우는 수학

본문	비고
1. 결론	
첫째, 교육과정과 연계하여 숲을 활용한 수학적 탐구 활동을 균형 있게 선정할 수 있었으며, 생활 주제와의 통합을 통해 체계적인 활동으로 계획하는 것이 중요하다는 것을 알 수 있었다.	연구과제 1에 대한 결론
둘째, 숲을 활용한 수학적 탐구 활동을 사전-본-사후 활동의 단계로 진행함으로써 체계적이고 심도 있는 활동이 되었으며 유아들이 수학활동에서 능동적인 주체가 되어 몸 전체로 경험하며 느끼고 직접 구체물을 조작해 보면서 흥미를 갖고 적극적으로 수학 개념을 학습할 수 있는 기회가 되었다.	연구과제 2에 대한 결론
셋째, 유치원에 인접한 용왕산을 활용한 수학적 탐구 활동은 유아들로 하여금 기계적 훈련이나 단순 암기 등을 강조하는 정적인 수학 활동에서 벗어나 흥미와 즐거움을 주는 동적인 움직임이 포함되어 자연에서 얻을 수 있는 다양한 수학적 문제 해결 경험과 수학을 즐거운 놀이로 인식하는 기회를 제공해 주었다.	연구과제 3에 대한 결론
넷째, 유아들의 수학 능력의 평가를 위한 검사 도구를 사전, 사후로 계획하여 실시함으로써 유아들의 수학적 문제 해결 능력과 수학적 접근 태도에 대한 향상을 객관적으로 평가할 수 있었으며 이러한 결과를 근거로 유아의 수준에 적합한 연간 수학 활동을 계획하는 데 토대가 되었다.	연구과제 3에 대한 결론 2

2. 제언	
첫째, 본 연구에서 유아 수학 교육에 있어 자연을 소재로 활용하는 것이 효과적임이 증명되었으므로 지속적이고 체계적으로 숲을 활용한 수학 교육에 대한 연구가 심층적으로 진행되어야 할 것이다.	후속 연구 제안 : 효과 확장
둘째, 본 연구에서는 만 5세를 대상으로 숲을 활용한 수학적 탐구 활동이 전개되었으므로 향후 다양한 연령과 수준을 고려한 프로그램 개발이 진행되어야 할 것이다.	: 연령 고려의 필요성
셋째, 주변에서 숲을 활용하기 어려운 유아교육기관에서 현실적으로 자연공간이나 자연물을 쉽게 활용하여 수학 활동을 계획 · 실천할 수 있는 방안을 모색하는 일이 필요하다.	: 일반화 방안 모색 필요

출처: 서울특별시교육청 (2007). 유치원 수업방법개선연구교사 운영 우수사례집.

참 고 문 헌

강민정(2008). 2007년 개정 유치원 교육과정에 기초한 소심 유치원 교육계획안 계획자료. 부산: 소심유치원.

곽현주(2004). 수업반성과 유치원 교사의 교수행동. 중앙대학교 박사학위논문.

김수영, 정정희, 김경미(2008). 순환학습 모형을 활용한 동화중심 언어활동이 유아의 이야기 구성 능력 및 창의성에 미치는 효과. **유아교육연구**, 28(1), 69-90.

김수향, 이용주, 이은진(2008). **유아교육기관 운영관리**. 동문사.

김연진, 이상희(2008). 유아교육기관 운영관리. 태영출판사.

김영숙, 신인숙(2008). 상호작용을 통한 명화감상활동이 유아의 미술능력에 미치는 영향. **미래유아교육학회지**, 16(1), 165-194.

김영채(1999). **Torrance 창의력 검사**. 서울: 중앙적성연구소.

김윤정(2004). 창의적 표현활동을 위한 조형놀이 프로그램 연구-초등학교 3학년 중심으로-. 제주교육대학교 교육대학원 석사학위논문.

김현주(2008). 좋은 교육계획안 구성하기. 영유아교육기관 평가 어떻게 대비할 것인가?. 제43회 유아교육교사연수 자료, 29-66.

교육과학기술부(2009). **유치원 지도서 총론**.

교육인적자원부(2007). 2007년 개정 유치원 교육과정.

권복란(2007). 동화를 활용한 통합적 교수학습방법이 유아의 창의성에 미치는 영향. 금오공과대학교 교육대학원 석사학위논문.

남순현(2006). 청소년의 창의성 교육: 사고의 전환인가? 잠재가능성의 실현인가?」. **아동교육**, 15(2), 179-195.

문정화, 하종덕(1999). **또 하나의 교육 창의성**. 학지사.

박은혜, 조운주(2006). **반성적 실천을 위한 유아교육실습**. 창지사.

박화윤(2001). 미술 작품 감상 활동이 유아의 창의성 발달에 미치는 영향. **아동학회지**, 22(2), 277-290.

송정원(2008). 유치원 교사의 경험의 이해. 배재대학교 대학원 박사학위논문.

서울방배초등학교병설유치원(2008). 2008년도 유치원 자체 평가 보고서.

서울방배초등학교병설유치원(2009). 유치원 교육과정 운영 계획.

서울북성유치원(2006). 서울특별시교육청 지정 시범유치원 운영 보고서: 수학탐구활동의 통합적 접근을 통한 유아의 수학능력증진.
서울특별시교육청(2007). **유치원 교직실무편람**, 1-3.
서울특별시교육청(2007). **유치원 수업방법개선연구교사 운영 우수사례집.**
성영혜, 이상희(2007). **최신 유아교육기관 운영관리**. 동문사
신화식, 김명희(2008). **유아교육기관 운영관리**. 양서원
윤영란(2003). 창의성 계발 미술프로그램이 유아의 창의성에 미치는 효과. 숭실대학교 대학원 석사학위논문.
이미영(2008). 체험놀이 미술을 통한 창의적 표현활동 연구: 유아를 대상으로. 한양대학교 교육대학원 석사학위논문.
이은주, 이용(2007). **초등논술에 날개를 다는 독서전략 16**. 즐거운 상상.
이종연 외(2005). 창의적 문제해결력 증진을 위한 Creative Thinker 프로그램 연구. 연구보고 KR 2005-33. 한국교육학술정보원.
임경심(2009). 유치원 교육실습에서 반성적 저널쓰기가 예비교사의 교육신념 및 교사효능감에 미치는 영향. 전북대학교 대학원 석사학위논문.
장순미(2002). SCAMPER 기법을 이용한 교사의 질문이 유아의 창의적 그림표현에 미치는 영향. 중앙대학교 교육대학원 석사학위논문.
전경원(2000). **창의학**. 학문사.
정범모(2005). **창의력이란-그 실체와 육성.**
조부경 외(2005). 교사의 전문성 신장을 위한 동료장학자료. 서울: 교육인적자원부.
조연순, 성진숙, 이혜주(2008). **창의성 교육 - 창의적 문제해결력 계발과 교육 방법.** 이화여자대학교 출판부.
주영희(2001). **유아언어발달과 교육**. 교문사.
지성애(2001). 미술교수방법이 유아의 표상능력에 미치는 효과. **유아교육연구**, 21(1), 177-202.
한국교육개발원(2006). **창의적 지식 생산자 양성을 위한 영재교육(공통이론)**. 한국교육개발원.
한순미, 김선, 박숙희, 이경화, 성은현(2005). **사람, 환경, 전략: 창의성**. 학지사.
호사라, 전재현, 조석희(2005). 창의성 교육 프로그램 개발 연구 보고서: 프로그램 활용 방법을 중심으로. 연구자료 RM 2005-5. 한국교육개발원.
홍은하(2008). 다중지능이론에 기초한 유아논리수학 프로그램이 논리수학적 지능 및 창의성에 미치는 영향. 숭실대학교 교육대학원 석사학위논문.
홍찬의(2008). 교사의 자기 돌아보기. 영유아교육기관 평가 어떻게 대비할 것인가? 제43회

유아교육교사연수 자료, 109-152.

Barasch, D.(2002). Creativity. *Family Life, 97(3)*, 54-60.

Barnes, R.(1987). *Teaching art to young children 4-9.* UK: Routledge.

Barron, F. & Harrington, D. M.(1981). Creativity, intelligence, and personality. *Annual Review of Psychology, 32*, 349-376.

Bransford, G. D. & Stein, B. S.(1984). *The ideal problem solver.* New York: Freeman.

Chambers, J. A.(1973). College teachers: Their effects on creativity of students. *Journal of Educational Psychology, 65*, 325-334.

Davis, G. A.(1998). Creativity is forever, Dubuque, IQ: Kendall/Hunt Publishing Company.

Dempsey, R.(1998). Visual arts activities. In J. Q. Chen(1998). *Project spectrum: Early learning activities*(pp. 225-252). NY: Teachers Colledge Press.

Feldman, E. B.(1970). *Becoming human through art*: Aesthetic experience in the school. Englewood Cliffs, NJ: Prentice-Hall.

Gardner, H.(1983). *Frames of mind: The theory of multiple intelligences.* New York: Basic Books.

John-Steiner, V.(1985). *Notebooks of the mind.* Albuquerque: University of New Mexico.

Loughran, J. J.(1996). *Journal to the self.* 강은주, 이봉희 (공역) (2006). **자아를 찾아가는 나만의 저널쓰기.** 학지사.

Maslow, A. H.(1971). *The farther reaches of human nature.* NY: Viking Penguin.

Piaget, J.(1973). *To understand is to invent: The future of education.* NY: Grossman.

Qualifications and Curriculum Authority(2005). Creativity: Find it, promote it (A teacher's guide to using the video). London: QCA.

Richards, R.(2001). Creativity and the schizophrenia spectrum: More and more interesting. *Creaticity Research Journal, 13*, 111-132.

Simon, H. A. & Hayes, J. R.(1976). The understanding process: Problem isomorphs. *Cognitive Psychology, 8*, 165-190.

Sternberg, R. J. & Lubart, T. I.(1995). *Defying the crowd.* New York: The Free

Press.

Torrance, E. P.(1963). *Education and the creative potintial.* Minneapolis: University of Minnesota Press.

Torrance, E. P.(1962). *Guiding creative talent.* Englewood Cliffs, NJ: Prentice-Hall.

Urban, K. K.(1991). *Creativity: A componential approach.* Post conference China meeting of the 11th world conference on gifted and talented children. Beijing, China. August 5–8.

찾 아 보 기

인 명

내 용

저자소개

박찬옥
중앙대학교 유아교육학과 박사
현재 중앙대학교 유아교육학과 교수
한국유아교육협회 회장
저서: 유아교육과정(정민사), 유아사회교육(정민사), 놀이지도(정민사), 영아 교사 상호 작용의 이론과 실제(정민사) 외 다수

지성애
Boston College 철학박사(유아교육전공)
현재 중앙대학교 유아교육학과 교수
중앙대학교 부속유치원 원장
저서: 유아놀이지도(정민사), 영유아생활지도(양서원), 영유아 사회활동의 이론과 실제(양서원) 외 다수

조형숙
펜실베이니아 주립대학 철학박사(유아교육전공)
현재 중앙대학교 유아교육학과 교수
저서: 유아교사론(정민사), 자연과 친해지고 교감하며 탐구하기(다음세대), 유아수학교육(정민사) 외 다수

서동미
중앙대학교 유아교육학과 박사
현재 경동대학교 유아교육과 교수
저서: 유아교육프로그램의 이론과 실제(창지사), 통합적 교과운영의 실제(파란마음), 유아수학교육(정민사), 유아사회교육(정민사) 외 다수

곽현주
중앙대학교 유아교육학과 박사
현재 배화여자대학 유아교육과 교수
저서: 놀이지도(정민사) 외 다수

엄은나
중앙대학교 유아교육학과 박사
현재 용인송담대학교 유아교육과 교수
저서: 통합적 교과운영의 실제(파란마음), 유아사회교육(정민사) 외 다수

한진원
중앙대학교 유아교육학과 박사
현재 신구대학교 유아교육과 교수
저서: 활동중심통합교육과정 교육자료집(양서원), 그림과 조각(공동체) 외 다수

김현주
중앙대학교 유아교육학과 박사
현재 대림대학교 유아교육과 교수
저서: 유아교사론(정민사), 자연과 친해지고 교감하고 탐구하기(다음세대), 보육과정(창지사) 외 다수

김민정
중앙대학교 유아교육학과 박사
현재 창원대학교 유아교육과 교수
저서: 평생수학, 유아기에 결정된다(북카페), 영유아보육의 실제(정민사) 외 다수

홍찬의
중앙대학교 유아교육과 문학박사
배화여자대학교 유아교육과 교수